공격의 전략

세계 최고 기업에서 배우는 승리의 유일한 원칙

공격의 전략

Going On
Offense

베넘 타브리치 지음

김성아 옮김

미래의창

"《공격의 전략》이 어서 빨리 전 세계 기업들의 이사회실과 강의실의
필독서로 자리 잡길 바란다."

> - 론 존슨Ron Johnson, 애플 전 수석부사장이자
> 스티브 잡스 재임기에 애플 스토어 총괄(2000~2011),
> J.C.페니 CEO(2011~2013), 에르메네질도 제냐 그룹 이사회 일원(2019~현재)

"베넘 타브리치와 나는 IBM에서 직장생활을 시작했다. 그가 조직
과 리더십 혁신 분야의 전문가이자 100여 개 기업의 믿음직한 자
문가로 성장하는 모습을 목격하는 것은 내게도 큰 즐거움이었다.
《공격의 전략》은 시장의 판도를 바꾸는 혁신을 위한 실용적이고
실행 가능한 해법들로 가득하다. 조직 규모와 상관없이 모든 기업
의 필독서가 될 만한 책이다."

> - 메이너드 웹Maynard Webb, 이베이 전 COO, 세일즈포스와 비자카드 이사 역임,
> 웹 인베스트먼트 네트워크 설립자, 베스트셀러 작가

"베넘 타브리치는 가장 혁신적인 기업들에서 실용적인 교훈들을 얻었다. 이를 바탕으로 새롭게 직면한 도전에 적응하고 시장을 확장하며 조직문화를 개선하려는 기업들에 탄탄한 조사 기반의 전술서를 제공한다. 《공격의 전략》은 조직에서 혁신을 주도하는 당신에게 도움을 주는 실천 가능한 통찰력으로 가득하다."

- **하미드 모가담**Hamid Moghadam, 세계 최대 산업용 부동산 투자 신탁사인
프로로지스Prologis의 CEO

"스탠퍼드대학교에서 타브리치 교수님의 강의를 듣고 그의 연구 제자였던 사람으로서, 일하는 내내 교수님의 저서들, 특히 《기민한 혁신Rapid Transformation》에 나오는 실용적인 도구들을 많이 활용했다. 교수님의 최신작인 《공격의 전략》은 변화가 가속화되는 세상에서 지속적으로 선두에 서고 싶은 조직의 임원이나 관리자들에게 꼭 필요한 방법론과 청사진을 일목요연하게 제시한다. 또한 동시에 타브리치의 예리하고 혁신적인 통찰력이 담겨 있다."

- **드루 베넷**Drew Bennett, 테슬라 글로벌 충전 부문 책임자(2018~2020),
네트워크 오퍼레이션즈 전무, 최근 쉘Shell에 매각된 볼타 차징Volta Charging의
네트워크 운영 총괄 부사장

"나는 스탠퍼드대학교에서 연구했던 핵심 경영 시스템인 '전략적 실행 프레임워크'를 유럽의회에 도입하면서 이후 10년 동안 베넘 교수를 알고 지냈다. 그는 다작하는 사상가이자 작가이다. 《공격의 전략》은 민첩성을 현실로 만드는 성공적인 기업과 리더들에

대한 심층 지식 중 최고만을 선별해 당신에게 소개한다."

- 클라우스 벨Klaus Welle, 유럽의회 사무총장(2009~2022)

"베넘 타브리치는 현대 경제에서 조직과 조직원이 어떻게 일해야 하는지에 대한 종합적인 전술서를 선사한다. 다른 많은 경영서가 '기업의 목적'같이 중요한 주제 하나에 초점을 맞춘다면《공격의 전략》은 목적, 민첩성, 리더십, 양가성, 급진적 협업 등을 총망라해 격변하는 미래에 가장 적합한 방법을 제시한다. 진심으로 번성하기를 바라는 기업들에 실용적인 통찰력이 가득한 보물 상자가 되어줄 것이다."

- 에이미 에드먼드슨Amy Edmondson, 하버드 경영대학원 교수,
《두려움 없는 조직》(2019, 다산북스)의 저자

"《공격의 전략》이 한시라도 빨리 기업가, CEO, 이사들의 필독서가 되기를 기원한다."

- 아라시 페르도시Aras Ferdowsi, 드롭박스 공동 설립자

"베넘 타브리치는 세계에서 가장 성공한 몇몇 회사들의 비결을 안다. 마법과 같은 인적 요소가 혁신을 불러일으키는 데 결정적으로 작용했다는 것이다. 애플, 스타벅스, 마이크로소프트는 그런 작업을 아주 성공적으로 수행해온 기업들로, 이 책에서 그들이 어떻게 민첩함을 유지하고 팀워크를 효과적으로 활용할 수 있었는지 알

게 될 것이다. 이는 타브리치 교수가 스탠퍼드에서 직접 연구하고 다양한 기업인들을 가르치고 컨설팅하며 얻은 교훈들로, 크고 작은 기업 모두에 적용할 수 있고 다양한 직급의 리더들에게 활용될 수 있다. 이 책은 올바른 혁신 문화를 창출하기 위해 반드시 읽어야 할 책이다."

- **위베르 졸리** Hubert Joly, 하버드 경영대학원 수석 강사,
베스트 바이 전 회장 겸 CEO, 《하트 오브 비즈니스》(2024, 하트스퀘어)의 저자

"베넘 타브리치는 변혁과 혁신의 대가이다. 《공격의 전략》은 더 날쌘 경쟁자들이 매일 새롭게 등장하는 요즘, 기업이 영원한 혁신을 달성하기 위해 취해야 할 세부 조치들을 한 단계 더 발전시킨다."

- **스펜서 펑** Spencer Fung, 리앤펑그룹 회장

"자신의 조직을 영원한 혁신 조직으로 탈바꿈하려는 사람이라면 누구나 반드시 읽어야 할 책이다. 이 책을 읽고 최고수들로부터 그 비결을 배워라."

- **댄 워커** Dan Walker, 애플 전 최고인재책임자(2000~2005),
J.C.페니의 최고인재책임자(2011~2013)

"베넘 교수의 책을 읽은 후, 나는 그가 태국에서 우리 상업은행과 관련된 프로젝트를 진행했을 때가 떠올랐다. 그때 나는 경험과 조직의 혁신과 변화를 주도하는 것은 결국 문화라는 그의 믿음이 어떻게 실현되는지 직접 확인할 수 있었다. 우리는 은행을 쇄신해

서 급변하는 산업 환경에 대응할 수 있도록 여러 유명 컨설턴트들을 고용한 적 있다. 베넘 교수는 접근법과 실행 가능성에 대한 신념에서 다른 전문가들과 달랐다. 혁신에 대한 그의 코칭이 끝났을 때, 우리 조직원 전부는 고객 니즈를 모든 혁신의 중심에 두는 민첩한 문화를 창조하려면 다른 무엇보다 권한 부여가 중요하다는 것을 믿게 되었다. 이 책은 혁신을 이루는 확실한 전술서이다."

- 카티야 인다라위자야^{Kattiya Indaravijaya}, 태국 2위 상업은행이자
1위 디지털 뱅킹 서비스인 카시콘뱅크(K뱅크) CEO

"《공격의 전략》은 리더십과 조직관리를 다루는 논문들에 빠진 중요한 공백을 채우는 동시에 혁신을 위한 대기업의 지속적인 노력에 풍부하고 실행 가능한 정보들을 제공한다."

- 릴리 사라판^{Lily Sarafan}, 더키^{TheKey}의 공동 설립자이자 의장,
스탠퍼드대학교, 인스타카트^{Instacart}, 썸택^{Thumbtack}의 이사회 멤버

"혁신에 관한 한, 베넘 타브리치는 최고의 가이드이다. 그의 작업은 심층 연구, 강력한 인간관계, 그리고 세계적 선도 조직에서 얻은 통찰력을 기반으로 한다. 《공격의 전략》은 필독서이자 영감 가득한 독서 경험을 선사할 것이다."

- 스튜어트 크레이너^{Stuart Crainer}, 싱커스50^{50Thinkers} 공동 설립자

"베넘 타브리치는 훌륭한 연구를 바탕으로 조직과 그 구성원들을 영원한 혁신가로 변모시키는 방법을 제시하는 실용적인 작전서

들을 써왔다. 개인적으로 《공격의 전략》을 적극 추천한다."

- 제프리 무어 Geoffrey Moore, 혁신 전문가,
《제프리 무어의 캐즘 마케팅》(2021, 세종서적)의 저자

"《공격의 전략》은 업계 최고의 조직들이 혁신과 변화를 이루는 승리의 사고방식과 사업 방식에 대한 실용적인 청사진을 제시한다. 동시에 시의적절하게 쇄신하는 방법도 전한다. 나는 지지 않는 경기를 해왔고, 그런 개선의 여정에 길잡이 역할을 해준 타브리치 박사의 전술서에 감사를 표한다."

- 아리아 사메니 Aria Sameni, CVS 헬스의 수석부사장

평범한 조직이 영원히 민첩하고 혁신적이며, 빠른 페이스와 높은 기대를 받는 조직이 되기 위해서는 어떻게 해야 할까?

나는 이 질문에 대한 완벽한 답을 이미 안다고 생각했다.

나는 스탠퍼드대학교에서 경영관리 프로그램을 이끌며 25년간 조직혁신을 가르쳐왔고, 100여 개 기업을 대상으로 중대한 혁신을 계획하고 수행하는 방법에 대한 컨설팅을 분주히 해왔다. 1,000개가 넘는 조직혁신 사례도 연구했고 지금까지 아홉 권의 책을 발표했으며, 그중에는 조직을 민첩한 혁신 기업으로 바꾸는 전략으로 호평받은 《기민한 혁신Rapid Transformation》도 있다. 또한 공저로 리더 개인의 변화를 조직의 변화로 연결하는 방법을 제시한 《어떻게 변화를 끌어낼 것인가Inside-Out Effect》는 국제적인 베스트셀러가 되었다. 두 책 모두 기업이 더 민첩하고, 혁신적이며, 기업가 정신으로 무장할 수 있는 성공의 '비법 소스' 역할을 한다.

이것이 나의 답이자 그간 검증해온 사실이기도 했다. 그러다 어느 날 사업상 가진 저녁 식사 자리에서 내가 아주 중요한 부분을 놓치고 있었다는 것을 깨달았다.

2014년 겨울, 나는 거대 통신장비 회사 에릭슨Ericson의 최고경영자Chief Executive Officer(이하 CEO)인 한스 베스트베리Hans vestberg(현재는 버라이즌Verizon의 CEO)와 마주 앉아 저녁 식사를 함께하고 있었다. 우리는 스탠퍼드대학교 경영관리 프로그램을 통해 서로 알게 되었다. 나는 맞춤화된 경영관리 프로그램을 기획했으며 조직 리더십과 혁신 수업을 직접 가르쳤다. 베스트베리는 에릭슨의 고위 임원 70명을 이미 우리 프로그램에 보낸 후 또 다른 임원 150명을 추가로 등록시킬 예정이었다. 와인 몇 잔을 마신 후 나는 그에게 스탠퍼드대학교 경영자 과정을 선택한 이유가 특별히 있는지 물었다.

베스트베리는 같이 일하는 사람들이 가장 혁신적이고 애자일agile한 기업들로부터 배우길 원했고, 그런 기업들의 본거지가 대부분 실리콘밸리에 있기 때문이라고 대답했다. 그는 회사 임원들이 애플Apple, 테슬라Tesla, 아마존Amazon, 시스코Cisco 같은 기업들이 창출한 기업문화에 푹 빠져들기를 바랐다. 또한 스탠퍼드대학교에서 배운 교훈을 토대로 에릭슨의 조직문화를 더욱 혁신적으로 탈바꿈시키고, 새로운 기회가 등장했을 때 재빨리 방향을 선회할 수 있었으면 한다고 털어놓았다.

회사 임원들이 "최고로부터 배우길 바란다"라는 베스트베리 회장의 말은 그날 저녁 식사 자리가 끝난 후에도 내 뇌리를 떠나지 않았다. 마음이 복잡했다. 소위 '성공하는 사고방식'을 가진 기업, 다시 말해 조직의 맨 하단부터 상단까지 전체가 영원한 혁신과 끊임없는 실험에 매진하는 가장 혁신적인 기업을 뼛속 깊이 들여다보면 과연 무엇을 발견할 수 있을지 궁금했다. 그런 회사들을 분석해보면 성공으로 이끄는 핵심 요소들을 찾을 수 있지 않을까? 일련의 질문들이 내 머릿속을 떠나질 않았다. 기업의 민첩성과 혁신을 분석한 이전 연구로는 성이 차지 않았다. 게다가 이 문제를 연구하면 비슷한 주제를 다룬 두 권의 전작에 빠져 있는 내용을 채울 수 있겠다는 생각이 들었다.

《기민한 혁신》은 조직의 민첩성과 혁신 역량을 높이기 위한 청사진을 제시한다. 이 책에는 마치 대형 유조선처럼 새로운 북극성을 향해 나아가는 거대 조직과 다양한 직급의 핵심 리더들이 상황에 따라 재빨리 전략 노선을 바꾸는 실용적인 방법론이 담겨있다. 하지만 어떻게 하면 조직 전체에 새로운 사고방식을 확산하고 조직문화를 영원히 바꿀 수 있는지에 대한 내용은 빠져 있다. 《어떻게 변화를 끌어낼 것인가?》에서 조직원 개개인의 쇄신에 기반해 회사의 문화를 변화시키는 방법을 제시함으로써 전작의 내용을 개선했다. 또 리더와 직원들의 구체적인 역할에 초점을 맞췄다. 하지만 두 책의 내용을 결합해도 조직의 민첩함과 혁신 역량이 몇 년 동안만 지속되는 것을 넘어 영원히 정착된다는 보장은 없다. 그보다 더 강력한 토대가 필요했다.

《공격의 전략》은 조직이 소위 실리콘밸리의 마음가짐을 확보하고 유지하며, 이를 통해 민첩성과 혁신성을 조직문화에 영구적으로 새기는 방법에 대한 실용적이고 실천 가능한 조언들로 구성된 세 번째 결과물이다. 기업은 이 책을 바탕으로 새로운 환경에 끊임없이 적응하고 새로운 영역으로 확장하는 진취적인 태도를 이어 나갈 수 있다. 그러면 불가피하게 급박한 변화를 맞이하는 일도 최대한 피할 수 있을 것이다.

2015년부터 나는 스탠퍼드대학교에서 열두 명의 유능한 재학생들과 졸업생 세 명의 도움을 받아 전 세계에서 가장 혁신적이고 애자일한 기업 몇 군데에 관한 폭넓은 연구를 진행했다.

우리는 전 세계 기업의 임원, 연구원, 소비자 6,873명을 대상으로 진행한 설문조사를 바탕으로 아마존, 애플, 테슬라, 마이크로소프트Microsoft, AMD, 범블Bumble, 엣시Etsy, 유니레버Unilever, 넷플릭스Netflix, 하이얼Haier, 인텔Intel, DBS 은행DBS Bank, 태국의 케이뱅크KBank, 스타벅스Starbucks, 자라Zara, 스페이스XSpaceX, 나이키NIKE, 넥스트NEXT, 반스앤노블Barnes&Noble, 캘리포니아의 샌타클래라 카운티Santa Clara County(조사 대상 중 유일한 공공기관) 등 26개 조직을 심도 있게 분석했다. 혁신 능력이 부재했던 원인을 파악하기 위해 블록버스터Blockbuster, 보더스Boders, 코닥Kodak, 노키아Nokia와 같이 실패한 기업들도 조사 대상에 포함했다. 펠로톤Peloton과 페이스북처럼 최근 곤경에 처한 기업들도 분석했다. 이 모든 26개 기업의 사례들을 이 책 곳곳에 수록했다.

다만 나의 방법론은 애플, 테슬라, 아마존, 스타벅스, 마이크로소프트를 집중적으로 분석하는 방향으로 귀결됐다. 이 책은 이 다섯 개 기업의 조직문화에서 발견되는 유사성과 차이점을 부각한다. 흥미로운 점은 이 회사들의 기업문화가 현재 각 조직을 이끌거나 과거 업계 아이콘이었던 기업을 투영한다는 것이다. 애플의 스티브 잡스Steve Jobs, 테슬라의 일론 머스크Elon Musk, 아마존의 제프 베이조스Jeff Bezos, 스타벅스의 하워드 슐츠Howard Schultz, 마이크로소프트의 사티아 나델라Satya Nadella처럼 말이다.

이 다섯 개의 핵심 기업은 우리가 수행한 글로벌 설문조사 결과를 근거로 보았을 때 세계 최고의 영원한 혁신 기업들이다. 게다가 이들은 지난 20년간 S&P 500에서도 특출난 성과를 보였다. 물론 이 기업의 리더들이 완벽하다고 말하기는 어렵지만(일론 머스크와 스티브 잡스 모두 동료들에게 상당히 변덕스럽고 거친 모습을 보였으므로), 그럼에도 나는 독자들이 이 책을 읽고 나서 각 기업에 바로 적용 가능한 교훈들을 얻길 바란다.

중요한 사실은 선정된 기업 대부분이 실리콘밸리에서 멀리 떨어져 있고 일부는 기술 기업이 아니라는 점이다. 그리고 페이스북처럼 한때는 실리콘밸리를 호령했던 기업이 지금은 곤경에 처해 있는 것을 보면, 실리콘밸리에 있다는 사실이 성공을 보장하지 않는다. 더 나아가 우리가 연구했던 성공한 기업들은 서로 상당히 달랐다. 우리는 그 차이점을 논의하면서도 어떤 유사성이 있는지 집중했다. 그 결과 영원히 혁신하는 조직들은 혁신과 개선 기회를 늘 공격적으로 찾고 있다는 것을 발견했다. 그들은 그렇게 애자일 문화를 육성했다.

이 책에 나오는 방법들이 정말 당신의 조직도 세계적인 기업들 수준으로 끌어올릴 수 있을지 의심이 들 수도 있다. 분명히 말하면《공격의 전략》의 핵심은 성과를 모방하는 것이 아니라 조직을 개선하는 것이다. 사실 전 세계 기업의 99%는 애플, 스타벅스, 테슬라, 마이크로소프트, 아마존이 달성한 성과 범주에 들어맞지 않는다. 그래도 괜찮다. 당신이 현장 직원이든, 중간 관리자든, 임원이든, 아니면 CEO든 이 책으로 당신과 당신의 조직의 잠재력을 깨우고, 실용적인 단계들을 밟아 목표에 다다를 수 있을 것이다. 민첩성과 혁신 역량이 10% 내지는 20%만 향상돼도 조직의 이익이 개선되고 조직원 전체에 유리한 문화를 조성하는 데 도움이 된다는 것을 명심하길 바란다.

나는 스물두 살에 컴퓨터공학 석사과정을 마치고 IBM 연구센터에서 직장생활을 시작했다. 거기서 제조 공정을 개선하는 일을 하면서 아이디어 하나가 떠올랐다. 내 직무와 직접적으로 관련된 것은 아니었지만 회사가 쉽게 구현할 수 있을뿐더러, 실현된다면 수백만 달러의 비용을 절감할 수 있었다. 하지만 팀장은 그 아이디어를 상부에 올리지 않았다. 대신 나를 자리에 앉히더니 "베넘, IBM은 천천히 강을 따라 흘러 내려가는 커다란 통나무 같은 곳이야. 자네와 나는 그 나무 위에서 그저 살아보겠다고 애쓰는 한 쌍의 개미 같은 미물일 뿐"이라고 말했다. 그 순간 내 삶은 규정되었다.

상상이 가겠지만, 스물두 살의 청년은 그런 조직 생리에 관한 말을 들으면서 위축됐다. 나는 사람들이 가진 능력을 온전히 발휘할 수 있도록 도우면서 여생을 보내고 싶었다. 나는 구성원이 많은 조직을 쇄신해서 그들 모두가 자신이 가진 능력을 마음껏 발휘할 수 있도록 돕겠다고 결심했다. 보통 위대한 아이디어에는 위대한 사람들이 필요하다. 작은 회사들에 그런 거인들이 있는 경우가 많지만, 조직이 커질수록 그들의 존재감이 약해지고 의견이 쉽게 묵살된다고 느낀다. 직원들은 자신에게 직접적인 책임이 없으면 회사가 도전에 직면해도 시큰둥하다. 이 책에는 그런 상황에서 역동성을 일으키는 노하우가 담겨있다.

독자들이 다음 페이지로 넘어가기 전에(그러기를 간절히 바라지만) 이 책이 탄생하는 데 도움을 준 모든 분에게 감사의 말을 전하고 싶다. 먼저 이 책에 대한 아이디어를 떠올린 순간부터 연구하는 내내, 그리고 책이 출판될 때까지 변함없이 지지하고 격려해준 아내 나자닌에게 고마움을 전한다. 나자닌 당신이 없었다면 이 책은 지금 여기에 없었을 거야.

또 필자가 《기민한 혁신》과 《어떻게 변화를 끌어낼 것인가?》의 주요 내용들을 결합해서 《혁신의 나침반The Transformation》이라는 더 쉽고 간결한 소책자를 내도록 도와준 '브라이트라인 이니셔티브BrightlineYM Initiative(PMIProject Management Institute에 속한 연합체로, 기업의 경영진이 전략을 기획하고 구현하는 데 발생하는 고비용, 비생산적 간극을 해소하도록 돕는다)'와 PMI의 모든 리더, 그중에서도 내 제자이기도 한 리카르도 바르가스와 타히루 아사네에게 고맙다. 그들은 이 책자를 200만 명의 회원들과 아낌없이 공유하고 《이코노미스트》에 게재했다. 또한 오랫동안 내 아이디어에 활력을 불어넣는 치어리더로서 내 방법론을 세계 곳곳에 전파하는 중요한 역할을 했다.

스탠퍼드디자인스쿨 졸업생인 나디아 무프티가 없었다면 이 작업은 처음부터 험난했을 것이다. 나디아는 《공격의 전략》을 위한 초기 연구와 코딩 과정에 엄청난 도움을 주었다. 책의 주요 항목으로 스타트업 사고방식을 추가한 것도 그의 아이디어 덕분이다. 나디아를 소개해준 베니 바네르에게도 감사를 표한다.

프로젝트 내내 탁월한 리더십을 보여준 캘리 맥케나 로젠탈이 이끄는 경이로운 스탠퍼드 연구팀에도 마음의 빚을 졌다. 파커 토마스 키시에비치, 파르타브 셔길, 매튜 마카리오 예켈, 비비안 우르니스-갈린도, 로렌 타일러 모두 더없이 유능한 인재들로 이 책에 크게 이바지했다. 이번 연구는 물론 그전 작업에도 도움을 줬던 앤드루 라포지, 알렉스 에이버리, 타라 비스와나탄, 토비 에스피노자, 마이클 테렐에게 고맙다. 그리고 이전 연구에서 나를 보조했을 뿐 아니라 나와 연구팀이 꾸준히 작업에 몰두할 수 있게 도와준 보니 챈에게도 고마움을 전한다.

이 연구를 주제로 나를 처음으로 인터뷰했던 (경영 분야의 오스카상으로 여겨지는) 싱커스50Thinkers50의 공동 설립자인 스튜어트 크레이너에게 무한한 감사를 전한다. 그의 날카로운 질문들 덕분에 이 책의 내용이 한층 더 깊어질 수 있었다. 스튜어트에 이어 질의응답 시간을 나눴던 《로트먼 경영 매거진Rotman Management Maga-zine》의 수석편집장인 카렌 크리스텐센에게도 감사하다.[1]

이 책의 초기 원고를 꼼꼼히 검토하고 내용과 방향성에 대해 끊임없이 대화하며 영감을 준 최고의 편집자(《하버드 비즈니스 리뷰 Harvard Business Review》의 전 편집자였던), 존 랜디에게 깊이 감사하다. 또 아이디어프레스의 공동 설립자로서 늘 곁에서 통찰력 가득한 조언을 해주고 나만큼이나 이 책에 열정이 넘쳤던 로히트 바르가바에게 고마운 마음을 전한다.

특히 감사할 분들은 이 책을 통해 내가 긴밀한 협력의 영광을 누렸던 비즈니스 리더들이다. 그들은 내 삶에 막대한 영향을 미쳤다. 그 누구보다 인텔의 CEO로서 고인이 된 앤드루 '앤디' 그로브 회장은 이제 막 박사학위를 받고 호기심과 에너지로 충만한 내게 큰 기회를 주었다. 그의 믿음은 내가 디자인 사고와 민첩한 발전의 토대가 되었다. 그가 나를 고용한 덕분에 7,000명에 달하는 인텔 임원과 중간 관리자들에게 제품 개발 혁신과 민첩성에 관해 교육할 수 있었다. 또한 효과적인 회의 습관, 의사결정 과정, 어떤 아이디어든 터놓고 자유롭게 논의하는 건설적인 토론문화 등 실리콘밸리 특유의 여러 문화를 수용하고 속도감 있는 조직을 운영하는 방법을 습득할 수 있었다. 나는 1990년대 후반에 인텔에서 나왔지만, 앤디 그로브가 2016년에 작고한 이후 인텔은 차츰 관료주의 조직으로 변모하며 근본적인 혁신의 필요성이 대두되었다.

내게 가장 큰 영향을 미친 리더는 인텔의 부사장을 역임하고

1996년에 베이 네트웍스의 회장 겸 CEO가 된 데이비드 하우스이다. 그는 인텔의 수익을 20배, 시장가치를 기존의 5배인 100억 달러로 높이며 실리콘밸리 역사상 가장 성공적인 조직혁신을 주도했다. 그가 나를 영입한 덕분에 혁신 프로젝트 기간 내내 사무실 바닥 침낭 안에서 잠을 청해야 했다. 하우스 회장은 조직문화 쇄신의 대가로서, 이베이의 전 최고운영책임자Chief Operating Officer(이하 COO)인 메이너드 웹부터 업계의 내로라하는 네트워킹 통신 기업들의 CEO였던 로이드 카티 등 실리콘밸리의 수두룩한 리더들이 그를 추종했다. 시가총액 1조 달러가 넘는 글로벌 조직들의 임원 및 고위 관리자들과 진행했던 협력 작업들은 내 경력에서 가장 중요한 부분이다. 그때의 경험을 통해 그들의 혁신과 급격한 성장을 깊이 있게 이해할 수 있었다. 이 책에서 나는 그런 여러 조직과 거기서 얻은 값진 교훈들에 대해 논할 것이다. 내가 그들의 성공에 일조할 수 있었다는 것 또한 감사할 일이다.

C.P. 그룹의 대표인 쿤 수파차이 체라바논트, 그리고 쿤 반툰 람삼 명예회장, 쿤 카티야 인다라비자야 대표, 쿤 파차라 사말라피 사장을 비롯한 카시콘뱅크의 고위 리더들에게도 감사드린다. 그들 덕분에 실리콘밸리 문화와 철저한 직원 중심의 문화 사이에서 균형 잡는 법을 배울 수 있었다. 또 쿤 파차라 사장과 함께 1만 2,000명의 일터인 전통적인 소매 조직을 날렵한 실리콘밸리 스타일의 디지털 문화로 변모시키고, 그 결과 우리가 목표했던 모든 지표를 달성하거나 상회하고 다수의 상까지 받은 일은 내가 가장

자랑스럽게 여기는 경험이다.

리앤펑Li&Fung의 제조, 소매, 재무 부문에서 내가 추진한 혁신 작업을 적극적으로 지지해준 스펜서 펑 회장님께도 감사하다. 홍콩에 본사를 둔 리앤펑의 전 CFO인 에드 람에게는 특별히 고마운 마음을 전한다. 그는 40개국에 지사를 두고 180억 달러 규모의 자금을 관리하는 재무 조직에서, 나와 함께《기민한 혁신》과《어떻게 변화를 끌어낼 것인가?》의 방법론을 활용했다. 그 덕분에 2017년 글로벌 금융 전문지인《디 에셋The Asset》이 주관하는 '올해의 CFO 상'을 받았다. 에드는 이제 LFX의 설립자이자 CEO로서 다시 한번 디지털 혁신 프로젝트를 추진하고 있다. 스탠퍼드 경영자 과정에서 내 수업을 들었던 신장 전문의인 피터 버트케 박사 또한 2018년에 내 개념들을 적용해서 스위스에서 가장 권위 있는 민간병원 그룹인 히르슬란덴을 가장 효율적인 급성질환 치료병원 그룹으로 탈바꿈했다. 그는 현재 여러 공공병원에서 그의 마법이 통하도록 고군분투하고 있다. UPF 바르셀로나 경영대학의 전 학장인 오리올 아마트 교수도 2020년, 이 방법론을 통해 학교를 혁신하고 승진의 기쁨을 누렸다. 이제는 UPF의 총장으로서 이 기법을 성공적으로 활용하고 있다. 우리는 이와 관련된 사례 여러 건을 발표했고, 그 내용들은 유럽 비즈니스모델 연구회 European Case Clearing House에서 찾을 수 있다.

여러 건의 조직쇄신 프로젝트를 함께 진행했던 내 친구이자 스타 CEO인 버논 어빈에게 항상 고맙다. 베리사인VRSN에서 가장 규모는 크지만 3억 8,000만 달러의 매출로 허덕이던 사업부를 어빈과 함께 단 2년 만에 매출 10억 달러의 조직으로 탈바꿈시킨 것은 정말 신나는 경험이었다. 실리콘밸리에서 두 번의 IPO를 성공적으로 일군 내 절친이자 고객인 파라지 알라이 또한 이 책을 포함한 내 여정에 다정하고 지적인 파트너였다. 마지막으로, 샌타클래라 카운티를 이끄는 사람들, 그중에서도 CEO인 제프 스미스와 레슬리 크로웰, 메간 도일, 제임스 윌리엄스, 그레타 한센, 르네 산티아고, 폴 로렌츠, 산제이 쿠라니, 클리프 왕 등 함께 일해서 영광이었던 모든 위대한 리더들과 개인들에게 감사를 전한다. 그들을 비롯한 수많은 이들 덕분에 내 전문지식을 공공부문에 적용할 수 있었다. 우리의 협업 이후로 샌타클래라 카운티는 코로나 팬데믹 기간에만 수만 명의 생명을 구하고 다양한 부서에서 4억 5,000만 달러가 넘는 비용을 절감하는 동시에 직원과 고객만족도를 높이면서 혁신의 모델이 되었다. 내게는 정말 자랑스러운 일이다. 일찍이 여러 혁신을 함께 추진한 리더 다수가 현재 샌타클래라 카운티의 최고경영진인 것을 보면서 나는 한없이 겸손해진다.

이제 이 책의 본론을 시작하자.

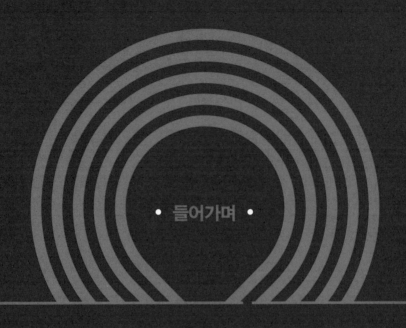

'공격 태세에 있다, 언제나 그렇다'

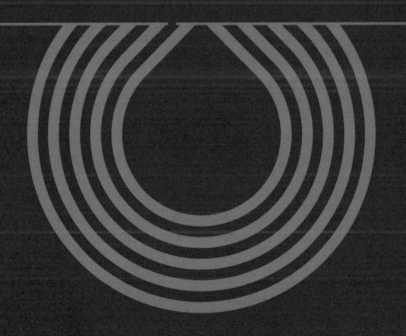

무엇이 지속적 혁신을
가능하게 하는가

애플TV플러스의 오리지널 시리즈 〈어둠의 나날See〉을 본 적 있는가? 이 드라마는 치명적인 바이러스의 공격으로 인류가 거의 전멸한 먼 미래를 그린다. 살아남은 이들은 시력을 잃었고, 몇 세기가 지난 뒤 시력이라는 개념은 하나의 신화가 된다. 그러던 어느 날 시력을 지닌 쌍둥이가 태어나고, 이들은 '볼 수 있는 능력'이 일으킬 파장을 두려워한 부족원들의 표적이 된다.

마찬가지로, 거대 조직이 영원히 혁신하는 기업으로 변모할 수 있다는 생각을 케케묵은 상상 속 신화로 여기는 리더가 많다. 심지어 페이스북이나 구글처럼 2000년대에 그 누구보다 민첩함을 자랑했던 기술 기업들은 이제는 과거 영광의 그림자가 됐다. 위기관리 플랫폼인 오픈도어Opendoor의 공동 창업자 JD 로스JD Ross는 트위터에 '뛰어난 직장 새내기들을 언젠가 그들을 대적할 만한 야심만만한 창업가 대신 현실에 안주하며 경력이나 쌓으려는 사람들로 육성하는 것'이 구글의 최대 병폐라고 올렸다. 이에 테슬라의 수장인 일론 머스크는 '기술업계의 대기업 대부분이 재능이 사장되는 곳으로 전락했다'라는 트윗으로 응답했다.[2]

또 2013년 마이크로소프트가 노키아를 인수한 직후, 노키아의 CEO인 스티븐 엘롭Stephen Elop은 "저희는 아무것도 잘못하지 않았지만 어쨌든 졌습니다"라는 말로 연설을 마쳤다.[3] 2007년에 애플이 시장에 진입하기 전까지 휴대전화 산업을 평정했던 회사로서는 참담한 결과였다. 노키아는 사업 지표에만 골몰하고 조직문화를 쇄신하지 못했다. 결국 고객들이 열광할 만한 대담하고 혁신적인 제품을 도입하지 못해 몰락의 길로 들어섰다. 세상은 변했는데 노키아는 발맞춰 변화하지 못했다. 하지만 이 또한 10년 전의 일이다. 지금은 인공지능 분야의 놀라운 발전이 여러 시장에 또 다른 파괴를 몰고 오고 있다. 애자일 혁신은 유례없이 중요해졌고, 태만한 거대 기업들에게 애자일은 그만큼 더 달성하기 힘든 목표가 됐다.

여기서 질문이 생긴다. 대기업에서는 방향을 바로잡고 영원한 혁신이라는 신화를 현실로 만들 방법이 아예 없는 걸까?

회사가 애자일한 혁신 조직이 되겠다는 데 반기를 들 임원은 드물 것이다. 여기서 애자일한 혁신 조직이란 늘 기민한 태도로 새로운 프로세스, 파트너십, 제품, 시장, 서비스를 재구상하고 구현하며 기존의 것들을 개선해가는 곳을 말한다. 파괴적 위력이 점점 강해지는 시장에서 번성하려면 혁신은 필수 불가결하다. 기회와 위협에 재빨리 맞서기 위해서 애자일 능력이 꼭 필요하다. 이 책에서 말하는 애자일 능력은 스티브 데닝Steve Denning이 "애자일이 직장에서 노동력 착취를 위한 구실이 될 때도 있습니다"라고 지적한 소프트웨어 방법론이 아니다.4 나는 애자일이 하나의 사고방식이며 더 나아가 변화에 재빨리 대응하는 영구적인 혁신 문화의 중요한 요소라는 데 방점을 찍는다. 따라서 이 책에서는 애자일 혁신을 영원한 혁신의 또 다른 표현으로 사용할 것이다.

물론 그 길에는 엄청난 네 가지 장애물이 있다. 첫째, 관료주의 기업들은 20세기 성공법칙의 유산과 맞서 싸워야 한다. 그때는 품질 좋고 낮은 가격의 상품을 대량으로 만들어야 이득을 봤다. 이를 위해서는 관료주의적 직원들을 고용해야 했다. 혁신은 예측 가능한 마케팅과 점진적인 개선을 위해 희생됐는데 이 두 가지 요소 모두 경영진과 월가가 염원하는 꾸준한 성장을 가져왔기 때문이다. 기업들은 바로 뱃머리를 돌릴 수 없는 외항선처럼 거대하고 복잡한 구조를 위해 애자일의 장점을 내던졌다.

거대한 규모와 복잡함에서 오는 관성이 아니더라도 인간의 본성 또한 변화를 가로막는 주요 장애물이다. 일단 인간은 자신의 힘을 의탁하도록 만들어졌다. 남에게 완전히 의존하는 유아기부터 부분적으로 의존하는 성인기로 성장할 때까지 이런 양상은 계속된다. 우리는 종종 자기가 읽은 책과 수강한 강의 내용에 생각을 맡긴다. 또 윤리적 지침은 종교 지도자에게, 식단은 의사에게 위임한다.[5] 우리는 본질적으로 스스로 생각하기를 너무 두려워한다. 직장에서는 자신의 힘을 관료적인 위계에 순순히 양도해서 일련의 예측 가능하고 안정된 루틴과 임무들에 안착한다.

둘째, 인간은 천성적으로 자기중심적이고 자긍심이 강하다. 대기업의 관리자 대부분은 명령과 통제 시스템을 수용하고 자신의 지배 영역과 특권을 유지하는 데 연연한다.

셋째, 사람들은 어떤 프로젝트나 전략적 방향에 많은 자원을 투자하면 거기에만 몰두해 변화를 거부한다. 심지어 장기적으로 재무 타당성 측면에서 손해여도, 매몰비용만 생각하는 오류를 범한다.

마지막으로, 관성을 깨뜨리는 데는 엄청난 결의가 필요하다. 애자일과 혁신에는 정신적, 물리적으로 상당한 노력이 따르는 경계심과 유연성이 필요하다. 그것을 논하는 것만으로도 피곤할 뿐더러 게다가 대다수 사람이 일에 투입하고 싶어 하는 것보다 더 많은 에너지가 필요하다.

이렇게만 보면 대기업의 쇄신은 불가능에 가까운 일 같다. 물론 시중에 나온 일부 책들은 인간의 본성이 변할 수 있다고 주장한다. 그들은 개인의 하찮은 사심을 내려놓고, 지휘 통제 구조를 허물고, 투자자와 소비자의 이득을 위해 자신을 헌신할 수 있다고 여긴다.

나는 강의와 컨설팅 일을 시작한 1990년대 중반부터 그런 주장을 수십 년째 들어왔다. 나는 기술적 낙관주의가 가득하지만, 규모가 큰 조직의 실제 작동 원리에 대해서는 한없이 무지하고 최악의 주장을 하는 실리콘밸리에 살고 있다. 지휘와 통제 체제가 아직 건재한 가운데 자율 조직을 옹호하는 전도사들은 완전히 탈중앙화된 유토피아를 향해 계속 선동한다. 그리고 그런 사람들은 이제 코로나 팬데믹과 대규모 사직, 소리 소문 없는 퇴사를 변곡점으로 그런 유토피아적 비전이 실현될 것이라 믿는다.

하지만 그런 일은 벌어지지 않을 것이다. 적어도 그런 방식으로는 일어날 수 없다.

다만 규모가 큰 조직을 쇄신하는 일이 불가능한 꿈은 아니라는 것만큼은 단언할 수 있다. 물론 그 일은 어렵고, 조직혁신에 직원들을 참여시키기 위한 CEO의 가슴 벅찬 연설이나 그럴듯한 수사만으로는 턱없이 부족하다. 이 혼란의 시대에 대기업을 쇄신하려면, 번성하기 위한 규율을 확립하고 감정적 에너지를 분출시키는 종합적인 접근법이 필요하다. 다시 말해 눈을 크게 뜨고 기존의 방식으로는 사업이 지속될 수 없다는 사실을 '봐야' 한다.

역설적이지만 1977년으로 거슬러 올라가면 변화를 주도하는 방법에 관한 탁월한 사례 하나를 찾을 수 있다. 나이키 창립 초기의 마케팅 책임자였던 롭 스트래서Rob Strasser는 '원칙'이라는 문서 하나를 사내에 게시했다.[6] 이는 조직의 모든 원칙을 한 장에 담은 것으로, 그들의 기존 사업방식을 토대로 한 것은 아니었다. 사실

이는 스트래서 개인의 직감이 반영된 것으로 나이키 조직이 가져야 할 관점의 방향을 제시한 원칙들이었다.

1. 우리는 변화에 관한 비즈니스를 한다.

2. 우리는 공격 태세에 있다. 언제나 그렇다.

3. 완벽한 과정이 아닌, 완벽한 결과가 중요하다. 규칙을 깨라. 법과 싸워라.

4. 이 일은 비즈니스이자 전투이다.

5. 아무것도 가정하지 마라. 사람들이 약속을 지키게 하라. 당신 자신과 다른 이들을 몰아붙여라.

6. 자급자족하라.

7. 임무가 완성되기 전까지 당신의 일은 끝난 게 아니다.

8. 위험 요소: 관료주의, 개인의 야망, 약점을 들키는 것, 한 접시에 너무 많이 담는 것

9. 우리의 일이 아름답지는 않을 것이다.

10. 옳은 일을 하면 돈은 저절로 굴러들어올 것이다.

이 원칙들은 노골적일 만큼 솔직해서 공감이 가는 데다 변화의 과정에서 감정이 담당하는 역할을 부각한다. 인간의 본능은 극복될 수 있고, 기업은 직원들이 사사로운 이익을 내려놓고 소비자와 사회를 위해 협력할 것으로 기대해도 된다고 여기는 사람들이 너무 많다. 하지만 어떤 감정을 없애려면 그것을 대체할 또 다른 감정이 필요한 법이다. 그렇지 않으면 사람들은 관료제에 따라 일할 것이다.

실리콘밸리 기업들을 비롯해 가장 위대한 기업들의 역사만 살펴봐도 그렇다. 그런 회사의 창업자와 후임자들은 보통 자신을 이성적인 사람으로 묘사하지만 실상 지극히 이성적인 창조자는 거의 없었다. 그들은 자신이 특정 시장에 접근했고, 문제의 해결 방법을 확인했으며, 그런 해법을 가로막는 난관들을 극복한 것처럼 보이고 싶을 것이다. 물론 그런 묘사 중 일부는 사실이지만, 성공에 결정적 역할을 한 것은 그들이 부리는 각종 변덕과 이따금 보이는 극단적인 행동과 더불어 그들의 내적 신념이었다.

그런 탁월한 예로 스티브 잡스Steve Jobs가 있으며, 특히 그가 두 번째로 애플을 지휘한 때가 그랬다. 첫 번째 '통치 기간'에 잡스는 성공한 CEO의 전형적인 모습과는 반대였다. 그는 무례하고 밉상이었으며, 오만하고 자기애에 빠져 있는 데다 편집증적인 성향까지 강했다. 대체로 호의적으로 잡스를 대했던 전기 작가 월터 아이작슨Walter Isaacson마저 '악마에 쫓기듯 주위 사람들을 분노와 절망 끝으로 몰아넣을 수 있는 인물로 (……) 그의 성격과 열정, 제품 모두가 서로 연관돼 있었다'라고 묘사했다.

결국 잡스는 자신이 공동 창업한 회사와 자신이 직접 뽑은 이사들에게 해고당했다. 그들은 잡스의 집착 때문에 회사가 망가지고 있다고 믿었다. 하지만 경험 많은 애플의 후임 관료들도 사업을 되살리지 못했고 애플의 이사회는 절망 속에서 잡스를 복귀시켰다.

잡스는 애플을 떠나 넥스트에 있는 동안 고통과 고초를 겪으며 성격이 바뀐 것으로 알려져 있다. 특유의 열정과 야망은 여전했지만, 타인에 대해 더 공감하게 된 것이다. 이런 '새로운' 잡스는 향후 애플에 대해 한층 더 명확한 비전을 품을 수 있었다.

잡스가 복귀한 1997년에 애플은 파산 직전이었고 회사는 생사를 가르는 결정을 내려야 했다. 그는 이사회를 전면 개편하고 전임자들이 수백만 달러를 투자한 제품들과 프로젝트들을 취소하면서 회사를 여러모로 쇄신했다. 다행히 그런 변화가 통했고 애플은 소비자가 스스로 원했는지조차 몰랐던 놀라운 혁신을 선보였다. 애플은 잡스가 대표직에서 물러난 2011년에 세상에서 가장 가치 있는 기업 중 하나가 되었으며, 그로부터 12년이 지난 지금까지 그 자리를 고수하고 있다.

열정, 에너지, 집착, 야망과 같은 감정들이 애플의 성공에 결정적 요소로 작용한 것은 우연이 아니다. 맨땅에서 시작하든 기존의 관료제를 뒤엎든 혁신적인 조직을 확립하려면 각고의 노력이 필요하다. 게다가 기업 혁신은 위험도가 높은 일이라 노력이 물거품이 될 때도 많다. 만약 당신이 안정적인 사업을 원하는 그저 유능하고 합리적인 사람이라면 견실한 기업에 들어가 경력을 쌓는 편이 차라리 낫다. 그러나 현재 시장이 해결하지 못한 욕구를 충족시키는 회사를 창업하고 상사의 지시에서 벗어나 당신의 비전을 실현하려는 확고한 염원이 있다면 민첩한 혁신가가 돼야 한다. 그러려면 감정이 중요하다. 고달픈 사업 초기에 당신과 조직을 지탱하려면 초이성적인 판단과 그런 절실한 마음을 온전히 동원해야 하기 때문이다.

혁신은 선택이 아닌
필수 생존 전략이다

개인적인 경험과 폭넓은 직업 네트워크를 통해 실시한 인터뷰 및 설문조사를 바탕으로 큰 조직이 영원한 혁신 조직이 되기 위해, 그 리더들과 직원들에게 필요한 37가지 자질을 도출했다. 내 직감들이 현실에서도 유효한지 검증하기 위해 스탠퍼드대학교에서 석사과정을 밟고 있는 재학생, 졸업생, 박사 후 연구원과《하버드 비즈니스 리뷰》전 편집자로 열두 명의 연구팀을 구성했다. 우리는 2006년부터 2022년 사이 사업 성장이 크거나, 평균 수준을 기록했거나, 크게 하락한 52개 기업을 선정했다. 이 시기를 택한 이유는 경기침체 이전, 대대적인 금융위기, 침체 후 성장기, 팬데믹 이전, 팬데믹 기간, 팬데믹 회복 직후 및 이후 등 다양한 기간이 포함돼 있기 때문이다.

우리 연구팀은 전 세계 기업의 임원, 학자, 소비자 6,873명을 대상으로 한 설문조사 결과를 토대로 선정된 기업들을 다시 26개로 추렸고, 이들 기업을 애자일 및 혁신 수준에 따라 세 개 그룹으로 나눴다. 그런 다음 시중에 발표된 기사나 책 내용을 바탕으로 해당 기업들에 대한 신빙성 있는 정보를 수집했다. 또 각 기업의 관리자와 직원들을 10여 명씩 인터뷰했다. 마지막으로 수천 페이지에 달하는 이 모든 데이터를 사전에 정한 기준들에 따라 코딩했다.

우리는 회귀 분석, 일대일 비교 분석, 군집 분석을 통해 사업 성과가 최고인 조직과 최악인 조직을 나누는 요인들을 결정했다. 또 다른 팀은 우리의 분석 결과의 유효성을 검사하기 위해 나의 박사과정 지도교수였던 캐슬린 아이젠하드Kathleen Eisenhardt가 개발한 '다중 사례 이론 구축multi-case theory building'이라 불리는 접근법으로 검증했다. 이 방법론은 연구 사례의 동인을 선택하는 것으로 시작한다. 가령 조직의 신속한 의사결정 능력이 연구 사례라면 이를 심층 탐구해서 무엇이 그런 능력을 주도하는지 설명할 수 있는 요인을 찾는 것이다. 그런 방식으로 두 번째, 세 번째 연구 사례를 계속 탐구한다. 우리 연구팀은 이 방법론을 토대로 각 기업에 대한 사례를 연구했다. 그리고 일단 설명 가능한 요인들을 도출하면 그것들의 공통점을 찾았다. 분명 여러 사례 사이에 중복되는 영역들이 많을 것이라고 생각했다. 또한 개별 사례들도 충족시킬 수 있는 요인도 계속 찾았다. 이를 위해서는 추상화 수준을 높여야 했는데, 복잡하게 설명해야 하는 요소들을 단순화하면서 하나의 답이 나올 때까지 과정을 반복했다.

모든 연구가 그렇지만 일부 범주들은 서로 명확히 구분하기가 애매할 수 있다. 이런 범주들은 여덟 개 기업의 관리자들과 함께 그 고유성을 테스트했다. 결과가 바뀌지는 않았지만, 우리는 각 범주의 고유성을 더 명확히 반영하기 위해 설명 문구를 수정했다.

이 책은 그 동인들을 소개하고 각 동인이 어떻게 조직의 혁신을 가속하는지 설명할 것이다. 그 시작은 실존주의로, 이는 철학적 개념이 아니라 조직과 직원 모두가 기업의 존재 이유와 의사결정의 북극성을 제시하는 중대한 목적에 전념한다는 개념이다. 이는 대개 고객에 대한 집착으로 이어지며, 고객이 원하는 것을 함께 추구하거나 고객에게 감정을 이입해서 그들이 가치 있게 여기는 것을 상상하려 한다. 이런 식의 고객 집착이야말로 회사가 목적을 실현하는 가장 좋은 방법이다.

리더가 조직원 대부분에게 실존주의와 고객 집착을 택하도록 영향을 주기 위해서는 피그말리온 효과를 일으켜야 한다. 리더 한 명이 다수의 사람들에게 직접 영향을 주는 방식으로 조직혁신의 장애물을 극복하기란 상당히 어려운 일이므로 피그말리온 효과는 필수적이다. 조각가 피그말리온이 미래의 배우자를 창조하면서 했던 것처럼, 당신이 원하는 이상적인 직원의 모습을 촉진하는 문화를 확립해야 한다.

나는 여기에 스타트업 사고방식을 추가하여, 기업과 특히 그 리더들이 일반적인 수익성 계산은 내려놓고 앞서 언급했던 목적을 향해 열정적으로 달려가도록 몰아붙인다. 창업자가 이미 오래 전에 은퇴했거나 세상을 떠났을지라도 현재의 리더들이 용병이 아닌 선교사 같은 마음가짐으로 목표를 추구하는 것이다.

조직은 스타트업 사고방식을 위해 에너지를 아껴둬야 한다. 다음 수를 위해 템포 조절을 하면서 천천히 그리고 용의주도하게 준비한 다음, 기회가 왔을 때 재빨리 포착하기 위해서다. 에너지를 아껴둔다는 것은 이중모드로 일하는 것도 의미한다. 조직의 한쪽은 점진적인 개선을 추구하고 다른 한쪽은 실험적 가능성을 좇는 것이다. 양쪽 모두 지속적인 성공을 위해서 꼭 필요하다. 이때도 조직은 모든 임무를 동일한 속도와 창의성으로 접근하려는 인간의 보편적인 경향을 깨뜨려야 한다.

기업은 (합리적인 방향성에 어긋나는) 실존적 비전, 사고방식, 문화를 바탕으로 대담하게 움직이는 열정을 창출할 수 있다. 직원들은 이를 통해 쉽고 수익성은 높지만 품질을 저해하는 성장이나 매몰 비용에 얽매이는 유혹을 떨치고 목표를 향해 뚝심 있게 나아갈 수 있다.

이런 대담함은 사람들이 자신만의 사일로silo(회사 안에서 부서 간 장벽, 소통의 단절)를 벗어나 타인과 기꺼이 협력하려는, 열정에 불타는 급진적 협업을 이끈다. 보통 합리적인 사람들은 안면이 있는 이들과 주로 일하려 하지만 영원히 혁신하는 기업들은 이런 본능을 뛰어넘는다.

　기업이 민첩성과 혁신이라는 목표를 달성하려면 긴박함을 조성하거나 세뇌하듯 목표만 반복해서는 안 된다. 리더는 조직에 깊이 파고들면서 자신을 헌신하고 조직은 철저한 프로세스를 따라야 한다. 조직을 쇄신하기 위해서는 깊은 감정적 신념에서 우러나오는 용기와 탄력으로 움직이는 지속적인 훈련이 필요하다.

　지금까지 언급한 8가지 요소가 혁신적인 기업들을 눈부신 성공으로 이끈 동인의 전부는 아닐지라도 많은 것들을 설명해준다. 특히 이 8가지 요소 중 일부나 전부가 부재한 기업들은 고전을 면치 못했다는 점에서 중요하다.

　우리가 수행한 연구의 분석 결과, 조직의 영원한 혁신에 이바지하는 또 다른 흥미로운 특성 여섯 개가 드러났다. 이 여섯 개의 특성은 이어지는 8가지 전략을 통해 다양한 각도로 설명할 것이므로, 여기서는 간략하게 짚어보자.

　첫 번째 특성은 '메타 애자일meta-agile'로, 큰 그림에서 세부 요소로 관점을 가능한 한 빨리 옮겨 볼 수 있는 능력을 말한다. 로자베스 모스 캔터Rosabeth Moss Kanter는 《하버드 비즈니스 리뷰》에 발표한 글에서 이 두 가지 고유한 관점을 '줌잉 아웃zooming out'과 '줌잉 인zooming in'으로 이름 붙였다.[7] 메타라는 말은 임직원 모두가 어떤 사안에 대해 큰 그림을 볼 줄 안다는 의미이다. 이는 곧 회사가 지위 고하를 막론하고 구성원 모두에게 악폐를 철폐하고 그들의 사업을 철두철미하게 알도록 독려하며 권한을 위임한다는 뜻이다. 이런 조직 환경에서는 모두가 회사의 임무를 수행하는 데 일정한 역할을 담당하면서 그것을 달성했을 때 그만큼 인센티브를 받는다. 반대로 큰 그림을 잘게 나누는 회사에서는 조직을 통제하고 전술에만 능한 리더와 바퀴의 부품 역할만 하는 직원들이 양산된다.

메타 애자일에서 애자일은 큰 그림에서 세부 항목으로 쉽게 시각을 전환할 수 있는 능력이다. 이런 능력이 있으면 기회나 위협 등 불확실성에 더 잘 대응할 수 있다. 예컨대 팬데믹 상황에서 출근과 재택근무라는, 변화하는 업무 방식에 더 쉽게 적응할 수 있다. 반면 애자일에 가치를 두지 않는 회사에서는 직원들이 설사 문제의 해결책을 알고 있어도 주도권을 갖고 행동에 나서지 못한다. 이런 회사의 리더들은 문제에 휘말릴 만한 일은 무엇이든 회피하면서 옳은 일만 운운하는 사내 정치에 몸담는다.

두 번째 특성은 근본 원칙으로, 어떤 상황에 대한 근본적인 진실에 도달하기 전까지 자신의 가정을 의심하는 사고방식이다. '나는 왜 이런 가정을 믿을까?' '이런 믿음에 어떤 반론이 있을까?' '내 믿음을 어떻게 입증할 수 있을까?' '만약 내가 틀렸다면, 그런 믿음을 견지한 대가는 무엇일까?' 등 이런 식의 질문에 답하면서 결국 혁신의 길을 가로막는 가정들을 제거할 수 있다.

자기계발 전문가인 제임스 클리어James Clear는 그의 기사에서 위와 같은 특성을 지닌 사람으로, 일론 머스크를 강력한 예로 든다. 인류 최초 화성에 로켓을 보내겠다는 목표를 가진 '그는 곧바로 커다란 난관에 부딪혔다. 로켓 하나의 가격이 6,500만 달러라는 천문학적인 액수에 이른다는 것을 알았기 때문이다.' 머스크는 근본 원칙이라는 기준을 가지고 문제를 다시 살펴보기로 했다. '왜 로켓을 사야 할까?' '로켓을 사는 대신 만들 수는 없을까?' 등 로켓에 사용되는 모든 원자재를 세분화했고, 머스크는 그것들을 '일반 가격의 약 2% 수준에' 구입할 수 있다는 사실을 알았다. 그는 다시 로켓을 직접 만드는 옵션이 실행 가능한지 자신의 가정들을 따져봤고, 그 결과 스페이스X가 탄생했다. 스페이스X는 혁신을 통해 단 몇 년 만에 '로켓 발사 비용을 10배나 절감하면서 이익을 낼 수 있었다.'[8]

세 번째 특성은 당신이 속한 업계를 이해하기 위해 사용해온 심리 구조를 해체하고 재구성하는 것이다. 디지털 능숙도 컨설팅 기업인 코즈잇Causeoit, Inc. 직원들과 시프트 싱킹Shift Thinking의 창립자 마크 본첵Mark Bonchek은 '심리 모델 버리기Unlearning Metal Models'라는 제목의 기사에서 '심리 모델은 보통 무의식적이고 우리의 일상적인 행동 방식에 깊이 고착돼 있어서 이를 확인하거나 바꾸기가 어렵다'라고 경고한다. 그리고 이 문제에 대해 3단 해법을 제시한다. 첫째는 '당신의 심리 모델이 구식이 되었음을 알아차리는 것'이다. 둘째는 당신의 구식 심리 모델과 새롭게 채택하고 싶은 신식 심리 모델을 구별하는 것이다. 마지막으로 당신의 '신식 심리 모델이 기존 구식 모델보다 낫다는 사실을 알리는 것으로는 부족하다'는 것을 알아야 한다. 회사 전체가 신식 모델에 접근할 수 있어야 한다. 마크 본책을 비롯한 필자들은 "예전 모델과 신식 모델을 연결하려면 익숙한 이미지를 활용하라"고 귀띔한다. 그들은 헨리 포드Henry Ford가 자신이 만든 제품을 '말이 없는 마차'라 불렀던 것을 예로 드는데, 덕분에 소비자들은 자동차라는 낯선 용어를 더 쉽게 받아들일 수 있었다.[9] 컬럼비아 경영대학원의 리타 건터 맥그래스Rita Gunther McGrath 교수는 여기에 한 가지를 추가한다. 요즘 같은 세상에서 경쟁력을 유지하려면 해제하기와 재구성하기 전략을 지속적으로 채택해야 한다는 것이다.[10]

네 번째 특성을 설명하기 위해서는 빼기라는 간단한 개념이 필요하다. 이는 기업의 규모가 커질수록 관료주의에 계층을 더하려는 인간의 성향을 바로잡는 것이다. 사람 수가 많아질수록 조정이 더 필요하므로, 위험부담이 커지면서 실수할 가능성도 증가한다. 이런 연유로 경영진은 표준 프로세스와 절차, 규칙과 제약, 관리자와 감사인의 감독을 늘리고 조직원 전체가 같은 선상에 머물도록 더 큰 규모의 회의를 더 자주 연다.

이렇게 관리와 제약이 더해지면 직급 고하를 막론하고 조직원들의 에너지가 떨어질 수 있다. 스탠퍼드대학의 바바 시브Baba Shiv 교수는 이런 현상이 어떤 식으로 일어나는지 직접 보여주기 위해 아주 흥미로운 실험 하나를 했다. 그는 두 집단을 무작위로 선택한 다음, 그중 한 집단에는 두 자리 숫자를, 그리고 또 다른 집단에는 일곱 자리 숫자를 하나씩 기억하라고 요청했다. 다시 말해 첫 번째 집단보다 두 번째 집단에 더 큰 인지 부하를 가한 것이다. 그런 다음 모두를 복도로 내보냈는데 거기에는 초콜릿케이크와 과일샐러드 같은 간식들이 놓인 테이블이 있었다. 놀랍게도 두 번째 집단은 첫 번째 집단보다 초콜릿케이크를 두 배나 더 많이 선택했다. 두 종류의 간식은 옳은(건강한) 선택과 잘못된(건강하지 않은) 선택을 의미했다. 시브 교수는 인지 부하가 높을 때 보유한 에너지가 부족하면 올바른 결정을 내릴 수 없다는 결론을 냈다. 즉 피로한 두뇌력이 의지력까지 고갈시키는 것이다.[11]

이런 현상을 해결하기 위해 네 번째 특성이 나타난다. 최고의 리더들은 인지 부하를 줄이고 의사결정 능력을 개선하기 위해 '더하기 병'과 적극적으로 싸운다. 이들에게 빼기는 꼭 필요한 게 무엇인지 끊임없이 자문하는 일종의 만트라다. '무엇을 없앨 수 있을까? 30개의 보고서를 네 개로 줄일 수 있을까? 회의 규모가 너무 크다면 프로젝트팀의 규모를 줄일 수는 없을까? 아니, 굳이 매주 회의를 해야 할까? 아니면 한 시간짜리 회의를 30분으로 줄이는 건 어떨까?' 같이 일을 간소화하면 두뇌력의 효율성을 높일 수 있다.

다섯 번째 특성은 역설적이지만 '통제된 혼란'이다. 이와 반대 의미인 순응은 이견을 억제하고 모두가 같은 가락에 맞추게 해 독재문화를 낳는다. 반대로 통제된 혼란 속에 있는 회사는 겉보기에는 어수선하다. 이는 그들이 위험을 대담하게 감수하고, 이를 빠르게 평가하고, 실패를 잊고, 새롭고 더 나은 방향을 개척하고 있기 때문이다.

2021년 12월 대형 헤지펀드사 시타델Citadel의 CEO 켄 그리핀Ken Griffin은 인터뷰에서 제너럴 일렉트릭General Electric의 전성기를 이야기했다. 당시 리더였던 잭 웰치Jack Welch가 수십 개의 사업체를 사들이며, 성공한 사업과 실패한 사업을 모두 인수한 이유를 어떻게 설명했는지 회상했다. 웰치는 훌륭한 기업을 경영하는 것을 포뮬러1F1 경주에 비유했다. 트랙의 직선 구간을 시속 350km로 질주하다 커브에서 제동을 걸면 트랙에서 튕겨 나가 벽에 부딪힐 뻔하지만, 마지막 순간에 다시 급작스러운 턴을 하며 가속페달을 밟는 것과 같다는 것이다. 이는 통제된 혼란을 시각적으로 보여주는 탁월한 비유이다. 웰치 회장은 무너져가는 회사를 경영하는 것 또한 다른 운전에 비유했다. "어느 아름다운 날, 텍사스에서 캐딜락을 타고 존 덴버 음악을 들으면서 시속 90km로 고속도로를 주행하고 있다고 생각하면 됩니다"라고 말이다.[12]

마지막 특성은 통제된 혼란 속에서 피어나는 대립에서 발견했다. 인텔에서 발전시키고 아마존이 수용한 이 특징은 '반대하고 전념하기'로 알려져 있다. 반대 의견을 촉진하려면 심리적 안전지대가 필요하다. 회사에 그런 공간이 있으면 직원들은 어떤 이슈든 다양한 측면으로 논쟁할 수 있다. 당신이 어떤 제안을 했는데 상사가 단박에 퇴짜를 놓았다고 생각해보자. 거절은 마지막이 아니고 이의를 표명하는 트리거일 뿐이다. 아마존 임원인 마크 슈워츠Mark Schwartz는 이에 대해 "반대는 무례한 행동이 아니라 당신의 주장을 뒷받침하는 데이터를 갖고 설득력 있는 사례를 마련하는 일이다"라고 역설했다. 또 어떤 의견에 반대한다는 것은 그것을 옹호하는 사람의 우려와 책임을 고려하는 행위이다. 회사가 다양한 의견 개진을 지원한다는 것은 '당신이 어떤 주장에 동의하지 않을 때는 반론할 책임이 따른다'라는 메시지를 전한다.[13]

당신이 주장을 펼쳤다면 당신의 상사는 그에 동의하거나, 합의점에 도달하거나, 거부할 수 있다. 이 중 어떤 결론이 나든 당신은 이 프로세스에서 적극적인 역할을 한 것이다. 자신의 의견을 남들에게 개진했기 때문이다. 반대하고 전념하기의 후반부도 전반부만큼 중요하다. 슈워츠는 "당신은 그 결정(결과가 어떻든)을 전적으로 받아들여야 한다. 소극적으로 공격하거나 나중에 '거 봐요. 제가 그렇게 말했잖아요' 식의 태도를 보여서는 안 된다. 당신이 원하던 결론과 다를지라도 최종 결정을 따라야 한다"고 지적했다. 이 원칙은 두 가지 중요한 기능을 한다. 최고의 해법을 드러내고, 모두가 그 해법을 지지하게 만든다.

《공격의 전략》 미리보기

당신의 시간이 허비되지 않도록 앞으로 다룰 내용을 여기서 먼저 요약하겠다. 이 책은 처음부터 차례대로 읽어도 좋지만, 특별히 관심을 끄는 내용이 있다면 먼저 살펴봐도 상관없다.

앞으로 공격적인 경영 전략 8개를 하나씩 다룰 것이다. 다만 그 순서는 당신이 더 쉽게 공감할 수 있도록 조정했다. 전략 1에서는 일을 의미 있게 하는 참된 방법으로써 실존주의를 다룬다. 요즘 기업의 비전이 트렌디한 주제인 것은 사실이나 그저 직원들이 일상 업무에서 의미를 쉽게 느낄 수 있도록 가벼운 홍보 문구 정도로 남발되는 경우가 너무 많다. 그게 잘못된 것은 아니지만 내가 실존주의라는 용어를 사용하는 이유는 변화에 필요한 신념의 중대성을 전하기 위해서다. 기업이 사람은 아니지만 지속적인 혁신에 필요한 부가적인 노력을 동원하려면 강력한 존재 이유가 필요하다. 기업은 관용의 자세로 더 좋은 세상을 만들기 위해 고유한 방식으로 사업에 전념해야 한다.

전략 2에서는 고객에 대한 집착을 다루지만 당신이 기대하는 것과는 다른 내용일지도 모른다. 실제로 일부 기업들은 고객 욕구에 완전히 집중해서 제품 및 서비스와 관련된 사안 대부분을 시장에 의지해 결정한다. 시장에 기대려면 고객 피드백에 귀를 바짝 대고 신속하게 반응하면서 제품의 성공을 이끄는 일종의 공동 창작도 유도해야 한다. 이런 집착의 결과로 공감적 상상력이 발현되기도 한다. 이 접근법은 고객에서 출발했지만 당신이 흔히 예상하는 고객의 피드백이나 조언은 필요 없다. 보통 고객들은 기존 상품의 개선된 버전 정도만의 아이디어를 제안하기 때문이다. 기업은 고객이 미래에 원할 만한 상품을 치열하게 상상하고 그 결과물을 빈틈없이 개발해야 한다. 헨리 포드가 모델 T 자동차로, 또 애플이 아이폰으로 그랬던 것처럼 말이다.

전략 3에서는 피그말리온 효과를 기업에 적용한다. 기업 리더들은 신화 속 조각가 피그말리온처럼 자신의 관대한 신념을 강력한 문화를 바탕으로 조직원 전체에 투영해야 한다. 대부분 기업은 너무 비대해서 경영진이 가진 실존적 비전을 직원들도 똑같이 가지기는 어렵다. 하지만 다른 전문가들의 의견과 달리 피그말리온 프로세스는 소통이나 선전에 관한 것도 아니다. 오히려 선택 및 신뢰와 관련이 깊다. 즉 조직의 비전에 우호적인 사람들을 찾고, 신뢰를 바탕으로 그들이 비전을 발전시키고, 거부감을 느끼는 이들이 비전을 수용하도록, 관용으로 이끄는 것이다. 일대일 멘토링과 성과평가로 이 프로세스를 강화할 수 있다. 피그말리온 효과는 공동 목표를 향해 협력할 준비가 된 개인들로 합심의 공동체를 이룰 때 창출된다.

전략 4에서는 스타트업 사고방식을 다룬다. 기업이 신념을 밀고 나가려면 단순히 몸값이나 높이자고 들어온 용병형 직원 중 일부라도 전도사형 직원으로 바꿔야 한다. 이를 위해서는 주로 경영진일 가능성이 큰 핵심 인사들이 책임감 있게 목표를 발전시켜야 한다. 이들은 마치 스타트업에서 일하는 것처럼 행동하며, 조직의 비전에 너무 열정적이어서 그에 합당한 것만 추구하며 수익성과 안락함을 향한 보편적인 욕구를 억누른다. 이런 핵심 인물들은 개인의 편의보다 진리와 속도를 택한다. 또 초점과 강도만 맞으면 언젠가는 수익이 따른다고 믿는데, 이 판단은 대개 적중한다. 이들의 이런 사고방식은 나머지 조직에 구체적인 규율을 부과한다.

그렇다고 조직을 끝없이 몰아붙이기만 하라는 뜻은 아니다. 전략 5에서는 조직에 활력이 시급할 때 꼭 필요한 템포 관리법을 소개한다. 대다수 조직이 자동적이든 수동적이든 거의 항상 동일한 속도로 움직인다. 하지만 어떤 기회나 위협이 느닷없이 등장했을 때는 그 즉시 속도를 높여 움직이는 기업만이 그에 대응할 수 있다. 평소에는 천천히 움직이다 순식간에 사냥감에 달려드는 야생의 사자처럼 행동하려면, 사람을 항상 계획대로 움직이게 하는 지침형 목적이나 규율 이상의 것이 필요하다. 또 직원들이 평소에 에너지를 비축할 수 있게 다양한 템포 관리가 필요하다.

전략 6은 전략 5와 연결되는 주제로, 기업이 이중모드로 사업을 운영하는 방식을 제시한다. 파괴가 일상적인 시대에 기업이 성공하기 위해서는 눈부신 혁신 이상이 필요하다. 기업들은 새로운 아이디어를 사업화하고 기존 상품들을 계속 개선해야 한다. 이를 위해서는 템포 관리와 더불어 이중모드로 사업을 운영할 줄 알아야 한다. 즉 꾸준히 개선하는 데 중심을 두고, 신속함이 생명인 애자일 상태를 필요에 따라 혼용해야 한다. 보통 기업은 익숙하고 안정적인 영역에서는 철저한 비용 절감을 강조하는 한편, 새로운 제품과 서비스를 개발하는 영역에서는 창의성을 강조한다. 여기서 핵심은 '의도'이다. 리더들은 다기능팀이 창의적인 영역을 전담하게 하면서 일상적인 사업 운영의 압박으로부터 보호해야 한다.

전략 7, 8에서 우리는 기업이 이 모든 활동을 수행하려면 실행력을 뛰어넘는 대담함이 필요하다는 사실을 확인할 것이다. 전략 7에서는 조직원의 신념과 적극성에서 발생하는 불안정한 활력이 큰 도약과 대담함을 가져오는 것을 확인한다. 리더는 이런 불안정함을 자극하는 동시에 그에 따른 활력이 생산적인 방향으로 움직이도록 길잡이 노릇을 해야 한다. 때로는 기존 제품들이 번성하는 와중에도 대규모 혁신에 투자할 줄 알아야 한다. 아마존이 아마존 웹서비스AWS에 투자했던 것처럼 말이다. 한편으론 위험성이 큰 계획에 도전하되 회사의 기존 사업과 어긋나지 않는 방식으로 추진해야 한다. 인도에 진출한 데이팅 앱인 범블이 좋은 예다. 더 나아가 불안정한 활력이 품질을 위해 계획을 축소하는 것도 살펴볼 것이다. 신중하고 관습적인 기업이 새로운 시도를 할 때면 이를 방해하는 갖가지 우려가 생긴다. 대담함은 이를 극복하는 힘이다. 직원들이 그런 잠재적 에너지를 뿜어내려면 경영진은 심리적으로 안전한 업무 환경을 마련해야 한다.[14]

전략 8에서는 급진적 협업이라는 익숙한 문제를 탐색한다. 직원들이 익숙한 집단과 팀 사이의 벽을 넘어 대담하게 업무를 추진하게 만들려면 어떻게 해야 할까? 프로젝트가 원활히 진행되려면 상징적으로라도 위계를 없애는 작업이 필요하다. '사일로 문화를 철폐해야 한다'는 말은 쉽지만, 이는 조직 생리의 자연스러운 결과물이다. 핵심은 이런 사일로를 어느 범위까지 허용하느냐는 것인데, 이를 통해 협업의 가능성이 결정되기 때문이다. 게다가 사일로의 허용 범위는 고객에 대한 빠른 대응과 근본적인 혁신 중 무엇을 강조하는지에 대한 조직 전략에 따라 달라진다.

이 책의 마지막 장에서는 8개의 전략을 하나의 사례연구에 종합적으로 적용해볼 것이다. 이 책에 등장하는 사례들은 대부분 실리콘밸리에 있는 기술 기업들과 그 외 하이테크 분야에 속하는 유사 기업이다. 하지만 마지막 장에서는 기술과는 거리가 먼 스타벅스의 사례를 심층 분석한다. 또한 기성 기업들이 혁신 요소에서 발생하는 에너지를 바탕으로 스스로 쇄신할 수 있는 실용적인 단계들을 탐색할 것이다.

나는 100개에 달하는 공개 기업과 비공개 기업, 기타 단체들의 혁신 과정을 지도하면서 전통적인 산업에 속한 평범한 기업들이 사업을 근본적으로 쇄신하는 과정을 목격했다. 처음에는 대부분의 사람들이 불가능하다고 했지만, 그들은 계층 전반에서 열정을 끌어내고 조직을 점차 민첩하고 혁신적인 구조로 변화시키는 강력한 움직임을 보였다. 이들 대부분은 스타트업이 아닌 이미 성숙기에 다다른 기성 기업들이었다. 혁신이 하루아침에 벌어진 것은 아니었지만 그들은 이 책에서 설명한 체계적인 방법으로 변화에 접근해서 구습을 철폐하고 성공의 사고방식을 확립했다.

독자 중에도 이러한 혁신의 여정에 막 들어서려는 이들이 많을 것이다. 하지만 내가 명시했듯이 그 여정은 절대 호락호락하지 않다. 혁신의 방법론을 분석하고, 또 성공을 위해 그 원칙들을 얼마나 철저히 고수해야 하는지 고민하다 보면 외로움을 느낄 것이다. 1999년 《베론Barron》이 1면에 우스꽝스러운 캐리커처와 함께 향후 실패할 사업가로 아마존의 제프 베이조스를 지목한 기사를 발표하고 10년째 되던 날, 베이조스는 자신을 격려하는 재치 있는 트윗을 하나 올렸다.

열린 마음으로 경청하되 누구든 당신에 대해 단정하게 내버려두지 말 것. 이 기사 또한 우리가 결국 실패할 거라고 떠든 숱한 담론 중 하나 였음.[15]

오늘날 아마존은 영원한 혁신 능력으로 쇼핑과 웹서비스라는 완전히 다른 두 가지 영역에서 대변혁을 일으키며 세계에서 가장 성공한 기업 중 하나가 되었다.

생각과 마음을 계속 열어놓아라. 그러면 당신도 지금부터 이어지는 내용에서 많은 것을 얻을 수 있을 것이다.

· 전략 1 ·

비전

지금, 당신의 회사는
왜 존재하는가?

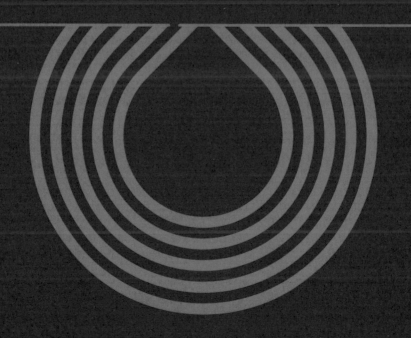

우리같이 작은 생명체는
오직 사랑을 통해서만
우주의 광대함을 견딜 수 있다.

- 칼 세이건 Carl Sagan

살아야 할 이유를 아는 사람은
어떻게든 감당해낸다.

- 프리드리히 니체 Friedrich Nietzsche

마이크로소프트는 성공하고
페이스북은 실패한 것

2014년 마이크로소프트는 교착 상태에 빠졌다. 세상은 한때 기술 업계를 평정했던 이들을 지나쳐 가고 있었다. 1990년대만 해도 이들은 윈도 운영체계와 PC용 오피스 제품들로 엄청난 이익과 시장점유율을 차지했다. 그런 지배력은 이내 기업용 서버 시장으로 뻗어갔다. 마이크로소프트는 새로운 활력으로 무장한 애플뿐 아니라 아마존, 구글 등 더 젊고 공격적인 기술 회사들에 자리를 내주고 있었다.

윈도와 오피스 제품에서는 계속 수익이 났지만, 회사의 시가총액(기업의 성장 가능성을 보여주는 투자 지표 중 하나인)은 2001년 이후로 상승 조짐이 없었다. 그나마 '이만큼 덩치 큰 회사는 망하지 않는다'라는 조직 심리 덕분에 빙Bing 검색엔진이나 윈도폰Windows Phone 투자가 실패로 끝났어도 위기를 떨쳐낼 수 있었다. 마이크로소프트는 애자일 혁신 대신 그들의 자원과 시장 지위에서 오는 강력한 이점을 적극적으로 활용하고 캐시카우 제품들의 수익성을 극대화하면서 기존의 지배 영역을 지키는 데 주력했다.

예컨대 1997년에 마이크로소프트 관리자들은 문서를 저장하고 보여주는 장치(지금은 전자책 단말기라고 불리는)에 관심이 있었다. 하지만 이 제품이 시장에서 오피스나 윈도만큼 성공할 수 있을지는 아무도 장담할 수 없었기에 고위층이 출시를 반대했다. 그리고 해당 개발팀을 더 규모가 큰 마이크로소프트 오피스 사업 그룹에 편입했다. 이제 개발 담당자들은 혁신 제품을 선보이려 애쓰기보다 소속 그룹의 손익에 치중할 수밖에 없었다. 그 결과 평범한 오피스용 전자책 소프트웨어가 탄생했고 시장에서 바로 존재감을 잃었다. 그로부터 10년 뒤에 아마존이 킨들을 출시했고 순식간에 전자책 단말기 시장을 장악했다.

마이크로소프트에는 회사 전체를 선도할 강력한 비전이 없었기에 사업부들은 기존 제품과 수익성을 유지하는 데만 매달렸고, 유능한 개발자들이 있어도 시장 판도를 바꿀 기회를 모색할 의욕이 없었다. 가령 윈도폰 같은 모방 제품으로 신사업을 시작했을 때도 뚜렷한 혁신의 결과물을 내놓지 못했다.

서서히, 그러나 끝없는 쇠퇴의 위기에 당면하자 2014년 마이크로소프트의 CEO 스티브 발머Steve Ballmer는 퇴임했고 이사회는 사티아 나델라Satya Nadella를 후임으로 임명했다. 나델라는 신임 CEO로서 다음과 같은 간단한 해법을 제시했다. "마이크로소프트의 정신, 우리의 존재 이유를 되찾자."

그때까지 마이크로소프트에 가장 고무적인 사업 목적은 '모든 책상과 가정에 마이크로소프트 소프트웨어로 작동하는 PC를 두자'는 꽤 오래된 것이었다. 나델라와 동료 임원들은 '지구상의 모든 개인, 모든 조직이 더 많은 것을 달성할 수 있도록 힘을 보태는 조직'으로 재정비했다. 어쨌든 마이크로소프트는 전 세계에서 개인과 조직의 니즈를 모두 조화롭게 하는 데 앞선 역량을 쌓은 회사였다. 과거 마이크로소프트의 기업 선언문은 브랜드 상품을 만들고 시장점유율을 높이는 데 초점을 맞췄다. 하지만 새로운 선언문은 마이크로소프트의 제품 및 서비스를 개인과 조직이 더 나은 세상을 만드는 매개물로 만든다는 한층 더 격상된 비전을 품었다.

나델라가 지적한 "마이크로소프트에는 개인과 조직의 니즈를 모두 조화롭게 하는 고유한 역량이 있습니다. 그런 능력이 우리의 DNA에 녹아 있습니다"라는 말은 분명 일리가 있었다. 그는 또 이렇게 덧붙였다. "우리는 또 그런 역할을 전 세계로 확장하고 지구촌 구석구석까지 삶과 조직이 변화하는 데 깊이 관여합니다."

마이크로소프트의 옛 선언문은 그들의 제품과 회사가 유명해지는 데에만 집중했다. 하지만 새로운 선언문은 그들의 제품이 세상을 개선하는 데 어떻게 이바지할 수 있는지에 방점을 찍었다. 회사가 더 의미 있는 방향으로 노선을 틀었다는 것이 누가 봐도 분명했다.

하지만 나델라에게는 이런 회사 전략보다 더 거대한 비전이 있었다. 그는 인공지능, 가상현실, 양자 컴퓨팅과 함께 '기술업계를 뒤엎을 거대한 파도'가 밀려오고 있다는 것을 알았다. 이러한 '새로운 조류에 편승'하려면 사람과 조직과 사회 모두 쇄신해야 한다고 믿었고, 마이크로소프트가 그 과정에서 중요한 역할을 하길 원했다. 그는 오스트리아의 신비주의 시인인 라이너 마리아 릴케의 말을 인용했다. "미래가 우리에게 도래합니다. 우리 안에서 변화를 일으키기 위해, 그보다 한참 전에 도래합니다." 그는 타인에게 힘을 주고 싶다는 따뜻한 욕망으로 움직이는 사람이었다.

나델라는 제품 위주의 사고에서 벗어나 혁신을 위한 새로운 길을 열었고, 한때는 위축되었던 협력과 새로운 프로젝트 기회들이 합당해졌다. 마이크로소프트는 애플 제품들을 위한 앱을 개발했고, 리눅스 같은 경쟁 운영체제도 수용했으며, 가상현실 및 인공지능 같은 획기적인 기술들을 지원하는 데 주력했다. 그러면서 8년 전 3,720억 달러였던 마이크로소프트의 시가총액이 약 2조 달러로 껑충 뛰었다.[16] 실존적 비전을 재정립한 덕분에 회사 가치를 5배 이상 키운 것이었다.[17]

실존주의가 제대로 작동할 때 나타나는 효과를 확인하는 최고의 방법은 그것이 없을 때 무슨 일이 벌어지는지 알아보는 것이다. 의욕적인 비전이 부재한 기업은 조직에 업무 성과를 높이는 활기를 불어넣기 힘들다. 즉 이런 조직의 구성원들은 변화하는 환경 속에서 연속성을 느낄 수 없다.

페이스북(이제는 '메타'로 사명이 바뀜)도 마이크로소프트와 비슷한 방식으로 발전했지만, 그들에게는 새로운 비전이 없었다. 사실 이 회사는 '사람들이 서로 공유할 수 있도록 하고 세상을 보다 개방적이고 연결된 곳으로 만든다'는 강력한 비전과 함께 사업을 시작했다. 페이스북 임직원들은 이 비전을 향해 맹렬히, 그리고 성공적으로 달렸다. 문제는 페이스북이 지향했던 목표를 실현한 다음에 나타났다. 그사이 새로운 비전을 만들어내지 못했기 때문이다.

페이스북이 얼마나 성공했는지는 미국인 절반가량이 주로 페이스북에서 뉴스를 확인한다는 사실만 봐도 알 수 있다. 그러나 페이스북의 비전을 보면 정작 사람들이 공유하는 정보의 질에 대해서는 일언반구가 없다. 만약 이들이 추구하는 연결성 그 자체는 칭송할 만하지만, 사용자나 그들이 속한 사회의 안녕에 위배된다면 어떨까? 대중의 격렬한 지지를 받는 플랫폼을 만든 목적은 사용자들에게 좋은 서비스를 제공하기 위해서일까, 그저 사용자들을 광고주들의 타깃으로 이용하고 싶었던 것일까?

비단 광고가 아니라도 우리는 거듭되는 페이스북 관련 스캔들을 접하면서 규제되지 않은 연결성이 개인과 집단에 어떤 피해를 주는지 목격했다. 가령 2018년에는 정치 컨설팅 회사인 케임브리지 애널리티카Cambridge Analytica가 페이스북 사용자 수천만 명의 개인정보를 불법으로 수집했다는 사실이 드러났다. 이들은 페이스북에서 도용한 사용자 수천만 명의 심리 프로필로 정치 광고를 제작했고 페이스북이 이를 묵인했다는 것이다.[18] 같은 해에 인권 조사관들은 페이스북이 미얀마에서 이슬람 혐오 콘텐츠가 확산하는 데 '결정적인 역할'을 했다는 사실도 알아냈다. 이 때문에 로힝야Rohingya족 70만 명 이상이 살인 및 폭행의 위협 속에서 고향을 등질 수밖에 없었다.[19]

이듬해에는 미국 연방거래위원회가 사용자들의 개인정보를 보호하지 않은 대가로 페이스북에 50억 달러의 과태료를 부과했다.[20] 그로부터 얼마 뒤 저커버그는 정치 광고에 대한 팩트 체크를 하지 않겠다는 자사의 방침을 알렸다.[21] 2021년에는 내부고발자인 소피 장Sophie Zhang과 프랜시스 호건Frances Haugen이 페이스북은 회사 정책이 사회에 미칠 악영향을 알면서도 공공의 안전 대신 회사의 사익을 추구했다고 폭로했다. 페이스북의 상황은 지난 몇 년간 같은 패턴이었다. 스캔들 하나가 터지면 회사는 해명조차 시도하지 않고, 그러다 보면 또 다른 스캔들이 터진다. 이들의 실존적 비전에는 그동안 큰 변화가 없었으며, 단기 수익을 포기하고 회사를 방어할 기업가치에 전념하려는 모습도 보이지 않았다.[22]

페이스북은 소셜 네트워킹 기업이기 때문에 우리는 그들의 핵심가치에 응당 개인정보 보호, 투명성, 책임감이 포함될 것으로 기대한다. 하지만 그들은 이 세 영역에 별다른 노력을 기울이지 않았고 투명성의 가치에 있어서는 더욱 그렇다. 사용자들의 친목 그룹 또한 초정당주의와 무관용주의로 무장한 폐쇄적 공간으로 변질되고 있다. 페이스북의 CEO인 마크 저커버그는 2017년에 이 해당사자들에게 쓴 편지에서 더 나은 상호작용을 위해 사회적 인프라 구축이 필요하다는 점을 인정했지만, 그 후에도 회사의 실존적 비전에 변화는 없었다.

다만 페이스북은 2021년에 사명을 메타로 바꿨다. 그 배경에는 불명예스러운 과거를 조직에서 떼어내려는 의도가 어느 정도 있었을 것이다. 이들은 또한 독자적인 메타버스 기술과 애플리케이션을 개발해서 외부 플랫폼 의존도를 없애겠다고 약속했다. 저커버그가 이런 선언을 하기 몇 달 전, 그는 메타의 기업가치 하락이 애플 iOS 운영체제의 열악한 개인정보 보호 기능 때문이라 탓하며 그로 인해 플랫폼의 광고 가치까지 떨어졌다고 해명했다.

가상현실 분야로 사업을 확장하는 것 말고 메타의 실존적 비전에는 또 뭐가 있을까? 그에 관한 생각이 명확히 서지 않는 한 조직은 또다시 길을 잃고 헤맬 것이다. 다시 말해 짧지만 매력적인 기회보다 지속 가능한 우선순위에 집중할 수 없다. 메타의 발표 자료에는 현란한 그래프들이 있었지만, 회사의 실존적 비전이나 핵심가치는 거의 찾아볼 수 없었다. 그들은 메타 플랫폼에서 어떤 종류의 상호작용을 육성하려는 걸까? 그들이 추구하는 디지털 상호작용이 구현될 새로운 시장은 이제 막 열렸다. 그 시장을 선도하는 조직들에 실존적 비전이 없다면 이제껏 여러 조직들이 겪었던 사업상 난관들을 그들도 똑같이 겪을 가능성이 크다.

실존적이지 않으면
위선적일 뿐이다

영원한 혁신은 어려운 일이다. 혁신을 계속 지탱하는 활력과 열정은 긍정적인 동기부여를 통해서만 창출된다. 그런 까닭에 영원한 혁신을 향한 작업은 관용의 정신으로 시작해야 한다.

많은 큰 조직이 그렇지만 마이크로소프트도 예외가 아니었다. 그들은 빠르게 성장하는 새로운 시장을 솜씨 좋게 개척하며 초기 기회들을 공략했지만, 정작 원하는 목표에 도달했을 때는 그 역동성을 유지할 실존적 비전이 없었다. 회사는 시장을 장악했지만, 직원들은 기존 제품과 사업 구조를 방어하는 개인의 책무에 안주했다. 마이크로소프트는 개인용 컴퓨터 소프트웨어 시장을 제패했으나 그 시장은 이미 포화상태였으므로, 성장을 위해서는 다른 영역으로 사업을 확장해야만 했다. 하지만 회사는 새로운 목표가 부재한 채로 예전 목표에만 얽매여 있었다.

다행히 나델라는 예외였다. 그는 서버와 툴 그룹의 수장으로서 아마존의 개척자 정신을 본받아 비즈니스 대부분을 클라우드로 전환하는 데 성공했다. 이는 회사가 PC 중심의 세계에서 벗어나는 중요한 돌파구이자 나델라가 승진하는 주된 발판이 되었다. 하지만 그 외 조직은 대부분 여전히 낡은 관점을 고수했다.

마이크로소프트 사례는 이 책의 주요쟁점을 효과적으로 보여준다. 바로 성공한 큰 조직들은 영원한 혁신을 향한 노력을 필연적으로 거부한다는 점이다. 일반적으로 큰 조직은 사업확장과 안전한 수익 창출 구조를 확립하고 그에 대한 자긍심으로 충만한 상태이기 때문에 과감하고 파괴적인 실험에 나서기를 주저한다. 물론 그 때문에 외부의 비판을 받고 이제껏 쌓은 영예를 다른 기업들이 채가는 광경을 목격하겠지만, 그것만으로는 변화가 일어나기 어렵다. 더군다나 아직 수익이 괜찮은 기업이라면 혁신은 한층 더 어려워진다.

일반적인 해법은 설득력 있는 목표를 중심으로 조직을 결집하는 것이다. 다시 말해 조직이 당면한 사회적, 경제적 우려를 잠재울 만큼 고무적인 담화나 야심만만한 전략을 제시해야 한다. 하지만 목표 하나로는 거대 조직이 고수해온 기본 관점을 쉽게 바꿀 수 없다. 게다가 목표는 순식간에 '상투적인 목표'로 변질하기 쉽다. 그래서 한층 더 깊이 파고들어야 한다.

여기서 본받을 만한 사례가 있다. 바로 19세기부터 서구 사회가 보편적으로 겪은 진통이다. 유럽의 철학자들은 전통적인 가치들이 더 이상 대중에게 큰 영향력을 발휘하지 못하자 동기부여와 방향성 측면에서 더 확실한 원천을 찾아야 했다. 그들은 믿음과 의미를 지탱할 수 있는 좀 더 세속적인 토대를 원했다.

쇠렌 키르케고르Søren Kierkegaard는 그 첫 주자 중 한 명으로 자기성찰과 반성의 자유로운 여정을 통해 목적을 탐구하려는 개인의 욕구를 강조했다. 이보다 더 급진적이었던 프리드리히 니체는 공동체, 종교, 사회적 기대를 중시하는 전통적인 규범보다 '권력에 대한 의지'를 칭송했다. 이제 사람들은 내면의 성찰을 바탕으로 개인이 추구하는 삶의 목표를 발전시킬 수 있었다. 과거에 삶을 고달프게 했던 문제들이 경제 발전 덕분에 해결되고 있었으므로 그동안 일반인들의 삶에 길잡이 노릇을 하던 전통이 더 이상 큰 동기를 부여하지 못했다.

20세기에 마르틴 하이데거Martin Heidegger는 개인을 외부 행위의 주관적인 관찰자로 보는 대신에 개개인의 관점을 중심으로 세상을 바라보았다. 장 폴 사르트르Jean Paul Sartre는 진정성에 주목했다. 즉 인간은 그들의 행동을 이끄는 유일한 주도자로서 각자가 고유한 행동 중심의 철학을 발전시켜야 한다는 것이다.

1950년대에 이르면 심리학자들과 더불어 죽음의 공간에서 빠져나온 사람들이 이 접근법을 취했다. 홀로코스트 때 나치의 강제수용소에서 살아남은 빅터 프랭클Viktor Frankl은 '인간의 의미 찾기'

를 각 개인에게 중요한 목표이자 달성해야 할 것으로 설명했다. 그는 무의식적인 욕망이나 갈등에 초점을 맞추는 일반적인 '심층 심리학' 대신에 그런 무의식적인 문제들이 존재할지라도 새로운 가능성을 위해 개인의 의미를 탐색하는 '고도 심리학'을 강조했다. 빅터 프랭클은 사람들이 무의식적 문제를 해결하려 애쓰기보다는 개인의 잠재적 강점을 중심으로 활력을 얻기를 바랐다.

요양원에서 결핵을 완치한 롤로 메이Rollo May는 환자들에게 단순한 자기 중심성을 탈피하고 자아를 실현해야 한다고 촉구했다. 그는 많은 사람이 불안감에 압도당한 채로 살지만, 삶에서 내면의 가치를 발견하면 그런 두려움을 극복할 수 있다고 여겼다. 빅터 프랭클과 롤로 메이 모두 진정한 목적에 따라 살기로 한 사람은 삶의 활력을 얻어 끔찍한 상황을 이겨낼 수 있다는 사실을 확인했다.

어빈 얄롬Irvin Yalom은 이런 생각을 집단 차원으로 확장했다. 그는 많은 이들이 혼자일 때보다 다른 사람들과 함께할 때 목표를 더 잘 표현하고 이를 중심으로 타인들과 더 효과적으로 교류한다는 것을 발견했다. 집단 안에서 목표를 추구하면 무의미함을 더 쉽게 극복할 수 있다. 그러나 이런 집단 활동의 효과는 구성원 중 누군가가 당면한 현실을 말할 때 나머지 사람들이 진심으로 귀를 기울이도록 유도하는 인솔자의 능력에 달려있다.

우리의 목표를 실현하기 위해 중요하고 기본적인 사실이 있다. 사람들이 효과적으로 살기 위해 필요한 에너지를 얻으려면 내면의 깊은 신념이 필요하다는 점이다. 위에서 언급한 사상가들은 사람들이 삶의 의미를 인습적으로 받아들이지 않고 개개인이 고유한 성격과 상황에 맞게 삶의 활력을 불어넣을 수 있는 강력한 목적을 확인하고 개발하기를 원했다.

실존주의는 조직이 놀라운 성과를 달성하는 데 필요한 근본적인 동기를 부여한다. 회사마다 비전에 다가가는 방식은 다르겠지만, 그럼에도 세 가지 공통점이 있다.

우선 실존적 비전은 장대해야 한다. 비전의 범위는 그것이 부여하는 동기의 수준과 일치한다. 테슬라, 마이크로소프트, 아마존, 애플 같은 기업들은 우리가 살아가는 삶의 방식을 재정의하려고 애쓴다. 다음 글에서 좀 더 구체적으로 설명하겠지만, 실존적 목표는 물론이고 실존적 비전 또한 시간이 지나면 재창조돼야 한다. 하이얼은 조직이 변화하는 시장 환경에 어떻게 적응해야 하는지를 보여주는 좋은 예다. 마지막으로 조직 구성원은 개인적으로 추구하는 실존적 신념을 소속 조직의 신념에 조화롭게 맞춰야 한다. 그래야 조직의 혁신 과정에 동화될 수 있다. 그런 점에서 실존주의는 영원한 혁신을 꾀하는 기업의 혁신에 근원이자 수단이 되는 중요한 동력이다.

목표를 더 자주,
더 많이 수정하라

현실적으로 생각해보자. 기업의 실존적 비전은 정말 의미가 있어야 대규모 사업을 진척시키고, 현실성 있는 사업 모델을 뒷받침하며, 조직원 다수가 의욕적으로 동참할 수 있다. 우리는 이 책에서 인용되는 여러 기업에서 그 사례들을 확인할 것이다. 애플은 일반인들이 더 윤택한 삶을 영위하도록 사용이 간편한 혁신 기술을 개발하려 한다. 아마존은 가장 편리한 쇼핑 환경을 마련해서 전통적인 소매업의 한계를 극복한다. 샌프란시스코 베이 지역에서 고위험 취약 계층을 돕는 비영리 기관인 샌타클래라 밸리 메디컬센터는 환자와 보호자들에게 사랑받고 직원들이 자긍심을 느낄 세계 최상의 환자 치료와 서비스를 제공하려고 노력한다.

이런 비전들이 모두 의욕을 고취하는 것은 사실이지만, 행동의 방향성은 명확하게 제시하지 못한다. 실존적 비전vision은 보통 '개념적인 이상'으로 조직이 궁극적으로 달성하려는 최종 상태나 현실을 말한다. 이를테면 일종의 북극성 같은 역할이다.

한편 실존적 목표goals는 비전에 도달하는 길을 구체적으로 설명하는 지향 항목들이다. 다시 말해 비전을 현실로 만들기 위한 과업이다. 핵심가치core values는 실존적 비전과 실존적 목표 모두를 견인하는 변치 않는 생각들이다. 이 가치에는 조직의 외적 상태나 일시적인 바람을 뛰어넘는 본질적인 특징이 있다.

마이크로소프트 사례에서 봤듯이, 실존적 비전을 비롯한 이 모든 요소가 변할 수 있다. 회사가 발전하고 시장이 진화하면 새로

	실존적 비전(북극성)	실존적 목표	핵심가치
정의	조직이 궁극적으로 달성하려는 최종 상태	실존적 비전에 도달하는 길을 설명하는 구체적인 목표: 저곳이 아닌 이곳 따르기	외적 상태나 일시적인 바람을 초월하는 본질적인 특징
사례	아마존: 소매업의 한계 극복, 세상에서 가장 고객 중심적인 회사, 온라인에서 사고자 하는 것은 무엇이든 찾을 수 있는 공간	- 특정 영역의 매출 X% 높이기 - 특정 영역의 시장점유율 Y% 높이기 - 특정 영역의 직원만족도 Z% 높이기	- 경쟁사보다 고객에 초점 맞추기 - 창조적 열정 - 탁월한 사업 운영 - 장기적인 사고[23]

운 비전이 필요하기 때문이다. 마이크로소프트가 처음 실존적 목표를 채택했을 때는 사업을 시작한 지 불과 몇 년이 안 된 시기였고, PC 시장의 새로운 기회들을 잡는 데 매진하고 있었으므로 기업 비전을 개발하려는 니즈가 전혀 없었다. PC라는 신문물로 눈부신 사업 성과를 거둔 기업으로서 그에 버금갈 만큼 강력한 비전은 찾지 못했던 것이다. 마이크로소프트가 새로운 도전에 대응하려면 단지 새로운 목표가 아니라 그동안 축적한 전문지식 및 자원을 활용할 근본적인 비전이 필요했다. 그들은 새로운 비전을 바탕으로 클라우드 기반 소프트웨어, 지속 가능성, 데이터 분석, 인공지능 분야 중심의 실존적 목표들을 개발했다.

극단적인 상황이 아니면 기업은 그들의 비전과 목표와 가치를 조금씩 수정하고 다듬기 마련이다. 기본 시장이 그대로라도 경제 상황이나 기업 생태계가 변하면 조정이 불가피하기 때문이다. 목표는 비전을 좀 더 현실적으로 표현한 것이므로 비전이나 가치보다 더 자주, 그리고 더 많은 수정을 겪는다.

이런 역학은 중국 기업인 하이얼이 그들의 실존적 비전을 토대로 목표와 가치를 정할 때도 작동했다. 지난 10년간 세계 최대의 가전 브랜드로 성장한 하이얼은 가전과 소비자 전자제품을 만드는 기업이다.[24] 가전제품은 대개 고만고만한 기능을 가진 여러 제품이 경쟁하는 포화 시장이라서 녹록지 않은 산업이지만 하이얼은 꾸준한 성장과 혁신을 이어왔다.

하이얼의 전신은 칭다오 냉장고Qingdao Refrigerator Company로, 장

루이민張瑞敏이 1984년에 망해가는 한 국영 공장을 인수하면서 출범했다. 그는 독일 회사와 합작해 제조 기술을 업그레이드하고 회사명을 하이얼로 바꾼 다음 혁신적이고 현대적인 프리미엄 제품을 만들겠다는 대담한 비전을 확립했다. 그의 첫 번째 목표는 '금메달 후보가 될 만큼 탁월한 품질의 제품을 만드는 것'이었다. 여기서 금메달이란 중국 정부가 품질이 우수한 제품에 수여하는 상이다. 1988년 하이얼은 마침내 이 상의 주인공이 되었고 신뢰성과 품질 평가 지표들은 하이얼의 핵심가치가 되었다.

장루이민은 철저한 품질 제일주의를 실천하기 위해 몇 가지 극적 장치를 이용했다. 그는 직원들을 소집해 커다란 망치를 하나씩 나눠준 다음 불량 냉장고 76대를 깨부수게 했다. 직원들은 적잖은 충격을 받았지만, 앞으로는 하이얼이 달라져야 한다는 분명한 메시지가 전달됐다.[25]

이것이 하이얼의 5단계 발전 중 첫 단계였으며 각 단계에는 분명한 목표가 있었다. 하이얼의 브랜드 구축 시기에 해당했던 1단계에서는 불량에 대한 무관용 정책으로 품질보다 물량을 중시하던 경쟁사들 속에서 하이얼의 차별성을 부각시켰다. 거대한 물량과 저비용으로 자국 시장을 공략하는 대신에 품질 좋은 냉장고를 고집한 하이얼의 비전은 무조건 판매량을 올리려는 유혹으로부터 직원들을 지켜냈다.

고가의 고품질 브랜드 전략은 효과가 있었지만, 냉장고라는 단일 제품군으로는 지속성에 한계가 있었다. 그래서 1991년 하이얼은 다른 가전제품들로 사업을 다각화했다. 이 전략은 제품은 괜찮은데 리더십 부족으로 망해가는 경쟁사들을 인수한 다음, 하이얼의 경영 능력으로 국면을 전환하는 방식으로 이뤄졌다. 중국이 세계무역기구WTO에 가입한 후 하이얼은 3단계에 돌입해 해외 시장에 눈을 돌리면서 글로벌 브랜드로 도약했다. 다행히 브랜드가 가진 프리미엄 이미지 덕분에 진입 기준이 까다로운 시장에도 무사히 진출할 수 있었다.

4번째 단계는 가전 시장에도 전자상거래 바람이 불던 2005년에 시작됐다. 인터넷 덕분에 소비자가 이례적으로 큰 권한을 갖게 되자 회사는 대량생산을 넘어 개인의 선호도에 제품을 맞추는 새로운 실존적 목표를 토대로 움직이게 되었다. 회사는 개인화된 시장 니즈에 부합하는 현지화된 제품을 만들기 위해 전 세계 곳곳에 세운 공장들도 조정했다.

이런 도전에 따른 압박은 하이얼을 마이크로 사업부 체제라는 5번째 단계로 이끌었다. 회사 규모가 너무 커서 다양한 소비자의 취향을 맞추는 복잡함을 효과적으로 관리할 수 없었기 때문이다. 이들은 2012년부터 기업가 정신 함양이라는 새로운 목표를 세우고 회사를 사업 네트워크로 분산했다. 이제 직원들은 하이얼이라는 그룹 생태계 안에서 독립된 사업으로 움직이는 전략 사업부의 일원이 되었다. 각 사업부는 하이얼 그룹이 가진 글로벌 자원을 활용할 수 있으면서 자율적인 민첩성도 얻었다. 전략 8에서 협업을 다루면서 자세히 논하겠지만, 이런 변화가 그들에게는 가장 험난한 도전이었겠지만 혁신적이고 현대적인 프리미엄 제품을 만든다는 기업의 실존적 비전을 더욱 불태우는 원동력이 됐다.

실제로 지금의 하이얼은 1984년에는 상상할 수 없었던 조직 구조를 갖추고 있다. 그러나 현대적인 프리미엄 제품을 만들겠다는 비전과 고품질이라는 핵심가치는 대부분 그대로 남아 있다. 다만 그 비전을 달성하는 경로가 기술 발전과 시장 기회에 따라 달라졌고, 그런 변화에 맞춰 실존적 목표를 수정했을 뿐이다. 비단 하이얼뿐 아니라 비약적 성공을 거둔 다른 기업들도 뛰어난 현실 인식 능력을 바탕으로 비전이나 목표를 수정해야 성공을 이어갈 수 있을 것이다.

제품 그 이상의 것을
추구하라

그러면 실존적 비전이 없는 조직이 이를 만들려면 어떻게 해야 할까? 일단 규모부터 생각하자. 비전은 야심이 크고 범위가 넓을수록 효과적이기 때문이다. 기업 비전은 여러 사업 영역에서 효과를 발휘해야 하므로 포괄적이어야 한다. 자동차나 책처럼 평범해 보이는 제품이나 서비스를 가지고도 글로벌 현안에 대한 해법을 제시할 수 있다.

가장 극명한 예가 테슬라다. 이들은 진입 장벽이 높고 사업 난이도가 높기로 소문난 자동차업계에서 스타트업으로 시작해 고작 20년 만에 세계에서 가장 가치 있는 회사가 되었다. 이런 극적인 성공의 밑바탕에는 지속 가능한 에너지로의 전환에 속도를 붙인 이들의 야심만만한 비전이 있었다. 테슬라의 CEO인 일론 머스크는 '전 세계적으로 전기차 전환 과정을 주도해서 21세기에 가장 매력적인 자동차 회사'를 만들고 싶었다.

이 비전은 테슬라 임직원에게 가장 혁신적인 이동 기술을 개발하도록 의지를 북돋는 동시에 태양력 에너지와 배터리 분야로 사업을 다각화하는 발판이 되었다. 또 직원들과 공급업체들이 기후 변화의 주범 중 하나인 화석 연료 의존도를 줄이도록 지속적인 영향력을 발휘했다.

테슬라의 비전은 회사 성장의 지침이 되었다. 사업 초기에 선보인 로드스터와 모델 S의 가격은 일반 차보다 높게 책정됐는데, 그래야 회사의 혁신 기술을 적용할 수 있었기 때문이다. 가성비를 높이려면 테슬라가 추구해온 약속을 절충할 수밖에 없었다.

테슬라는 고급차 시장에서 성공을 거둔 후 대중차 시장으로 발 빠르게 움직였다. 이들이 고소득층만 공략했다면 수익성에는 도움이 됐겠지만, 전 세계를 지속 가능한 에너지원으로 전환하겠다는 비전은 주도할 수 없었을 것이다. 또 품질 대신 판매량 증대를 택했다면 많은 고객이 내연기관 차량의 익숙함과 신뢰를 포기할 정도로 테슬라에 매력을 느끼지 못했을 것이다. 테슬라는 명확한 비전 덕분에 난해한 문제들을 더 쉽게 타개하고 전진할 수 있었다. 또한 혁신을 이루고 불가능해 보이는 장벽들을 뛰어넘었다.

테슬라의 기업 비전은 사업의 다각화 수준에도 경계를 제시했다. 테슬라 에너지는 저비용 태양광과 같은 에너지 발전과 저장 사업을 하는 회사다.[26] 이들의 자회사인 갬빗 에너지 스토리지 Gambit Energy Storage는 텍사스 앵글턴에 약 100메가와트MW의 에너지 저장 장치를 설치했는데, 이는 한여름에도 2만 가구에 하루치 전력을 공급하기에 충분한 규모이다.[27] 이 시설이 운영되면 텍사스 주는 2021년 초 열악한 전력망 때문에 발생했던 재난급 정전 사태를 피할 수 있을 것이다.

테슬라만큼 웅대한 실존적 비전을 추구할 수 있는 기업은 흔치 않다. 대다수 기업의 비전은 애플과 아마존처럼 사람들의 일상생활을 개선하는 데 초점을 맞춘다. 하지만 그런 비전들도 단지 유용한 소비자 전자제품을 개발하거나 매력적인 제품을 판매하는 것보다 훨씬 더 큰 일을 해내야 한다. 일상의 마찰을 해소해서 고객들이 원대한 목표를 추구할 시간을 만들어야 한다.

1980년대에 스티브 잡스가 부모님 집 차고에서 다른 창업자 두 명과 애플을 구상하던 때, 그는 '인류를 발전시키는 마음의 도구를 만들어 세상에 공헌하기'를 꿈꿨다. 이는 사업 초창기에는 사용자 인터페이스와 접근성에 유별나게 몰두하는 것을 의미했다. 그다음에는 아이팟, 아이폰, 아이패드 같은 제품으로 모바일 기기 시장을 혁신하는 일로 연결됐다. 잡스가 두 번째로 경영권을 잡았을 때 애플에는 너무나 많은 기회 영역이 열려 있었고, 이런 상황에서 그는 '애플은 누구이며 이 세상 어느 자리에 적합한 회사일까?'라고 고민했다. 애플은 이 질문을 계기로 핵심 기술이나 하드웨어 역량 같은 세부 요소를 두고 경쟁하는 대신에 주요 고객들의 삶을 향상시키는 데 중점을 두고 분투하게 되었다.

잡스는 회사 직원 및 관계자들에게 '애플은 중요한 가치를 대변해야 한다'고 끊임없이 호소했다. 그는 애플의 비전에 개인적으로 동화돼 있었다. "우리가 가진 것은 제 마음을 진심으로 움직이는 것들입니다. 그것은 세상을 바꾼 이들을 기리는 우리의 방식이기도 합니다."

실제로 애플의 비전은 평범함과 거리가 멀다. 스티브 잡스 자신이 높은 곳을 지향했기 때문이다. "우리는 단순히 사람들이 일을 처리하는 박스를 만들려는 게 아닙니다. 물론 우리는 그런 일도 잘합니다. 하지만 애플은 그 이상의 중요한 것을 추구합니다. 우리의 핵심가치는 열정을 가진 사람만이 세상을 더 나은 곳으로 변화시킬 수 있다는 믿음입니다. 스스로 세상을 바꿀 수 있다고 여기는 괴짜들은 실제로 그 일을 해내거든요." 애플은 1997년부터 이미 제품의 '속도와 사양'은 더 이상 광고하지 않겠다고 선언했다. 그 대신 애플은 그들의 핵심 고객이자 '동그란 구멍에 네모난 막대를 끼우려는 정신 나간 사람들'에게 그들의 제품으로 어떤 혜택을 줄 것인지를 말하고자 했다.[28]

기업 비전이 조직 안에서 실존적인 북극성 역할을 계속하려면 그 비전에 대한 최고경영자의 지속적인 헌신이 꼭 필요하다. 잡스는 애플의 기업가치가 3,000억 달러를 찍으며 시장 강자로 군림한 2010년에 이렇게 말했다.[29] "우리는 5년 전, 아니 10년 전에 바랐던 것을 지금도 똑같이 바라며 출근합니다. 그것은 바로 사람들을 위해 최고의 제품을 만드는 겁니다. 제게 더없이 근사한 하루는 이 세상 어딘가에서 방금 아이패드를 구입한 어떤 낯선 이로부터 지금껏 이렇게 멋진 제품은 사본 적이 없었노라고 감탄하는 이메일을 받는 날입니다."[30]

이 비전은 사람들에게 지침이 되는 동시에 지속적으로 동기를 부여한다. 잡스는 이런 말도 했다.

> 조직에는 비전을 지키고 재천명할 사람이 필요하다. 길고 긴 여정에 나서는 사람이라면 누구나 첫걸음을 뗄 때 그 길이 멀게만 느껴지지만, 누군가 "이제 우리는 한 걸음 더 가까워졌어요. 목적지는 그저 신기루가 아니라 분명히 저기에 존재합니다"라고 말해주는 사람이 있으면 큰 도움이 된다.

잡스에 이어 애플의 수장이 된 팀 쿡Tim Cook은 이렇게 강조했다. "우리는 위대한 제품을 만들기 위해 이 세상에 존재한다고 믿고 있고, 그것은 변하지 않을 겁니다 (……) 또 누가 어떤 직무를 담당하든 그 가치가 우리 회사 깊숙이 자리 잡고 있기에 애플은 앞으로도 아주 잘 해낼 겁니다."[31]

아마존은 전보다 더 고객에게 집착하게 되었는데 그 내용은 다음 전략에서 더 상세히 탐구할 것이다. 이들은 '고객들이 가장 엄선된 제품을 가장 최저가에 최대한 편리하게 쇼핑할 수 있는, 세상에서 가장 고객 중심적인 회사'가 되려 한다. 1994년에 제프 베이조스Jeff Bezos는 물리적인 매장이 필요 없는 '세계에서 가장 큰 서점'을 설립해서 선택의 폭을 넓히고 가격은 낮춰서 도서 산업에 파괴적 혁신을 몰고 왔다. 그런데 아마존의 기업 비전은 딱히 책과 관련이 없다. 그렇다 보니 음악을 비롯해 다른 많은 상품으로 자연스럽게 사업을 확장할 수 있었다. 1997년에는 아마존의 사업 목록에 장난감, 가전, 의류까지 포함되었다.

아마존의 비전에는 온라인 백화점이 되겠다는 말은 찾아볼 수 없다. 그들은 편리함, 상품 옵션, 가격에 초점을 맞추고, 그에 따라 혁신할 뿐이다. 1997년에 아마존은 '원 클릭' 구매 버튼에 대한 특허를 출원했고,[32] 2000년에는 마켓플레이스를 도입해 광범위한 외부 소매업체들을 온라인 장터로 끌어들였다. 이런 조치로 아마존은 물류비를 늘리지 않으면서 고객에게는 선택의 폭을 크게 확대할 수 있었다.

2005년 아마존은 프라임이라는 선구적 서비스를 도입했다. 이는 구독자들에게 상품을 이틀 내 무료로 배송하는 서비스로, 프라임 덕분에 온라인 쇼핑이 매장에서 직접 물건을 구매하는 것만큼 빨라졌다. 또 2년 후에는 홀푸드를 인수해서 프라임서비스의 편리함을 식료품 분야로 확대했다. 이 모든 혁신은 전통적인 소매업체들이 소비자 선택권에 둔 한계를 극복하겠다는 아마존의 존재 이유에서 비롯되었다.

베이조스도 마이크로소프트와 애플의 수장들처럼 아마존의 가치가 몇조 달러에 이르는 거대 기업이 된 뒤로도 실존적 비전을 이루려 계속 매진했다. 그는 비전에는 완고하고 실행에는 유연한 것으로 유명하다. 그런 식으로 지난 몇십 년간 프라임 무료배송 서비스를 비롯해 수익보다 성장에 주력했다. 아마존 조직은 비전 덕분에 끊임없이 혁신을 추구할 수 있는 자유를 가졌다. 게다가 비전이 혁신 활동과 그 과정에서 발생하는 시장 정보에 일관성을 부여했기 때문에 생각보다 리스크도 낮았다. 베이조스가 밝혔듯이 "자주 발명하고, 기꺼이 실패할 마음이 있다면 회사 전체를 걸어야 할 지점에는 절대 다다르지 않습니다."[33]

이처럼 겉보기에는 평범해 보이는 실존적 비전들이 애플과 아마존이라는 두 회사를 역사상 가장 혁신적인 기업으로 만들었고, 덕분에 우리 대부분의 일상도 바뀌었다.

기업의 비전은
곧 개인의 사명이다

실존적 비전은 조직원 다수가 그것을 개인의 소명으로 받아들여야 제대로 작동한다.[34] 직원들이 조직의 비전을 개인의 동기부여를 위한 북극성으로 내면화하여, 변화를 두려워하는 대기업 특유의 성향을 극복할 수 있어야 한다. 그래야 개인의 만족도와 조직의 성공이 하나가 된다. 물론 실존적 비전에 동화되지 않는 직원도 있겠지만, 폭넓은 혁신을 지속하려면 회사의 리더들, 그리고 전체 조직의 인력 다수가 비전을 받아들여야 한다. (비전을 고객과 전 직원, 또 그 이상으로 확대하는 내용에 대해서는 전략 3, 4에서 다룰 것이다.)

조직 전체가 비전을 지지하게 하려면 이를 수립하고, 가치와 목표로 옮기는 작업에 다양한 직급을 아우른 직원들이 참여해야 한다. 리더들이 독단적으로 처리하거나 외부 컨설턴트를 통해 마친 다음 비전과 목표와 가치를 선포하고 직원들이 동화되길 기대하면 안 된다. 조직이 변하려면 그 구성원들도 변해야 한다. 나는 이 사실을 고객사 중 하나인 캘리포니아의 샌타클래라 밸리 메디컬센터(이하 SCVMC)를 통해 절감했다.

실리콘밸리 지역 대부분에 서비스를 제공하는 SCVMC는 미국 최대 의료기관 중 하나다.[35] 9,000명에 달하는 의료진과 직원들은 정부 지원금을 포함해 25만 달러의 예산으로 다양한 환자층을 돌본다. 하지만 1980년대와 90년대에 인구가 급격히 증가하면서 이 병원은 한계에 봉착했다. 입원부터 퇴원으로 이어지는 환자 서비스 사이클의 여러 단계에서 문제들이 불거졌다. 게다가 샌타클래라 카운티의 인구가 지속적으로 늘어나면서 문제는 더 심각해졌다. 병원은 외부 컨설팅 회사에 2,000만 달러를 들여 문제를 의뢰했지만, 15개월이 지나도 해결의 기미가 보이지 않았다.

여기저기서 이슈들이 불거졌지만, 진짜 문제는 본질에 있었다. 이 병원에는 직원들이 난관에 적극적으로 대응할 만한 실존적 비전이 없었던 것이다. SCVMC에는 어떤 비전이 필요했을까? 산제이 쿠라니와 클리프 왕이라는 두 의사의 주도로 직원, 고객, 기타 이해당사자들로부터 병원에 어떤 변화가 필요한지 정보를 수집하기 시작했다. 그리고 행정직, 간호사, 의사, 물리치료사, 자원봉사자 등 여러 부서들을 아울러 몇 개의 다기능팀Cross-functional team을 구성했다. 병원은 수집한 정보를 바탕으로 '환자와 보호자들에게 사랑받고 직원들이 자긍심을 느낄 세계 최상의 환자 치료와 서비스를 제공하려고 노력한다'는 비전을 수립했다.

이런 작업이 조직 전체적으로 진행되자 직원들은 본인이 노력하면 병원을 원하는 방향으로 만들 수 있다는 주인의식을 갖게 되었다. 그리고 이런 업무 태도는 더 강한 주인의식으로 이어졌다. 하지만 병원의 비전이 의료진과 직원들이 개인적으로 바라는 포부와 일치하는지 어떻게 확신할 수 있을까?

병원은 의사, 간호사, 물리치료사 등 100명 가까운 직원들로 오피니언 리더 그룹을 구성했다. 그들은 조직의 비전과 연계된 개인의 비전 선언문을 개발하기 위해 다양한 훈련을 받았다. 내가 《인사이드 아웃 효과》에 소개한 SEE 방법론(강점Strengths-유발 Evokes-고양Elates)도 활용되었다.[36]

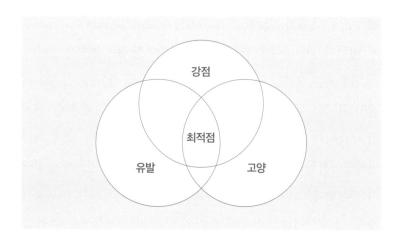

이 방법론은 참가자들이 개인의 사명을 발견하는 데 도움을 준다. 이때 사명은 개인의 강점, 개인에게 의미를 유발하는 것, 개인의 기분을 고양하는 것이 교차하는 최적점에서 찾을 수 있다. 개인의 사명은 그 사람이 이미 잘하고 있는 것(혹은 어떻게든 잘하고 싶은 것) 중 즉각적으로 기쁨을 주는 동시에 지속적으로 목적의식을 심어주는 것이어야 한다.

참가자들은 그런 '흐름' 속에서 자기 능력을 완전히 발휘하고 작업에 몰두했던 순간을 떠올려야 한다.[37] 일부 참가자는 일에 완전히 몰입해 만족감에 벅찬 순간을 떠올리며 눈물짓기도 했다. 그들은 이런 회상 작업을 마친 후, 각자 직장에서 궁극적으로 달성하려는 목표와 이상적인 업무 상태를 기술하는 개인의 비전 선언문을 개발했다.

SCVMC의 오피니언 리더 그룹은 이 훈련을 좀 더 거대한 도전에 맞춰 수행하기 위해 병원의 비전 선언문을 수시로 들여다보았다. 직원 개개인이 지향하는 바와 조직이 지향하는 방향을 조화시키기 위해서는 조직이 꾀하는 변화의 맥락 안에서 개인의 비전을 개발해야 한다. 병원의 바람은 이후 오피니언 리더 그룹이 조직 전체에 일체감을 확산시키고 오너십을 강화하는 것이었다. 조직이 혁신하려면 조직의 비전만큼 직원들의 비전을 발전시키는 것도 중요하다. 그 과정에서 엄청난 활력과 기세가 발생한다. 세계사를 되짚어보면 자신이 믿는 명분을 위해 비범한 노력을 기울인 인물이 많다. 그렇다고 자신의 명분을 다른 누군가에게 떠넘긴 다음 희생을 강요할 수는 없다. 명분은 스스로 찾고 실행해야 한다.

SCVMC 직원들은 이런 일체감을 바탕으로 환자들에 대한 서비스 흐름을 향상하는 데 매진했다. 다기능팀 또한 다양한 영역에서 병원 혁신 과정을 주도했다. 그 일환으로 퇴원 환자들을 대상으로 설문조사를 실시했으며, '미스터리 쇼퍼'처럼 직접 환자가 돼 병원 이용에 따른 고충과 비효율 요소들도 확인했다. 직원들이 자진해서 더 큰 노력을 기울인 덕분에 잘 드러나지 않은 문제도 발견했는데, 이동 방법이 여의찮거나 따로 머물 만한 숙박시설이 없어 불편을 겪는 환자들이 많다는 사실이었다. 다기능팀은 이처럼 몰랐던 사실을 조명하면서 행정 담당자들이 병원의 시각에 변화가 필요하다는 것을 깨닫게 했고, 환자들이 머물 만한 대체 숙소 정보를 제공했다.

하지만 병원 운영은 워낙 제약이 많고 복잡해서 그러한 통찰력만으로는 충분하지 않았다. 오피니언 리더 그룹은 개선이 필요한 영역들을 확인한 후 새롭고 실험적인 접근법을 채택했다. 몇 가지 다른 해법을 적용한 다음 결과를 서로 비교하는 것이었다. 이렇게 데이터로 성과를 비교하면 개선 효과가 더 높은 방법을 확인할 수 있었다.

조직에 대한 사명감이 높은 직원들도 복잡한 난관에 부딪히면 흔들릴 수 있다. 병원은 직원들의 기세를 유지하기 위해 진척 과정을 가시적이고 정기적으로 보여주는 간단한 조치를 마련했다. 매주 최고의 성과를 낸 진료과를 포상한 것도 그중 하나였는데,

이런 장치들은 전체 계획으로 보면 소소할 수도 있지만 혁신을 향한 직원들의 사명감을 유지하는 역할을 했다. 이런 조치를 통해 개선 과정이 더 도드라졌고, 직원들이 스스로 세운 개선 계획들을 꾸준히 마음에 되새기도록 자극했다. 그러면서 자신의 헌신으로 더 많은 영역이 나아지기를 바라는 직원들의 마음도 더 커졌다.

이 모든 변화는 병원에 대한 정부 지원금이 70%나 줄어든 상황에서 벌어졌다. 그런데도 SCVMC의 구급차 거부율(소위 '구급차 뺑뺑이' 상황을 낳는)과 과잉 진료율 같은 핵심 지표가 현저히 개선되었다. 또 환자들의 치료 시간이 짧아지고, 퇴원과 병상 할당 속도까지 빨라졌다. 혁신의 결과로 환자들이 가정에서 가족과 보내는 시간이 늘어났을 뿐만 아니라 환자 수도 30%나 증가했다.

태국 최대 은행 중 하나인 K뱅크나 아마존의 여러 사업부도 이와 비슷한 과정을 거쳤다. 사티아 나델라 회장은 경영진과 함께 마이크로소프트의 비전 선언문을 만든 다음, 전 직원에게 각자 비전 선언문을 만들어서 자신의 현재 직무가 개인적인 사명에 부합하는지 판단해보라고 지시했다. 그 작업의 결과로 많은 직원이 담당 직무를 조정받았다.

아마존 산하의 많은 물류센터에서는 관리자들이 고과평가를 받을 때 그들 스스로 달성했다고 여기는 회사의 가치 세 개를 선택하고 그 이유를 설명하게 한다. 그리고 앞으로 더 노력해야 할 가치도 세 개 선택한 다음 그에 대한 개선 계획을 작성한다. 회사는 이런 식으로 조직의 가치와 직원의 가치를 조화롭게 엮고 그 상태를 주기적으로 확인한다.

결국 실존적 비전, 목표, 가치가 꾸준히 영향력을 발휘하려면 직원들이 그 내용에 주목하도록 기업이 꾸준히 노력해야 한다. 예컨대 팀장들이 팀원들과 회의하거나 소통할 때 비전을 언급하면서 업무 성과를 비전 달성 관점으로 맞추는 것도 한 가지 방법이다. 또한 팀 목표를 수립할 때 비전을 달성할 수 있는 방향으로 세워야 한다.

관리가 아닌
집착의 대상이다

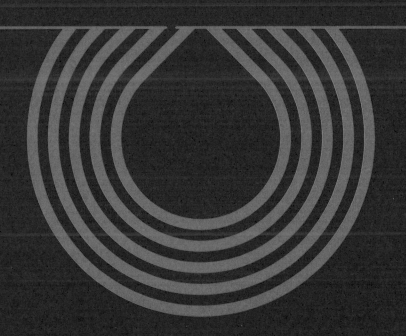

고객을 중심에 두는 것의 장점은
고객 그 자체에 있다.
고객은 늘 만족하지 않고,
늘 더 많은 것을 원하기 때문이다.
그래서 그들은 당신을 끌어당긴다.
반면 당신이 경쟁자에 집착한다면
주위를 둘러보고 뒤따라오는 이들을 확인하느라
당신의 속도는 조금 느려질 것이다.

- 제프 베이조스 [38]

구조적, 문화적으로
고객과 연결돼라

실존적 비전과 고객에 대한 집착은 영원한 혁신을 향해 나아갈 수 있도록 사람들의 의욕을 고취하고 길잡이 역할을 하는 동반자다. 이전 장에서 우리는 하이얼이 개별 시장에 맞는 제품을 고객에게 제공하기 위해 조직을 수백 개의 마이크로 사업부로 분권화한 사례를 접했다. 이것만 봐도 하이얼이 고객에 초점을 맞춘 기업이라는 것을 알 수 있지만, 사실 고객에 대한 그들의 태도는 과소 평가돼 있다. 하이얼의 태도는 '집착'에 가깝기 때문이다.

여기서 집착이란 광고에서 흔히 볼 수 있는 멘트가 아니라 기술적Technical 감각을 뜻한다. 즉, 회사가 고객의 말에 진심으로 귀를 기울이고 합당한 수준의 이윤으로 사업을 유지하면서, 고객의 고충을 덜고 편의를 도모하는 일이다. 이런 집착은 감정적으로 시작되지만, 결국 회사의 사업방식에 구체적인 변화를 이끈다. 하이얼을 비롯한 일부 기업들이 고객에게 갖는 관심은 사업에 합당하든 아니든 일반적인 수준을 넘어선다.

하이얼에서는 신제품을 내거나 제품을 리뉴얼할 때 그에 대한 고객의 니즈가 검증되지 않으면 예산을 완전히 지원받을 수 없다. 에어 큐브Air Cube라는 공기 청정기와 가습기 기능을 결합한 신제품을 개발했을 때도, 온라인에서 소비자 80만 명으로부터 긍정적 의견을 수집한 다음에야 비로소 프로토타입을 개발했다.[39] 프로토타입이 제작되고 나서는 이를 크라우드펀딩 사이트에 게시했고 약 7,500명의 고객이 시제품을 구매했다. 하이얼은 프로토타입 고객들이 올린 피드백을 종합해서 대량생산용 모델을 출시했으며, 마이크로 사업부들은 이 표준 제품을 바탕으로 그들의 시장에 최적화된 모델을 개발했다.

각 개발 단계에서 꼼꼼하게 소비자의 반응을 살핀 덕분에 하이얼은 '시장의 온도'를 감지할 수 있었고, 그에 맞춰 제품 디자인과 제작 과정을 조정할 수 있었다. 게다가 마이크로 사업부 대부분이 특정 시장에 초점을 맞춘 작은 조직들이었기 때문에 빠르고 충실하게 조정 작업을 이행할 수 있었다.

하이얼에는 '제로 디스턴스Zero-distance' 원칙이 있다. 하이얼 고객은 누구나 언제든 원할 때 회사 직원에게 연락할 수 있고, 하이얼의 직원들은 영업사원이 아니라 믿음직한 조언자나 디자이너 역할을 하려고 애쓴다.[40] 그렇다고 이들에게 부담이 가중되는 것은 아니다. 회사는 이 원칙이 양쪽 모두에게 이득이라고 믿는다. 고객은 자신의 의견을 회사에 개진할 수 있고, 직원들은 고객의 의견을 직접 듣는 특권을 누릴 수 있기 때문이다. 하이얼이 비교적 자율성이 높은 마이크로 사업부 체제를 취하면서도 혼란을 피할 수 있는 데에는 고객과의 긴밀한 관계가 큰 역할을 한다. 서비스를 공유하는 플랫폼들도 도움이 된다. 하이얼은 원래 860명에 달했던 인사부 직원 수를 단 11명으로 대거 축소했고, 대부분의 마이크로 사업부에는 인사 전담 직원이 아예 없다.

고객에 대한 하이얼의 집착은 '인단합일人單合一'이라는 기업 철학으로도 알 수 있다. 인人은 '사람'을 의미하므로 직원을 말한다. 단單은 '주문'이라는 뜻으로 여기서는 사용자의 니즈나 요구를 의미한다. 그리고 합일合一은 '통합'을 뜻한다. 즉 하이얼은 직원과 고객을 구조적이고 문화적으로 연결하려 한다. 다른 회사의 연구개발 직원들은 실험실 일에 매진하지만, 하이얼에서는 연구원들도 그들이 개발한 제품의 최종 판매량이나 판매 부진에 책임진다.[41]

이런 집착은 시장의 꾸준한 반응으로 보상받는다. 하이얼은 온라인에 제품을 게시할 때마다 수백만 건의 사용자 피드백을 받기 때문에 소비자가 원하는 방향으로 제품을 효과적으로 개선할 수 있다.[42] 회사의 이런 대응력은 브랜드와 고객의 유대감을 강화하는 한편, 직원들이 경쟁사보다 제품 구매자들을 더 잘 파악할 수 있으므로 업무에 적극 참여하게 한다.

고객이 최고의
전문가다 : 자라

실존적 비전이 있다는 것은 좋은 일이다. 하지만 조직 내부의 동기는 시간이 지나면서 흔들릴 수 있는데, 특히 회사의 사업과 수익 모델이 안정화될 때 그렇다. 회사의 규율을 유지하려면, 즉 성공 이후에 나타나는 느슨함과 내부 정치를 막으려면 외부 압박이 필요하다. 그 압박의 가장 좋은 원천이 고객이다. 베이조스가 말했듯이 고객은 절대 만족하지 않는다. 경쟁자들을 멀찍이 따돌렸다고 해도 계산대에서 언제든 또 다른 누군가에게 매출을 빼앗길 수 있다. 고객은 여전히 더 높은 품질을, 더 낮은 가격에, 더 많은 기능까지, 그것도 한꺼번에 요구하며 당신을 당황하게 할 것이다.

　이런 환경에서 경쟁자를 이기려면 고객 만족을 높이는 데 집착할 수밖에 없다. 그런데 고객에 대한 집착이 정확히 무엇을 말할까? 여기서 한 번 더 명확히 짚고 넘어가자. 이는 대다수 기업이 사업을 유지하는 데 필요한 고객에 대한 인식을 초월하는 개념이다. 합리성을 뛰어넘는 일종의 감정적 헌신으로 실존적 목적과 연결돼 있다. 고객에게 집착하는 기업은 아무리 상황이 답답하고 모순적일지라도 고객의 고충을 수용하고, 경청하고, 대응하려 애쓴다. 그 때문에 단기적으로는 미심쩍은 선택을 하게 되겠지만, 장기적으로는 고객 만족은 물론이고 직원 참여도와 전반적인 품질까지 높이는 보상이 따른다. 더 나아가 고객에게 집착하는 기업은 시장이 언제, 어떻게 변하는지 가장 먼저 알아차리는 경향이 있다.

그저 사람들이 무엇을 원하는지 조사하고 제공하는 것은 집착이 아니다. 고객이 단순히 데이터 포인트로 끝나서는 안 된다. 그들은 개발자들에게 생생한 존재로 살아 있어야 한다. 이는 공동 창조, 공감적 상상력이라는 두 가지 방식으로 가능하다.

고객과 함께 무엇인가를 창조한다는 것은 제품을 만드는 단계마다 그들의 의견을 구한다는 것이다. 하이얼은 소셜미디어에서 향후 개발할 제품에 대한 아이디어를 요청하고, 베타 테스트로 그 제품을 구현하고, 온라인 포럼을 운영해서 고객들이 제품을 사용하다 접하는 문제를 보고하게 한다. 기업은 고객을 전문가로 모시면서 그들이 말하는 니즈를 토대로 행동에 나선다.

아만시오 오르테가Amancio Ortega는 인디텍스Inditex 그룹의 창립자이자 패스트패션을 선도하는 자라ZARA를 만든 인물이다. 오르테가가 생각하는 자라의 목적은 단순하다. "현재의 시장 흐름에 맞춰라. 시장이 원한다면 그렇게 하라."[43] 오르테가는 자신이 고객보다 패션을 더 잘 안다고 여기지는 않았지만, 적어도 소재 개발에서 잔뼈가 굵은 사람으로서 다른 패션 회사보다 계약 생산 시스템은 더 잘 구축할 수 있다고 믿었다. 그는 사업 초기부터 고객에게 디자인 주도권을 넘기고 자라는 생산과 유통에 매진했다. 그는 자라 매장을 고객이 패션에서 원하는 모든 것을 찾을 수 있는 곳으로 만들고 싶었다.

상향식 상품 개발 모델이 제대로 돌아가려면 일반 고객에 대한 진정한 관심과 이해가 필요하다. "저는 패션쇼 런웨이를 굳이 안 봐도 됩니다. 거리를 보면 되니까요"라는 오르테가의 말처럼, 자라가 관심을 두는 대상은 파리나 뉴욕의 유명 디자이너가 아니다. 그는 언젠가 이렇게 말했다.

> 어느 날 차를 타고 가다가 신호에 걸렸는데 마침 옆에 정차한 오토바이를 탄 청년이 배지가 잔뜩 붙은 데님 재킷을 입고 있더군요. 마음에 들었어요. 새롭고 진짜 트렌디한 스타일이라는 것을 알 수 있었습니다. 바로 수석 디자이너에게 연락해서 제 눈에 보이는 것 그대로를 전달했죠. 2주 후에 그 재킷이 매장에 입고됐는데 불티나게 팔리더군요.

이 정도로 빠르게 대응하려면 매장과 디자이너가 한 몸이 돼야 할 뿐 아니라 회사 공급망에 고객 의견을 지속적으로 반영할 수 있어야 한다. 오르테가는 "장사가 안되는 상품의 생산라인은 언제라도 멈출 수 있습니다. 컬렉션 상품을 하루 이틀 만에 새로운 컬러나 스타일로 만드는 것도 가능하고요"라고 말한다.

자라의 탁월함은 고객이 원하는 것을 파악하고, 그것을 새로운 상품으로 옮기고, 그 상품을 전 세계로 유통하는 그들의 놀라운 속도와 체계성에 있다. 고객은 가장 트렌디한 아이템을 찾기 위해 그 지역 의류 매장을 전부 찾아다니지 않는다. 스카프든 뭐가 되었든 특정 아이템을 사고 싶을 때 괜찮은 품질에 합리적인 가격의 제품이 있으면 그들은 바로 값을 치르고 구매할 의향이 있다. 고객은 자신이 가진 모든 니즈가 빠르고 편리하게 충족되길 원하므로 이를 믿음직스럽게 이행하는 회사가 있다면 특별한 충성심으로 돈을 더 내기도 한다.

자라는 좀처럼 고객 설문조사를 하지 않는다. 대신 매장 정보와 고객 피드백에 많이 의존한다. 어떤 매장에서 특정 스타일의 상품이 완판되면 본사에 알려 생산량을 늘려달라고 요청하고, 판매가 부진한 스타일은 할인에 들어간다. 또 새로운 스타일은 소량만 생산해서 위험도를 최대한 낮춘다. 사업을 이런 식으로 운영하려면 매장과 본사 디자이너뿐 아니라 디자이너와 계약된 생산 공장들을 연결하는 고도의 정보 시스템이 필요하다. 정보 네트워크를 통한 공급망의 수직적 통합은 애자일 공동 창조 시스템의 핵심이다. 자라는 이렇게 고객에게 집착하고 고객과 공동으로 상품을 창조해서 견고하고 반복 가능한 비즈니스를 이끈다.

고객의 삶을 바꾸는 게
목표다 : 애플

개발 중인 신제품이 새로운 기술, 사고방식, 더 나아가 생활방식으로 연결되는 경우라면 공감적 상상력을 활용하는 것이 더 적합하다. (전해지는) 헨리 포드의 말처럼, "만약 고객에게 무엇을 원하는지 물었다면 그들은 더 빠른 말을 원한다고 답했을 것이다." 이런 상황에서는 고객의 현재 생각을 알아내려고 애쓰면 안 된다. 대신 이렇게 질문해보라. '향후 고객의 삶을 개선할 수 있는 제품은 어떤 모습을 하고 있을까?'

　미래에 초점을 맞추면 단기 수익성에는 해가 될 수 있다. 제품에 신기술이 활용되면 고객이 그로 인한 개선 효과를 일상에서 체감할 때까지 시간이 걸릴 수밖에 없기 때문이다. 초기 사용자들이 제품을 사용하고, 새로운 기술에 열광하고, 다른 이들이 사용하도록 유도하려면 시간이 필요하다.

공감적 상상력을 바탕으로 시장을 선도하려면 더 많은 위험이 따르지만, 헨리 포드가 보여주었듯이 나중에 훨씬 더 많은 보상을 얻을 수 있다. 잠재적 선도자가 변화의 첫 물결을 이끌려면 고품질 제품을 대담하게 개발해야만 한다. 공감적 상상력이 공동 창조보다 고객과의 유대감은 약해 보일 수 있지만 기업이 고객에게 집착하는 또 다른 방식이다.

하이얼과 자라 사례에서 살펴본 것처럼 공동 창조는 효과적이지만 이는 고객 스스로 본인이 무엇을 원하는지 알아야 한다. 스티브 잡스는 공동 창조와는 완전히 다른 공감적 상상력을 발휘했지만, 고객 니즈도 민감하게 감지했다. 잡스는 "사람들은 결과물을 직접 보여주기 전까지 자기가 무엇을 원하는지 모릅니다. 그래서 저는 시장 조사에 절대 의존하지 않습니다. 우리의 임무는 문서에 아직 드러나지 않은 내용을 읽어내는 겁니다"라고 말했다. 잡스 또한 고객에게 집착하는 마음은 같았지만, 그의 궁극적인 동기는 고객이 사랑하게 될 제품을 만드는 것이었다.

앞서 우리는 스티브 잡스와 애플 직원들이 제품 출시 초기에 어떤 식으로 판매량보다 제품의 품질과 우아함에 집중했는지 확인했다. 애플은 오늘날 거대 기업으로 성장했지만 그런 사업 방식을 아직도 유지하고 있다. 잡스는 "우리에게는 많은 고객이 있고, 많은 조사 데이터를 적용할 수 있는 데이터베이스도 구축돼 있습니다. 우리는 업계 트렌드를 상당히 용의주도하게 지켜봅니다. 하지만 이렇게 복잡한 사업의 경우에는 포커스 그룹 조사결과로 제품을 디자인하기가 정말 어렵습니다"라고 말했다.

잡스를 비롯한 애플의 공동 창립자들은 단순히 잘 팔릴 제품을 만들려던 게 아니었다. 그들은 고객의 삶을 바꿀 만한 제품을 원했다. 잡스는 애플로 복귀한 후 조니 아이브Jony Ive라는 창의력 넘치는 임원과 함께 그들의 기술력에 단순함 및 접근성의 가치를 결합하려고 분투했다. 그들이 꾀하던 혁신과 일반 고객이 이해하는 혁신 사이에는 거리가 있었지만, 고객에 대한 그들의 집착은 결국 사용자들이 열광할 제품을 탄생시켰다. 애플은 고객이 현재 원할 것 같은 제품을 개발하는 대신 그들이 만들 수 있는 가장 강력한 소비자 기기를 만들기로 정하고 고객의 관점에서 아래 질문들을 하며 개발에 매진했다.

1. 이 제품이 내 삶에 어떤 도움을 줄까?
2. 나는 이 제품으로 무엇을 하고 싶을까?
3. 나는 이 기기의 사용법을 쉽게 익힐 수 있을까?

그들은 기술력만 추구하지 않았다. 오랫동안 애플의 마케팅 이사로 일한 켄 시갈Ken Segall은 이렇게 말했다.

타인의 눈으로 보는 능력이 중요합니다. 한 명의 고객으로서 광고부터 구매, 또 제품이나 서비스를 익히고 사용하는 법까지 고객경험 전체를 직접 느껴봐야 합니다. 그리고 스스로에게 이런 중요한 질문을 해보세요. 그 경험이 너무 좋아서 당신의 친구나 가족, 동료에게 말해줄 정도일까? 만약 그렇지 않다면 그 이유는 무엇일까? 예를 들어 구매 과정이 혼란스럽다면 고객에게 너무 많은 선택지를 준 것일 수 있고, 고객이 더 이상 움직이지 못하고 멈춰버리는 부작용을 발생시킬 수도 있거든요.[44]

집착하면 선제할 수 있다 : 아마존

고객 집착 기업 중 하이테크 제품을 주력으로 삼지 않는 곳 대부분은 위험도가 높은 공감적 상상력 접근법을 피하려 한다. 그래서 공동 창작 방식을 더 선호하는 편이다. 그렇다고 할지라도 공감적 상상력을 비중 있게 결합하면 큰 성과를 얻을 수 있다. 그 대표적인 예가 아마존으로, 이들은 설립 이후부터 고객에 대한 집착을 사업 지탱의 주요 뼈대로 삼았다. 글로벌 최대 기업 중 하나로 성장하는 와중에도 그런 집착을 유지했다는 점에서 더욱 경탄하게 된다.

앞서 설명했듯이 아마존은 인터넷에서 원하는 것을 다른 누구보다 더 빨리 구하고 싶은 소비자의 일반적인 니즈를 충족시키려

한다. 제프 베이조스는 1998년에 주주들에게 보낸 편지에서 '우리는 세상에서 가장 고객 중심적인 회사를 만들고자 합니다'라고 간단명료하게 밝혔다.[45] 베이조스와 그의 후임인 앤디 재시Andy Jassy는 회사 조직이 거대해진 이후에도 그 약속을 지키기 위해 노력했다. 전략 5에서도 다룰 이런 스타트업 정신은 조직에 절박함을 부여하는데, 그 밑바탕에는 고객에게 집중하는 태도가 있다.

공동 창조 방식은 선택, 편의성, 저가에 초점을 맞추면서 효과적인 것과 효과적이지 않은 것을 자세히 살펴보면서 실현할 수 있다. 인터넷 덕분에 다양한 실험 결과를 빠르게 확인할 수 있게 되면서 아마존은 고객이 더 많은 것, 혹은 더 나은 것을 요구하는 영역에서 빠른 혁신을 단행한다. 베이조스는 "혁신하려면 실험해야 합니다. 더 많이 발명하고 싶다면 더 많이 실험해야 하고요"라고 밝혔다.

아마존은 매출이나 이익보다 고객의 구매 과정을 보조하는 데 주력한다. 제프 베이조스는 1997년에 이렇게 말했다. "우리는 물건을 팔아 돈을 벌지 않습니다" 그렇지만 "고객이 구매 결정을 내리는 데 도움을 주면서 돈을 법니다"라고 말이다. 이를테면 베이조스는 웹사이트에 올라오는 부정적인 리뷰들을 삭제하라는 투자자들의 요청을 거부했는데, 그는 상품 리뷰들을 완전히 보여줘야 고객들의 구매 경험을 개선할 수 있다고 여겼기 때문이다.[46]

아마존은 공감적 상상력을 바탕으로 한 혁신도 과감하게 추진한다. 고객이 절대 만족하지 않는다는 사실을 알기 때문이다. 점진적으로 개선하는 것은 느슨해지기 쉽고 힘든 원칙들을 내려놓게 만들 위험이 있다.

당신의 회사가 한차례의 쇄신 작업 이후 모든 게 올바른 궤도에 들어섰다고 가정해보자. 당신은 소비자의 니즈를 파악했고, 설령 그것이 틈새시장일지라도 그런 니즈를 다른 회사들보다 더 좋고, 빠르고, 저렴하게 충족시키는 방법도 알아냈다. 회사에는 간편한 고객 피드백 시스템이 구축돼 있지만 거의 사용되지 않는다. 고객이 불편함을 느끼기 전에 회사가 먼저 대부분의 고충을 파악하고 해결하기 때문이다. 고객들은 당신의 회사를 사랑하고, 직원들은 기업의 목표를 신뢰하며, 경쟁사는 당시 회사보다 한참 뒤처져 있어서 이제 그들의 이름조차 가물가물하다. 머릿속에 '이보다 더 좋을 수 있을까?'라는 생각이 절로 떠오른다.

사실 이런 경지에 오른 기업은 찾아보기 힘들다. 그나마 비슷한 예로 2005년경의 아마존을 들 수 있다. 아니 2007년, 2017년, 어쩌면 현재의 아마존도 마찬가지일 것이다. 2005년에 아마존은 꾸준한 성장세를 보이며 아무 문제가 없어 보였다. 아마존웹서비스AWS는 사업 2년 차에 접어들었고, 비록 결과는 좋지 않았지만 조요Joyo라는 중국 최대 온라인 서점을 인수하면서 중국 시장에도 정식으로 진출했다.[47] 또 새로운 자금이 수혈되면서 사람들은 추가적인 사업 인수와 확장, 그리고 고객 중심이 아닌 다른 형태의 사업 개선을 기대하며 들떠있었다. 하지만 제프 베이조스는 프라임이라는 서비스를 도입해서 다시 고객으로 초점을 돌렸다. 프라임 구독 고객들은 대부분의 상품을 무료로 배송받으면서 디지털 미디어도 무료나 할인 가격으로 이용할 수 있었다.

경영성과 보고회에서 발표된 이 서비스는 주주와 임직원 할 것 없이 '소비자 프랜차이즈는 우리의 가장 값진 자산이며 앞으로도 혁신과 각고의 노력으로 더 육성할 것'이라고 소개되며 회사의 기조를 되새기는 기회가 되었다.[48] 소비자가 프라임과 같은 서비스를 구체적으로 요구한 것은 아니었지만, 베이조스와 경영진은 공감을 바탕으로 한 상상력으로 서비스를 개발하고 수익성도 확보했다.

혁신을 통해 활력을 높이는 것은 기업이 사업 초기에 품었던 목표를 완성하며 크게 성공한 후에 종종 의지하는 방법이다. 현재 주력 상품은 언제라도 개선할 수 있다. 반면 뭔가 새로운 것을 내놓으면 감정적 보상도 따르기 때문에 조직 기강을 유지해야 한다는 사실을 되새기게 된다. 베이조스는 "어떤 시도를 하든 꾸준히 개선하고 실험하고 혁신할 수 있도록 열과 성을 다해야 한다. 우리는 기꺼이 개척자가 되고자 한다. 이는 우리 회사의 DNA이자 지향해야 할 일이기 때문이다. 성공하기 위해서는 그런 개척 정신이 필요하다"고 말했다.[49]

고객에게 집착하는 회사는 긍정적인 피드백 관계를 창출하고 현실에 안주하지 않는 데서 기쁨을 찾는다. 특히 후자는 성공한 기업들이 쉽게 걸려드는 덫이다. 경쟁사가 바로 등 뒤에서 당신을 위협하지 않더라도 고객들이 그 역할을 한다는 것을 명심해야 한다.

아마존의 고객을 향한 집착은 시간이 흘러도 반복적으로 효과를 발휘했다. 아마존이 혁신을 추진하는 기본 토대는 그들이 바라는 고객경험을 설정하고 거기서부터 거꾸로 일을 진행하는 것이다. 기술적 성과나 판매량에 목을 매는 대신, 언제 어떤 투자를 하든, 그것을 통해 고객에게 어떤 혜택이 돌아가는지에 초점을 맞춘다. 혁신의 목표는 공감과 고객 정보를 결합해서 원하는 제품이나 서비스를 상상한 다음, 그것을 고객에게 제공하는 데 따르는 장애물들을 혁신적인 방법으로 제거하여 아무것도 그 길을 가로막지 못하게 하는 것이다. 일례로 아마존웹서비스는 변화하는 고객 니즈를 확인한 다음에는 더 이상 칩 제조사들의 제품에 의존하지 않고 자사 서버에 적합한 맞춤형 칩을 직접 설계하기 시작했다. 그렇다고 칩 설계 기술로 경쟁하자는 것은 아니었다. 아마존은 큰 비용을 들이지 않고도 더 나은 고객경험을 제공하는 방식을 발견했을 뿐이었다.[50]

2007년 아마존은 전자책 단말기 킨들Kindle을 399달러에 출시했고, 그로부터 1년 후에는 오디오북 플랫폼인 오더블Audible을 인수해 발 빠르게 킨들에 접목했다. 2017년에는 471개 매장과 열렬한 충성 고객층을 보유한 홀푸드Whole Foods를 인수했다.[51] 이 모든 사업 결단을 통해 기존 아마존 고객들은 혜택을 누렸다. 프라임 고객에게는 킨들과 오더블이 결합한 단독 기능이 특가로 제공되었다. 홀푸드는 인수 후 단순히 매장을 재정비하는 데 그치지 않고 수익 창출이 기대되는 몇 가지 변화를 추가로 단행했다. 기술을 활용하기 위한 투자도 진행했는데, 고객들이 식료품을 배달 주문할 수 있는 프라임서비스가 도입됐다. 이처럼 아마존이 시도하는 모든 혁신은 직간접적으로 고객의 혜택을 높인다.

거대한 성공 속에서도 지치지 않고 끊임없이 이어지는 혁신은 합리적인 결정에서 비롯되지 않는다. 옛것이든 새것이든 아니면 인수했든 간에, 베이조스가 아마존 조직 전체에 불어넣는 고객에 대한 집착 정신에서 비롯된다. 단적으로 아마존을 블록버스터와 비교해보자. 뒤에서 더 구체적으로 다루겠지만 블록버스터는 완벽한 배달 서비스를 구현하고 충성 팬층을 구축하는 등 고객 니즈를 충족하자 혁신 활동을 상당 부분 중단했다.

블록버스터에는 스캔들이나 법적 문제가 없었고 종종 기업을 나락으로 몰아넣는 일에도 휘말리지 않았다. 그들은 영화 콘텐츠를 편리하게 고르고 대여하고 반납할 수 있는 공간이라는 고객의 니즈를 정확히 제공했다. 다만 그들은 기술 세계가 번성하고 편리함이라는 개념이 새로운 경지에 도달하는 동안 영원한 혁신이라는 힘든 과제를 의욕적으로 풀지 못했다. 그들이 행한 소소한 혁신은 영화 관련 테마파크처럼 이미 다른 기업이 시도했던 전략의 확장 수준에 머물렀다.

아마존은 고객에 대한 집착을 설파할 뿐만 아니라 직원들이 직접 고객서비스를 이행할 수 있도록 권한을 주고 그와 관련된 장치를 마련한다. 아마존 직원들은 새로운 고객경험을 만드는 데 필요한 데이터와 소프트웨어에 쉽게 접근할 수 있다. 여기서 다시 아마존웹서비스가 진가를 발휘하는데, 클라우드 기반의 서버 덕분에 혁신 비용이 적어졌기 때문이다.

고객에게 집착하는 기업은 고객이 마땅히 누려야 한다고 진심으로 믿는 것을 제공한다. 처음에는 일개 제품이나 서비스로 인식되지만 이내 집에 쟁여놓고 쓰는 필수품이 되고, 결국 신기하게도 소비자 삶의 기본 아이템으로 자리 잡는다. 게다가 누구에게든 기본 아이템이 충분한 적이 있던가? 고객들은 그것을 더 많이 원하고, 고객에게 집착하는 기업은 그들에게 어서 빨리 더 많은 것을 안겨주려고 안달이 난다. 고객에게 더 많은 것을 선사하기 위한 싸움을 거부하는 순간, 당신은 패자가 될 것이다. 당신의 제품은 딱 기대하는 수준에 머물면서 고객은 그것에 적당히 만족하거나 실망하게 되고 감동하는 일은 절대 없을 것이다. 그리고 서로에게 무관심해질 것이다.

베이조스는 다시 이렇게 말한다.

고객에게 초점을 맞출 때 생기는 장점 하나는 그게 분명하지는 않더라도 특정 형태를 선제한다는 점이다. 최선을 다할 때는 외부의 압박을 기다릴 여유가 없다. 내부에서 먼저 서비스를 개선하려고 의욕을 불사르면 외부에서 우리를 억누르기도 전에 먼저 기능과 혜택을 추가하게 된다. 다시 말해 어쩔 수 없이 그래야 하기 전에 이미 고객을 위해 가치를 높이고 가격을 낮춘다. 그래야만 하기 전에 무언가를 발명하게 된다.

'서프라이즈'는 결코
시장조사로 나오지 않는다

마이크로소프트는 자라와 애플의 중간쯤에 위치한다. 마이크로소프트 역시 공동 창조를 강조하지만, 첨단 기술을 통해 공동 창조 방법에 변화를 준다. 제품을 한 번 파는 것만으로는 부족하다. 즉, 고객들이 그 제품을 실제로 사용하지 않으면 결국 판매량이 줄어들게 된다. 고객에 대한 집착은 판매에만 국한되어서는 안 된다. 특히 소프트웨어 기업들이 제품 판매에서 구독서비스로 사업 방향을 틀면서 이 전략은 더욱 중요해졌다.

마이크로소프트의 엔터프라이즈 클라이언트 앤 모빌리티ECM 그룹 부사장인 브래드 앤더슨Brad Anderson은 "겉보기에는 매출이 꽤 탄탄한 것 같은데 사실상 고객을 잃고 있는 기업이나 조직을 다들 알고 있을 겁니다. 고객이 당신이 만든 것을 정말 좋아하면 당연히 사용할 겁니다"라며 고객 사용성에 초점을 맞추는 회사 전략을 설명한다. 이런 맥락에서 마이크로소프트는 사티아 나델라의 지휘 아래 사용성을 강조하는 대시보드를 활용한다. "지난 일주일간 성장률은 어떻게 되나? 또 지난달 성장률은? 사람들이 무엇을 사용하고 있는가? 또 무엇을 사용하지 않는가? 이 모든 답은 100% 고객에게서 시작됩니다."[52]

제품 및 서비스가 상대적으로 한정적인 애플과 달리 제품군이 다양한 마이크로소프트는 단순히 내부 아이디어에만 의존하지 않고 사용자 데이터를 바탕으로 연구개발 작업을 한다. 그러나 혁신 방향을 제시하려면 고객이 무엇을 원하는지가 아니라 실제로 무엇을 사용하는지를 사용자 데이터로 포착해야 한다. 제품 품질은 뛰어난데 고객들의 실제 제품 사용 시간은 왜 그렇게 짧은 걸까? 사용자 데이터를 근거로 한 제품 개발은 미충족된 고객 니즈를 충족시키는 것을 목표로 삼아야 한다.

애플과 마이크로소프트 사례 모두 관습적인 시장 조사에서 탈피하라는 교훈을 준다. 고객을 위해 정말 혁신적이고 강력한 무엇인가를, 발전된 기술을 활용해, 그들이 쉽게 구매하고 간편하게 사용할 수 있는 제품 형태로 개발하면 정작 고객들 본인은 필요한지 깨닫지도 못했던 제품을 선사해준 데 고마워할 것이다.

테슬라도 애플과 비슷하게 공감적 상상력을 바탕으로 사업을 운영한다. 이들 또한 시장 조사는 자제하며, 고품질의 첨단 제품을 개발한 다음 구매와 사용이 간편한 형태로 시장에 선보인다. 테슬라가 가진 핵심 경쟁력은 광범위한 혁신 기술인데, "바퀴가 달린 정교한 컴퓨터"라는 표현이 이를 함축적으로 말해준다.[53] 하지만 막상 그들의 전시장에 가보면 테슬라 제품은 고객을 위해 무엇을 할 수 있는지에만 철저히 초점을 맞추고 있다는 것을 알 수 있다. 테슬라 전시장에서는 기술이 아닌 고객이 힘을 갖는다.

테슬라와 애플은 주력 사업으로 복잡하고 강력한 기계를 만든다. 그리고 매장에서는 단순함과 편리한 사용이라는 망토로 제품을 감싼다. 고객이 완전한 전기차 라인업이라는 테슬라의 놀라운 업적을 제대로 이해하든 못하든 그들은 상관하지 않는다. 그들에게 중요한 사실은 충전을 제외하고는 고객이 현재 소유한 자동차보다 모든 면에서 나은 테슬라 차를 한 대 주문하고 매장을 떠났는지 여부이다. 이런 고객 중심주의는 고객들이 이전에는 존재하는지도 몰랐고 그들의 삶에 어떤 효용을 줄지도 가늠하지 못했던 혁신 제품을 선보이는 데 초점을 맞춘다.

고객에 대한 집착에서 탄생한 혁신은 제품 라인에만 국한되지 않고, 고객서비스도 발전시킨다. 애플은 온라인, 오프라인 매장에서 고객의 서비스 경험을 향상하기 위해 엄청난 시간과 공을 들인다. 하지만 단순함을 유지하려면 균형이 필요하다. 애플은 매장 직원들이 고객에게 접근할 때 APPLE의 철자를 딴 다음 5단계를 따르도록 훈련한다.[54]

접근하기Approach: 맞춤화된 따뜻한 인사로 고객에게 다가가라.

조사하기Probe: 고객의 니즈를 이해하기 위해 정중히 탐색하라.

제시하기Present: 고객이 오늘 집에 가져갈 수 있는

해결책을 제시하라.

경청하기Listen: 고객이 가진 문제나 우려 사항을

경청하고 해결하라.

마무리End: 친근한 작별 인사로 고객의

재방문을 유도하며 마무리하라.

기본적으로 혼란스럽기 마련인 제품서비스에서는 중간 단계가 제일 중요하다. 애플 스토어 직원들은 문제를 직접 해결하는 게 아니라 해결책을 제시하는 훈련을 받는다. 그들 대부분은 고장 난 전화기나 컴퓨터 모니터를 수리하는 사람들이 아니다. 그들은 고객의 문제를 귀담아듣고, 문제가 생긴 제품을 서비스센터로 보내고, 고객이 기다리는 동안 사용할 대체품을 제공하도록 훈련받는다. 애플은 매장을 방문하는 모든 이가 애플 제품을 들고 행복한 마음으로 떠나길 바란다. 그런 사람 중에는 당연히 세계 최고라 칭송되는 충성도를 가진 기존 고객들도 포함된다.

애플 스토어는 게이트웨이 등 다른 컴퓨터 브랜드의 오프라인 매장이 줄줄이 실패한 와중 도입되었다는 점에서 그 자체로 대담한 결정이었다. 지니어스 바Genius Bar와 애플 스토어 특유의 개방성은 당시로서는 혁신적인 시도였다.

고객에게 집착하는 기업은 결국 현재 시장에서 충족되지 않는 니즈와 흐름을 파악하고, 그 덕분에 위기가 닥치기 전에 제품을 조정한다. 고객들은 그들의 집착을 느낄 수 있으며, 그들 역시 브랜드에 집착하게 된다. 애플과 테슬라를 비롯해 고객에게 집착하는 영원한 혁신 브랜드들은, 고객들 스스로 필요성조차 깨닫지 못했던 획기적인 제품을 구매하는 데 도움받고 있다고 분명히 느끼게 하면서 고객의 충성도를 제고하기 위해 매일 매진한다.

데이터 투자는
직원과 고객에 대한 투자다

경영진이 고객에게 집착하는 것은 어찌 보면 쉬운 일이다. 하지만 그런 집착을 조직 전체에 확산하려면 어떻게 해야 할까? 회사 제품이 진정 고객에게서 비롯되기 위해서는 직원들이 의식적이든 아니든 그 길에 동참해야 한다.

가령 하이얼은 극단적인 분권화의 장점을 누린다. 직원들은 고객에 대한 접근성과 함께 상당한 자율성을 갖는다. 고객을 잘 섬기는 것은 마이크로 사업 체제의 핵심이므로 하이얼은 목표 고객을 섬기기 위해 꼭 필요한 구조적인 조건들을 마련한다.

물류 직원 비중이 높은 아마존의 경우, 그들이 고객 중심 가치에 따라 일할 수 있도록 소프트웨어를 적극적으로 활용한다. 아마존은 물류창고마다 상당히 구체적인 데이터를 보유하고 있다. 각 층, 각 부문, 그리고 각 직원이 그날의 이상적인 작업량을 정하고, 그에 따라 시간당 작업 처리량(상품을 픽업하거나 포장하는)을 15분 단위로도 측정할 수 있다.[55] 이상적인 작업 처리량과 실제 성과를 비교한 결과는 직원들의 승진이나 경고 및 해고를 결정하는 주된 지표가 된다. 직원이 실제로 고객에게 관심이 있든 없든, 물류 직원들이 담당 직무를 수행하려면 고객의 이익을 위해 움직여야만 한다.

회사에서 이 정도로 고객에 대한 집착을 강요하는 것이 어찌 보면 가혹할 수도 있겠지만, 불안한 관리자들이 가식적으로 직원을 격려하거나 짜증 섞어 그들을 비난하며 덧없이 안달복달하는 상황보다는 낫다. 회사가 실존적 비전으로부터 더 많은 것을 끌어낼수록 강압적인 방식은 한결 부드러워진다. 가령 애플 스토어 직원들의 일이 외부인의 시각으로는 스트레스 많고, 그에 비해 보수는 적으며, 미래가 불투명해 보일 수도 있다.[56] 그러나 회사의 교육 프로그램 덕분에 고객들은 그런 고달픈 현실을 거의 느끼지 못한다. 물론 서비스 정신이 투철한 직원을 고용한 것도 일조했겠지만 애플 직원들이 보여주는 열정과 관심 대부분은 교육에서 비롯된다. 애플은 직원들에게 그들의 직무는 기술을 파는 것이 아니라 '사람들의 삶을 풍요롭게' 하는 것이라고 확신을 준다.[57]

애플 스토어 직원들은 현장에 투입되기 전까지 몇 주, 때에 따라서는 수개월간 교육을 받는다. 교육의 대부분은 실무적이고 기술적인 내용이지만, 의외로 상당 비중은 '여러분은 단순한 판매나 제품 수리를 뛰어넘는 훨씬 위대한 일을 하는 겁니다'라는 메시지를 전달하는 데 할애된다. 마치 사제나 선교사를 임명할 때처럼 신규 직원들도 특별한 의식을 통해 직무를 시작한다. 기존 직원들은 새내기들이 조만간 장착할 것들을 기원하며 박수갈채를 보낸다. 박수는 몇 분간 지속되며 신입 직원들이 자신의 힘으로 더 풍요로워질 삶을 미리 감사하는 것으로 끝난다. 애플은 매장 직원들에게 평균 수준의 임금을 지급하지만, 고객을 섬기는 이런 믿음 때문에 직원 보유율이 높다.

강경한 방식을 쓰든 부드러운 방식을 쓰든, 기업은 이런 집착 정신을 조직에 불어넣어야 한다. 고품질 제품을 만드는 기업은 직원들에게 자사 제품이 고객의 삶을 훨씬 더 윤택하게 만들 것이라는 확신을 줘야 한다. 조직 규모가 너무 크거나, 담당 직무가 제품과 직접적으로 관련 없는 직원들은 시장과 단절감을 느낄 수도 있겠지만, 기업은 고객에 대한 집착과 직원들의 바람직한 업무처리 방식을 결합해서 하나의 측정 가능한 목표로 삼아야 한다.

논리로 설명할 수 없어야
진짜 집착이다

고객에게 집착하는 회사는 고객을 대하는 직원들의 태도는 물론
이고 다양한 방식으로 고객을 만족시키기 위해 분주히 움직인다.
먼저 고객 만족도를 높이기 위해 인프라에 투자하는데, 이는 일반
적인 콜센터를 비롯해 잠재적인 고객의 고충을 찾아내는 장치들
까지도 포함된다. 고객들은 기업이 자신의 불평을 듣고 있다는 것
에 안심한다 해도, 이는 불평 요소가 아예 없는 것만 못하다. 실수
는 어디서나 일어나기 마련이지만 고객에게 집착하는 회사는 그
런 문제가 고객경험을 해치지 않도록 전력을 다한다.

　아마존은 고객이 자사의 실수로 인한 손해를 입지 않도록 만
전을 기한다. 주문이 지연되면 가장 빠른 배송으로 업그레이드한

다. 아마존 입장에서는 비용이 더 들지만 고객은 지연 상황을 눈치채지 못하므로 주문에 만족한다. 하지만 이후 아마존은 방대한 내부 데이터베이스를 바탕으로 담당 물류센터, 층, 배송팀, 관리자 등 지연의 책임이 정확히 누구에게 있었는지 파악한다. 문제가 발생한 근본 원인을 파악해서 필요하다면 출하 시간이나 물류관리 방법, 담당 팀을 조정한다. 정작 배송 지연의 손해를 입을 뻔한 고객은 이런 상황을 전혀 알 수 없고 어떤 불편함도 겪지 않는다.[58]

고객에게 집착하는 회사만이 내밀한 고객서비스를 위한 기술 인프라와 정책에 투자한다. 아마존에도 일반적인 고객서비스 부서가 있지만, 기술 인프라를 결합해서 유입 고객들의 불만 대부분을 예측하고 해결하는 데 지속적으로 노력한다. 요컨대 제프 베이조스는 2012년에 주주들에게 보낸 편지에서 아마존 고객서비스가 고객 불만을 예측하고 해결한 사례를 몇 페이지에 걸쳐 거론했다. 이런 행동에는 고객 중심 인프라에 대한 회사의 지속적인 투자를 정당화하려는 의도가 있었을 것이다. 이 모든 일은 '경쟁사에 대한 대응보다 고객 중심주의라는 동기에 기인'한다.

아마존의 이런 투자는 킨들 오너들에게 제공되는 라이브러리나 프라임 인스턴트 비디오 같은 특정 제품이나 서비스를 뛰어넘는다. 그들은 고객에게 집착하는 기업으로서 거의 눈에 띄지 않는 사소한 문제도 선제적 환불 같은 조치로 바로잡으려 한다.

당신이 아마존 프라임 비디오에서 2.99달러를 내고 영화 한 편을 구매했다고 하자. 영화를 보는 중에 평소보다 버퍼링이 심해 조금 불편했지만 그래도 영화를 재미있게 감상한 당신은 좋은 평점을 남긴 후 일상으로 돌아간다. 얼마 후 당신에게 느닷없이 이메일 하나가 도착한다. '저희는 귀하가 아마존 비디오에서 대여한 ○○○을 시청하시는 동안 비디오 재생이 원활하지 않았음을 확인했습니다. 불편을 끼쳐드린 점에 대해 사과하며 지불하신 2,99달러를 환불해 드립니다. 고객님과 곧 다시 만나길 기원합니다.'

비즈니스 고객에게도 이와 비슷한 일이 벌어진다. 앞서 언급했듯이 아마존은 아마존웹서비스로 클라우드 기반 서버 시장을 선도했다. 이 전략은 엄청난 성공과 수익으로 돌아왔다. 하지만 아마존은 그런 벅찬 성공에 안주하지 않고 도리어 아마존웹서비스 트러스티드 어드바이저AWS Trusted Advisor를 만들었다. 이는 아마존이 제공하는 일련의 서비스를 고객이 어떤 식으로 이용하는지 끊임없이 관찰하는 소프트웨어 서비스다. 아마존은 이를 통해 서비스 성능을 높이고, 보안을 강화하고, 고객 비용을 낮추는 방법을 자동으로 제공한다.[59]

테슬라 또한 고객이 불만을 표출하기 이전에 더 좋은 고객경험을 제공하기 위해 아마존에 버금갈 정도로 애쓴다. 아마존만큼 매끄럽지는 않지만, 테슬라는 소프트웨어 업데이트를 비롯한 자동화 방식으로 고객이 실제로 피해를 보기 전에 발생할 수 있는 문제들을 예측하고 해결하려고 노력한다.

이들은 이미 상당한 고객 수요가 입증되었는데도 일부러 조금 기다린 다음 시장에 진입하는 경우가 있다. 테슬라의 전 직원 한 명은 "시장에 진입하는 기회는 단 한 번뿐이니까요"라고 설명했다.[60] 새로운 시장에 전기 충전기가 부족하다는 것도 그들이 일반적으로 부딪히는 문제다. 테슬라는 보통 고객경험을 훼손할 위험을 감수하는 대신, 설사 출시 일정이 지연되는 한이 있더라도 제품 판매를 시작하기 전에 해당 지역에 충전팀을 파견해서 전기 충전기를 충분히 설치한다.

일론 머스크와 테슬라 직원들은 제프 베이조스나 스티브 잡스와 마찬가지로 고객에게 집착하는 마음의 끈을 잠시도 놓지 않는다. 고객과의 약속을 지키기 위해서라면, 그들은 단기 매출을 손해 보는 위험도 감수한다. 테슬라 자동차가 선사하는 고객경험은 일관돼야 하고, 그들의 제품은 고객들이 더 기다린 만큼 값어치가 있다고 믿는다.

고객에 대한 집착을 발전시키는 밑바탕에는 감정적인 헌신이 있다. 여기에는 여러 이점이 있지만 무엇보다 고객에 대한 리더의 직관력을 높여준다. 하지만 그런 이점을 취하려면 데이터에 상당히 의존해야 하고, 대규모 공동 창작의 경우에는 데이터의 중요성이 더욱 커진다.

일반적으로 작은 회사들은 의도적으로 일을 벌이지 않아도 고객 데이터를 수집할 수 있다. 중소기업 리더들은 고객과 직접 대화하는 등 일대일 상호작용이 얼마든지 가능하기 때문이다. 하지만 조직의 덩치가 커지면 그런 상호작용을 계속하기란 현실적으로 어렵다. 게다가 한 사람이 그 많은 고객 의견과 행동을 보기 좋게 정리하기도 힘들다. 따라서 현 고객과 잠재 고객의 데이터를 분석하려는 니즈가 더욱 커진다.

이 분야의 최고수인 아마존은 다양한 사업 영역에서 발생하는 데이터를 병적으로 수집하고 그 결과를 진지하게 받아들인다. 데이터는 실험 결과를 검증하는 것은 물론이고 직원들의 책임감을 높이는 역할을 한다. 아마존의 한 전직 물류 관리자는 '뭔가를 숨기기에는 데이터가 너무 많습니다'라고 강조한다.[61] 임원 교육을 담당하는 전문가들은 실망스러운 데이터가 나와도 대면하고 활용해야 한다고 강조한다. 어느 정도의 실패는 받아들이라는 것이다. 베이조스의 뒤를 이어 CEO가 된 앤디 재시는 "많은 것을 발명하다 보면 어쩔 수 없이 잦은 실패를 경험하게 됩니다. 실패를 좋아하는 사람은 아무도 없겠지만 그 또한 비즈니스의 자연스러운 일부입니다"라고 말한다. 재시의 후임으로 AWS 사업을 책임지는 애덤 셀립스키Adam Selipsky는 직원들에게 어떤 아이디어의 성공 가능성보다 고객이 가진 문제를 해결할 가능성에 더 집중하라고 권한다.[62]

데이터는 고객과 패러소셜(고객이 일반적으로 느끼는 친밀감)para-social 관계를 형성하는 데 꼭 필요하고, 그들의 니즈를 적절히 충족시키는 데도 필수적이며, 고객이 당신 회사 제품을 사고 싶게 만들고, 변화하는 고객 니즈에 경쟁사보다 더 빨리 대응할 수 있게 한다. 자라에서 일하는 350명의 디자이너가 바로 그렇다. 매일 아침 그들은 전 세계 방방곡곡의 자라 매장에서 들어온 판매 데이터를 들여다보면서 어떤 아이템이 잘 팔리는지 확인하고 그에 따라 디자인을 조정한다. 또 판매 직원들로부터 "고객들은 지퍼가 있는 옷을 좋아하지 않아요"나 "더 긴 기장을 원하는 고객이 있어요" 같은 현장 피드백을 받는다. 물론 그들도 패션쇼 같은 것을 보면서 영감을 얻기도 하지만 그들의 디자인 작업에 주도적 역할을 하는 것은 고객 데이터이다.

자라는 신규 아이템을 선보일 때 유럽과 북아프리카의 계약된 제조업체에서 일단 소량의 상품만 만든 다음 근처 매장에서 간단한 파일럿 테스트를 빠르게 진행한다. 이에 대한 판매 데이터로 해당 아이템을 대량 주문할지 결정하고 예상 수요에 맞춰 전 세계 매장에 보낸다.

자라는 분석 기법에 투자한 결과 경쟁사들과 차별화할 수 있었는데, 각 매장에서 쇼핑하는 고객들의 특징을 파악해서 지역의 인접성이 아닌 동네의 특성으로 상품을 차별화했기 때문이다. 자라의 분석 결과 같은 도시에 있는 매장들의 고객들보다 전 세계적으로 비슷한 특징을 가진 동네에 사는 고객들 사이에 유사성이 더 크다는 것을 확인했다. 다시 말해 맨해튼 5번가에서 쇼핑하는 사람들은 그 근처인 소호 쇼핑객보다는 도쿄 긴자의 쇼핑객들과 더 비슷하다. 소호에서 쇼핑하는 사람들은 오히려 도쿄의 시부야 고객들과 유사했다.[63]

고객에 대한 집착은 여러 방식으로 표현될 수 있지만 그 기반은 제품 사용자의 행복을 위해 깊이 헌신하는 마음이다. 공동 창작을 활용하든, 공감적 상상력을 발휘하든, 고객에게 집착하는 조직은 구체적인 목표를 갖고 현재에 안주하려는 태도를 압도하는 중요한 기강을 잡고 있다.

이런 헌신은 투자자본수익률ROI이나 다른 논리적 지표로는 정당화하기 어려운 개인적인 투자라는 점에서 진짜 집착이다. 하지만 이런 식의 태도는 제아무리 냉정하고 직원들마저 쌀쌀맞은 기업일지라도 직원들의 관심과 참여를 높이는 문화를 촉진할 수 있다. 기업이 애자일한 혁신을 계속하려면 꾸준한 열정이 필요한데, 이런 열정은 고객에게 집착할 때 가장 쉽게 창출된다.

피그말리온 효과를
퍼뜨려라

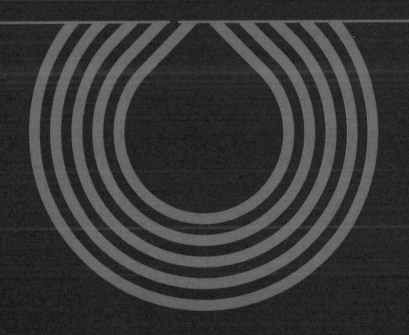

당신의 연인이 당신을 그렇게 묘사했다면,
당신은 그런 사람이다.

- 재닛 윈터슨 Jeanette Winterson, 소설가

구석구석, 서서히
그러나 분명하게

앞서 두 전략을 통해 실존적 신념을 지키고 고객에게 집착하는 기업들에 찬사를 보냈다. 하지만 이런 특징이 개인 간의 직접적인 상호작용을 통해 촉진되기를 기대하기는 어렵다. 직원 수가 수천 명에 이를 정도로 회사 규모가 커지는 상황에서 어떻게 민첩함과 혁신을 북돋는 조직문화를 조성할 수 있을까?

서기 8년에 로마 시인이었던 오비디우스Publius Naso Ovidius가 쓴 《변신 이야기Metamorphoses》에 그 답이 있다. 이 서사시는 우주 창조부터 줄리어스 시저Julius Caesar의 죽음까지 방대한 세계 역사를 다룬다. 이 글은 오비디우스가 만든 신화적 역사의 틀을 바탕으로 서술되며, 사람들이 어떻게 변화를 창출하고 유지하는지에 초점을 맞춘다.

《변신 이야기》에는 여러 영웅의 성공담 사이에 피그말리온 Pygmalion이라는 시시포스의 조각가 이야기가 잠깐 등장한다. 그는 주위 여성들을 혐오하며 사는 인물로, 결국 상아로 자신의 이상형에 가까운 여성상을 조각했다. 피그말리온은 자신의 영혼과 애정을 아낌없이 담아 조각상을 만들고 거기에 갈라테아Galatea라는 이름까지 붙인 다음 값비싼 보석과 옷으로 치장했고 조각상과 사랑에 빠졌다.

피그말리온은 사랑의 신인 아프로디테를 칭송하는 축제에서 제물을 조공한 후 "부디 상아로 만든 이 소녀를 닮은 제 짝을 내려주세요"라고 빌었다. 그러고는 집에 돌아와 조각상에 입을 맞췄는데, 갈라테아의 입술이 따뜻했다. 아프로디테 여신이 그의 소원에 응답해 조각상을 진짜 여인으로 만든 것이다. 피그말리온은 그녀와 결혼해 딸까지 낳고 여생을 자신의 이상형과 함께 보냈다.

이 이야기의 핵심은 피그말리온이, 자신이 상상할 수 있는 최고의 특성들을 갈라테아 조각상에 불어넣었다는 점이다. 아주 세세한 부분까지 심혈을 기울인 그의 헌신적인 노력 덕분에 인간의 능력으로는 불가능해 보이는 결과물이 탄생할 수 있었다.

이번 전략에서는 성공한 기업을 설립한 사람들이 구현한 아이디어, 가치, 사고방식을 거론할 것이다. 조직 전체에 피그말리온 효과를 제대로 확립한 CEO들은 그러한 가치와 사고방식을 회사 경영과 일상적인 책무를 이행하면서 실천할 뿐만 아니라 회사문화를 통해 조직 전체에 촘촘히 주입한다.

회사가 커지면 조직문화를 체계적으로 관리하는 것이 점점 더 어려워진다. 설립자나 CEO가 개인적으로 자주 접촉하는 사람들에게는 쉽게 문화를 전파할 수 있지만, 조직 전체에 정착시키는 것은 거의 불가능하다. 그런 만큼 현대의 피그말리온들은 더욱 특별하다. 그들은 회사 전체의 사고방식에 영향을 미치기 때문이다. 그들의 영향력은 조직에 조금씩 스며든다. 기업의 피그말리온들은 특정 속성들을 회사 DNA에 섬세하게 직조해서 직접 접촉하지 못하는 직원들도 원하는 형태로 조각한다.

이런 확고한 헌신은 필수적이다. 조직 전체적으로 피그말리온 효과를 내려면 리더가 추구하는 가치를 경영에 실천하는 것은 물론이고 그것을 조직 구석구석에 주입해야 한다. 물론 회사의 덩치가 커질수록 이 일은 어려워진다. 하지만 서서히, 분명하게 현대의 피그말리온들은 퍼질 수 있다.

스티브 잡스, 제프 베이조스, 일론 머스크 모두 그에 버금가는 일을 해냈다. 그들은 이상적인 동료를 창조하는 대신에 자기가 직속으로 담당하는 팀들을 뛰어넘어 일반 직원들에게도 열정적으로 원하는 자질과 가치들을 주입했다. 그들의 영향력은 조직 곳곳 깊숙이 파고들었다. 이 방식으로 규모의 문제도 해결했다. 개인이 가진 실존적 신념과 스타트업 정신으로 관리자 몇십 명과 일부 동료들을 같은 정신으로 무장시킬 수 있겠지만, 대규모 조직 전체를 개조할 수는 없다. 따라서 그들은 강력한 회사문화를 개인적으로 도모해야 한다. 지속적인 혁신을 위해서는 성과 중심의 강력한 기업문화가 필요하기 때문이다.

CEO의 노력이 중요하다는 것은 지극히 당연한 말이다. 캘리포니아에 있는 연구원들은《포춘Fortune》1,000대 기업 직원들을 대상으로 익명의 설문조사를 하고 그 데이터를 회사의 재무 성과와 연결해서 분석했다. 그 결과 CEO의 성격 유형이 기업의 수익성에 통계적으로 유의미한 영향을 미친다는 것을 확인했다.[64]

조직의 '문화적 궁합'을
정의하라

스티브 잡스는 완전 비호감형 인물이었다. 그는 무례하고 변덕스러웠으며 사람들을 공공연히 해고하고, 장애인 주차 공간에 버젓이 차를 대는 것으로 유명하다. 회사 동료들은 그의 사무실 앞을 지나가다 괜히 불려 들어가 잔소리 들을까 봐 일부러 건물을 우회해서 다녔다고 한다. 사람들은 그를 두려워했다. 하지만 잡스는 어떻게든 그들을 설득해서 혁신적인 디자인 문화를 조성했고, 애플은 세상에서 가장 가치 있는 회사가 되었다.

스티브 잡스의 성공 요인 중 하나는 그가 채용에 공을 들였고 그런 노력이 놀라운 결과로 이어졌다는 점이다. 어느 날 당시 애플의 최고인재책임자였던 대니엘 워커Daniel Walker는 소비재 기업인 윌리엄 소노마Williams-Sonoma에서 상품기획자로서 빛을 발하던 패티 슈Patty Shu를 데려와 채용 일을 맡기려고 열심히 설득하고 있었다. 슈는 이 스카우트 제안에 왠지 확신이 서지 않았는데, 면담을 마치고 돌아가는 길에 우연히 잡스와 마주쳤다. 그는 자신을 소개하면서 애플의 채용책임자 자리를 제안받아 고민 중이라고 설명했다. 그러자 잡스가 그를 바라보며 "굉장히 중대한 자리인데, 그 일을 맡으실 건가요?"라고 물었다.

슈는 당황하며 "아직은 모르지만, 아마 안 할 거 같아요"라고 대답했다. 그러고는 곧장 되물었다. "사장님께서는 현재 인사팀에 어떤 것들을 바라십니까? 인사팀장에게 바라는 건 없나요?"라고 말이다.

잡스는 "하느님은 제가 그들과 어떤 일을 해야 하는지 알 만큼 뛰어난 인재를 더 이상 허락하지 않으시죠. 헌데 그게 가능하다면 제게는 천국이겠군요"라고 대답했다.

핵심을 짚으면서 강렬한 확신에 찬 대답은 두 사람 모두에게 당위성을 제공했다. 패티 슈는 애플에 합류했을 뿐 아니라, 대니엘 워커는 그날부터 '뛰어난 인재' 다수를 고용하는 일을 자신의 임무로 삼았다고 한다. 채용은 점점 더 까다로워졌지만, 위대한 제품을 만드는 데만 철저히 집중하는 잡스의 모습을 통해 개인적인 어려움은 어떻게든 극복해야 한다는 문화가 조성됐고 직원 각자가 최고의 결과를 내도록 자극받았다. 잡스는 방대한 회사 전체에 일종의 피그말리온 효과를 창출해서 사실상 그를 직접 만날 일이 없는 사람들도 그 영향을 받았다.

성공한 기업 다수가 유능한 직원들의 필요성을 역설하지만, 스티브 잡스 같은 피그말리온들은 이 개념을 한 차원 더 높였다. 잡스는 채용을 자신이 이행해야 할 가장 중요한 직무로 꼽았다. 그는 기업이 그것을 구성하는 요소들의 합만큼 강하다는 것을 알았다. 개인에게 아무리 엄청난 카리스마가 있다고 할지라도 강력한 팀 없이는 확장 가능한 성공적인 기업을 일굴 수 없었다. 제프 베이조스 역시 "채용 기준을 높이는 것은 지금까지도 그래왔듯이 앞으로도 아마존닷컴이 성공하는 데 가장 중요한 요소가 될 것"이라고 말했다.[65]

테슬라와 스페이스X의 수장인 (거기에 태양열 에너지 스타트업에도 투자하는) 일론 머스크는 그 누구보다 채용에 집착했다. 머스크는 테슬라 직원 수가 1만 2,000명 정도였던 2015년까지도 직원 채용을 직접 승인했다. 다시 말해 직원 모두를 그가 직접 채용했다는 말이다. 채용담당자인 마리사 페레츠Marissa Peretz에 따르면 신규 공장 가동을 위해 2,000명을 채용했을 때 청소 담당부터 식당 직원, 그리고 조립 담당자까지 개개인의 이력서를 모두 머스크에게 보냈다고 한다.[66]

인재의 중요성을 부각하는 가장 흥미로운 사례로, 2014년에 파산 직전까지 갔던 AMDAdvanced Micro Devices를 들 수 있다. 당시 AMD 이사회는 리사 수Lisa Su를 CEO로 임명했는데, 그는 취임 직후부터 회사에 인력 보강이 필요하다고 믿었다.

리사 수는 스탠퍼드대학교 전기공학 박사 출신에 반도체 설계를 혁신한 인물로, 테크 분야의 인재 영입에 관한 한 믿을 만한 공적이 있었다. 그는 임기 초기부터 일정 시간을 할애해 잠재력 높은 인재들과 접촉하면서 AMD 경력을 "많은 것을 배우고 큰 영향력을 발휘할 좋은 기회"라고 설득하며 그들을 스카우트하는 데 애썼다. 그는 당시를 떠올리며 "똑똑한 사람이 한 명만 있어도 훌륭한 일을 할 수 있지만, 당신의 비전에 똑똑한 사람 10명, 아니 100명이 합류하면 엄청난 일을 벌일 수 있습니다"라고 말했다.

그는 "위험을 감수하고, 업계에서 아주 특별한 일을 벌이고, 희박한 자원과 더 많은 자유를 누리며 기꺼이 싸우는" 사람들을 찾았다. 그리고 이런 노력은 성과를 냈다. AMD 주가가 30배 이상 치솟으면서 최근에는 고성능 컴퓨터 분야에서 오랫동안 왕좌를 유지하던 인텔을 앞질렀다.[67]

일론 머스크도 직원 개개인을 채용하는 데만 관심이 있었던 것은 아니다. 그는 조직에 합류하는 모든 이에게 기대 수준을 설정하고 싶었다. 2010년 아직 작은 기업이었던 테슬라에는 뛰어난 엔지니어, 디자이너, 소프트웨어 인재들이 절실했다. 머스크는 게임의 판을 넓혀 당시 구글의 인사 이사로 있던 아논 게슈리Arnnon Geshuri에게 '테슬라 문화와 잘 맞으며, 분야의 최고만 채용한다'는 말로 유인했다.

글로만 보면 기업의 일반적인 채용 행태와 별반 다르지 않을 것이다. 하지만 대다수 회사에서 문화적 궁합이란 대개 개인적 궁합을 의미할 뿐이며, 누구와 함께하고 싶은지에 대한 관리자의 즉흥적 판단으로 결정된다. 잠재적으로 동료가 될 만한 누군가와 어울리고 싶은 것이 무슨 문제겠냐마는 그 대상이 유능한 채용 후보라면 결정적인 요인으로 작용할 수 있다.[68]

머스크는 자기가 가하는 고강도 압박 속에서도 크게 발전할 만한 사람을 원했다. 최근까지도 일론 머스크와 일했던 한 고위 임원은 "그런 야심과 목표 때문에 직원들의 업무 강도가 상당히 높습니다…. 불가능한 목표라는 걸 알면서도 세상을 위해 우리가 해내야 한다는 문화와 기대감이 있어요"라며 테슬라에서는 그런 문화가 거리낌 없이 드러난다고 밝혔다.

일론 머스크는 테슬라와 문화적 궁합이 좋은 사람을 '엄청난 압박을 견디며 그 누구도 해내지 못한 솔루션을 발명하는 것은 물론이고 안된다는 대답을 거부하는 이'로 정의했다. 앞서 언급한 테슬라 임원에 따르면 테슬라 직원들은 시련에 가까운 과정을 통해 그런 기대를 흡수한다. "만약 당신이 '그건 불가능합니다'고 말한다면 생산적인 대답은 아닙니다. 일론 머스크는 그런 사람을 솎아내고 더 생산적으로 거부할 만한 사람을 찾는 법을 오랫동안 학습했거든요."

덕분에 아논 게슈리 같은 채용 관계자들은 테슬라와 문화적 궁합이 맞는 사람을 찾는 일이 어렵긴 해도 그런 '궁합'을 명확히 규정할 수는 있었다. 그들에게는 지구력과 더불어 기꺼이 도전하려는 의지가 능력만큼 중요했고, 조직원 전체가 공학적 우수함에 철저히 매진하는 머스크의 집념을 받아들이도록 자극했다.

2014년에 머스크는 "제가 정말 원하는 것은 비범한 능력을 보여주는 증거입니다. 그 사람이 정말 어려운 문제에 부딪혀 그것을 극복해본 적이 있는가? 뭔가 뛰어난 업적이 있다면 정말 그 사람의 공이 맞나? 아니면 다른 누군가의 업적인가? 보통 어려운 문제와 진지하게 싸워본 사람만이 그것을 진짜 이해하고 잊지 않더군요"라고 말했다.

세상을 전기차로 전환하려는 과정에 일조하기 위해 테슬라에 지원하는 인재들이 늘어나자, 그들 중 정말 남다른 사람들을 구별하기 어려워졌다. 괜찮은 후보와 뛰어난 후보를 구별하기는 어렵지만, 머스크는 '어려운 문제 극복'이라는 명확한 기준을 제시했다. 그는 회사 직원들이 갖춰야 할 모습에 대한 구체적인 비전을 확립하고, 그것은 단순한 바람이 아닌 필수요건임을 분명히 밝힘으로써 회사 채용팀이 최적의 후보를 식별하는 방법을 마련했다.[69]

시간이 흘러 기업문화가 자리 잡으면 리더들은 노력을 줄여도 된다. 일론 머스크는 독불장군 스타일로 유명하지만, 다른 애자일 혁신가들도 인력 채용의 방향을 담은 고유한 문화를 제시한다는 점에서 비슷하다. 넷플릭스의 공동 설립자인 리드 헤이스팅스Reed Hastings와 마크 랜돌프Marc Randolph는 직원들의 독립적인 의사결정을 중시하고 장려했다. 넷플릭스 직원들은 정보를 공개적으로, 그리고 의도적으로 광범위하게 공유한다. 그들은 이례적이라 할 만큼 서로에게 솔직하고 규칙을 피하려 했다. 넷플릭스는 또 이런 문화를 따르지 않거나 원하지 않는 사람을 가차 없이 해고한다. 이 정도로 정체성이 뚜렷하면 파급력이 강할 수밖에 없다. 테슬라와 마찬가지로, 넷플릭스를 직장으로 선택한 사람들은 자신이 어떤 조직에 합류하는지를 잘 이해했고 그런 업무 환경을 좋아하는 경우가 많았다. 즉 피그말리온 효과를 강화하는 자기 선택 과정이 작용하는 것이다.[70]

실제로 기업의 정체성이 강하면 인재채용에 도움이 되는 것은 물론이고 피그말리온 효과도 더 강력해진다. 테슬라와 넷플릭스처럼 기업문화가 공공연히 언급되고 널리 알려지면 그런 문화에 실제로 잘 맞는 유능한 인재들이 제 발로 찾아오기 때문이다.

자신의 자리는
스스로 만드는 것이다

채용은 전투에서 승기를 잡는 데 절반을 차지할 뿐이다. 피그말리온 기업들은 엄격한 채용 절차를 마련하는 데 그치지 않고 철저한 성과주의 문화를 육성한다. 채용된 직원은 자신의 자리를 확보하기 위해 분투한다.

테슬라는 때로는 불가능한 일까지 요구할 정도로 성과에 대한 기대치가 높은 기업이다. 2017년에는 직원 수백 명을 해고하는 뉴스로 각종 매체를 장식했다. 테슬라는 경제 상황이나 사업 여건, 과도한 인건비를 탓하는 대신에 기대한 성과를 내지 못한 직원들을 해고했다는 사실을 분명히 밝혔다. 일론 머스크는 이 일로 '뛰어나거나 잘리거나'라는 메시지를 전 직원들에게 보냈다. 회사는 해

고된 인력 대부분이 지원 부서나 영업 소속이었다고 전했다.[71]

아마존 직원들 역시 회사에 남으려면 높은 기대치에 부응해야 한다. 아마존 물류센터에서는 배송 상품들을 포장하고 분류하는 직원들을 지속해서 관찰하고 모니터링한다. 관리자들은 그들이 원래도 높은 목표를 웃돌 정도로 열정적으로 일하기를 바란다. 그렇지 않은 직원은 실직 위험에 처한다. 아마존의 한 미국 물류센터에서 관리자로 일했던 사이러스 아프카미Cyrus Afkhami는 이런 공격적인 업무문화를 "목표에 미치지 못하면 경고를 받고 세 번째 경고를 받을 때까지 개선되지 않으면 해고됩니다"라고 설명했다.

한편 아마존은 직원들에게 지속적인 성공 기회도 제공한다. "하위 10%에 속하는 직원들은 매주 인사 담당자나 상사와 만나 그들의 업무 성과가 나아져서 이제 표준에 미치는지 확인"한다. 이렇게 직원들을 끊임없이 시험대에 올리면 자기 능력의 최대치를 끌어내는 직원들도 생기지만, 이런 회사문화를 잔인하게 볼 수도 있다. 관리자들은 인사팀의 지원 아래 직원들이 성과를 높일 수 있도록 코칭하고 개선 방법을 제안하고 피드백을 듣는다. 관리자들 또한 많은 교육을 받는다.

피그말리온 리더의 지휘 아래서는 지속적인 개선이 흔한 일이다. AMD 사장인 리사 수는 5% 규칙을 세웠는데, 이에 따라 AMD 직원들의 성과는 분기마다 5%씩 나아져야 한다. 그는 직원들이 성과 달성과 영향력 측면에서 모두 발전하기를 원했다. 직원들이 굳이 불가능한 일에 도전할 필요는 없지만, 조직 내에서 확실히 자리매김해야 한다. AMD와 미래를 함께하려면 끊임없는 발전과 개인적 향상이라는 두 가지 면에서 수치화된 결과가 필요하다.

넷플릭스 직원들은 조직에 기여하는 개인의 가치를 간접적으로 평가하는 키퍼 테스트Keeper Test를 통해 자신의 입지를 증명한다. 관리자들은 '만약 나의 팀원 중 누군가가 경쟁사의 비슷한 자리로 이직하려 한다면 그 사람을 붙들기 위해 얼마나 많이 싸워야 할까?'라고 자문한다. 넷플릭스에서 최고인재책임자로 있었던 제시카 닐Jessica Neal에 따르면 키퍼 테스트 점수가 낮다고 바로 해고하지는 않는다. 그는 "그 사람을 붙잡을 필요가 없다는 답이 나와도 해고하지는 않아요. 현재 직무가 그 사람에게 맞지 않거나 적절한 피드백을 주지 않아서 일 수도 있으니까요. 그런 상황은 관리할 수 있고 바꿀 수 있습니다"라고 말한다.

이런 압박이 있으면 직원들은 기업문화를 뼛속 깊이 새길 수밖에 없다. 아마존 직원들은 지속해서 실적을 개선하고, 테슬라 직원들은 정기적으로 혁신을 이뤄야 한다. 직원들 스스로 행동과 성과로 기업문화를 분명히 드러내야 하고, 바로 해고될 위험이 없지만 모두가 회사문화를 따르도록 압박받는다.

이런 분위기를 만드는 또 한 가지 방법은 역설적이지만 직원들에게 자율성을 부여하는 것이다. 자신의 본능을 자유롭게 따를 수 있으면 결국 누군가의 지시에 따라 일할 때보다 전체 조직과 그 문화를 훨씬 더 잘 받아들인다.

전략 1에서 우리는 하이얼이 다양한 시장에 더 잘 대응하기 위해 조직을 어떻게 마이크로 사업부 체제로 분권화했는지 살펴봤다. 그 결단은 직원의 자율성을 높이기 위한 하이얼의 장기적인 여정의 대표 사례일 뿐이다. 하이얼은 그 시점에 이미 중간 관리자가 거의 없는 비교적 수평적인 조직구조였다. 마이크로 사업부 체제는 한 걸음 더 나아가 다양한 직무를 수행하는 자율 관리팀 체제로 이어졌다. 각 사업부가 독립적으로 기능하면서 스스로 손익을 책임지도록 한 것이다. 각 사업부는 자체적으로 의사결정을 하고 고객 니즈에 대응할 수 있도록 자율권을 부여받았다.

하이얼은 주로 내부 목표를 근거로 마이크로 사업부를 관리한다. 목표 달성은 물론이고 그룹 내부나 외부 시장에서의 경쟁도 각 사업부의 몫이다. 활동 계획을 지시하는 대신에 일반 직원들에게 자유를 부여해서 스스로 재능을 시험하도록 보조하면서 혁신을 촉진한다. 실적이 저조한 사업부는 인수나 해체 대상이다. 이에 대해 전문가들은 "하이얼은 직원들에게 일자리를 제공하지 않습니다. 기업가가 되는 플랫폼을 제공할 뿐입니다"라고 밝혔다.[72]

하이얼은 직원들을 신뢰한다. 직원들은 창의력을 극대화하고 장기적인 혁신을 도모하는 방식으로 조직의 신뢰에 답한다. 2012년 이후 하이얼의 주가는 3배 이상 상승하며 세계 최대 가전 회사가 되었다. 스티브 잡스가 한 말에 딱 맞는 상황이다. "스스로 관리하는 사람들이 가장 위대한 사람들이다. 그런 이들은 일단 해야 할 일을 알면 해결 방법을 찾아내기 때문에 관리할 필요가 전혀 없다. 그들에게 필요한 것은 공통 비전이다. (중략) 그것이 리더

섭이다." 피그말리온형 CEO는 직원을 관리하기보다는 영감을 불어넣어 성장할 공간을 마련한다.

분권화된 구조가 아니더라도 피그말리온 효과의 성공 여부는 결국 신뢰에 달려있다. 직원들에 대한 굳은 믿음을 바탕으로 그들이 계속 조직에 머무르게 하는 것도 이에 해당한다. 넷플릭스는 심지어 직원들에게 다른 직장에 지원하라고 독려하기도 한다. 그래야 자신의 몸값을 알고 현재 위치에 만족하기 때문이다. 넷플릭스는 성과 우수자에게는 업계 최고로 대우하지만 더 이상 함께 일하려 하지 않는 이들에게 목매지는 않는다. 그곳을 떠나는 사람들은 더 이상 피그말리온 효과를 누리지 못할 가능성이 크다. 실제로 넷플릭스는 회사를 그만두는 직원들을 붙잡는 대신 그들에게 두둑한 퇴직금을 챙겨준다.[73]

조직에서 신뢰는 앞으로 더 큰 차별화 요소로 작용할 것이다. 재택이나 원격 근무의 확대로 업무 생산성을 우려하는 기업들이 직원 근태를 모니터링하는 소프트웨어를 도입하고 있다. 과거에는 회사가 직원을 신뢰한다고 말하면서도 관리자들이 직원들을 계속 점검하기도 했다. 하지만 전자 모니터링 시스템을 운영하면 그런 신뢰의 모양새마저 유지할 수 없다. 결국 자율적 관리를 신임하는 기업들이 더 두드러지면서, 조직의 목적이나 비전을 수용하는 재능 있고 열정적이면서 자신감 가득한 인력들을 더 쉽게 채용하게 될 것이다. 나머지 기업에는 월급날만 손꼽아 기다리며 다른 어딘가에 열정을 쏟는 사람들이 몰릴 것이다.[74]

개인의 목표가
곧 조직의 목표다

피그말리온 기업들은 직원에 대한 기대치가 높고 그들을 깊이 신뢰하는 것으로 유명하지만 그와 동시에 자원과 멘토링 등으로 직원들이 힘겨운 목표를 달성할 수 있도록 돕는다. 기업 대부분이 직원 발전을 명목으로 일종의 교육과 훈련을 제공한다. 2020년에 기업들은 여기에 총 870억 달러를, 그리고 직원 1인당 연간 1,200달러를 썼다. 피그말리온 기업들은 이런 교육을 단지 일회성 이벤트나 새로운 기술 개발을 위한 수업으로 끝내지 않는다. 그들이 꾸준히 실시하는 직원 육성 프로그램은 직원들이 힘을 얻어 목표를 달성하도록 북돋는 특정 사고방식, 일련의 가치, 태도에 초점을 맞춘다.

피그말리온 기업은 일반적인 프로그램 외에도 멘토링을 진지하게 여긴다.《포춘》500대 기업의 3분의 2는 공식 멘토링 프로그램을 운영하는데, 보통은 위계에 따라 임원들이 젊은 인재들을 '자진해서' 육성한다. 하지만 이렇게 하면 진정한 피그말리온 효과가 아닌 미적지근한 효과만 나온다. 양쪽 모두가 동시에 멘토링을 꾀하지 않으면 의미 있는 관계가 형성될 수 없다.[75]

피그말리온 멘토링은 직원들을 남다른 인재로 발전시키는 사고방식, 태도, 관점을 부여하는 데 초점을 맞춘다. 기업들은 멘토링이 어렵더라도 양측 모두에 큰 보탬이 되길 바라기 때문에 그런 관계 강화에 시간과 노력을 투입한다. 회사가 멘토링 프로그램에서 꾀하는 목표는 그 효과가 단지 직접적인 관계에 그치지 않고 조직 전체에 전파돼 관리자들이 회사에 대해 말하고 행동하는 방식에 영향을 주는 것이다. 즉 멘토링은 피그말리온 효과를 확장하는 하나의 방법이다.

팀 쿡이 애플의 최고운영책임자 자리에 있을 당시 스티브 잡스와의 관계가 전형적인 멘토링으로 확립됐다고 보기는 어렵겠지만, 그로 인해 애플이라는 조직의 기조가 정해졌다고 해도 과언이 아니다. 2003년에 췌장암 진단을 받은 후 잡스는 수년간 후배들을 양성하고 팀 쿡의 후임자 과정을 지도했다. 잡스가 세상을 떠나고 8년 후에 팀 쿡은 사람들에게 도전에 맞서고, 단지 세상의 잠재력뿐만 아니라 자신의 "잠재력도 확인하라는" 잡스의 유산을 기리는 자리를 가졌다. 쿡은 애플에 합류하기 전까지 12년간 IBM

에 있었으며 컴팩Compaq이라는 회사에도 잠시 몸을 담았다. 하지만 그는 잡스가 조직에 확립하려 애썼던 가치, 특히 끊임없이 탁월함을 추구하려는 독특한 문화에 깊이 동화되었다. 팀 쿡이 애플의 수장이 됐을 때 기업가치는 4,000억 달러가 안 되었지만 오늘날 애플의 시가총액은 당시 가치의 5배가 넘는다.[76]

제프 베이조스는 그와 그의 업무를 그림자처럼 따라다닐 '테크 고문'을 매년 한 명씩 정한다. 이렇게 긴밀한 측근을 만든 덕분에 베이조스는 대형 프로젝트를 과감히 추진하는 리더로 성장할 수 있었다. 수백만 가정에 알렉사Alexa를 안착시킨 조직의 장이었던 그레그 하트Greg Hart도 테크 고문 중 한 명이었다.

직원들과 일대일 교류를 하면 더욱 좋겠지만, 리더는 그냥 주위를 돌아다니기만 해도 조직에 폭넓은 영향력을 발휘할 수 있다. 일개 직원에게는 어쩌다 회사 대표와 옷깃만 스친 뜻깊은 경험이겠지만 여기에 가치를 더하면 기업문화는 더욱 견고해진다.

자라의 CEO인 아만시오 오르테가는 주로 회사 구내식당에서 식사를 하고 회사 복도를 거닐다가 필요하면 언제든 도움의 손길을 내주는 것으로 유명하다. 오르테가가 회사 이곳저곳을 어슬렁거리면 직원들은 그를 보고, 그에게서 배우면서 성장할 기회를 얻는다. 대부분의 회사에서 직원들이 CEO를 존경한다고 해도 그를 직접 대면하기는 어렵다. 하지만 오르테가가 수시로 등장해서 위계의 끈을 느슨하게 하면서, 자라에서는 회사 CEO와 허물없이 지내는 것이 더 이상 허황한 꿈이 아니었다.

보통 많은 회사의 인력개발 프로그램이 일회성 이벤트로 끝나면서 직원들에게 지속적인 영향을 주지 못한다. 중간 관리자들이 멘토링 프로그램을 수용한다 해도 그것만으로 효과가 확장되기는 힘들다. 반면 피그말리온 기업의 직원들은 개인의 발전을 강조하는 문화 속에서 끊임없이 동료들의 영향을 받으면서 단련된다. 이때 활용할 수 있는 피그말리온 기술이 바로 직원들 스스로 개인의 목표를 정립해서 조직에 기여하게 하는 것이다. 물론 직원들이 회사 설립자나 고위 임원들의 실존적 신념을 마음속 깊이 새기지는 않겠지만, 개인의 목표를 세우다 보면 조직의 핵심 목적에 영향을 받을 수밖에 없다. 자기 언어로 성공의 이야기를 만들면 조직에 강한 정서적 연대감을 느끼면서 조직이 원하는 모습으로 발전할 수 있다.

세계 4대 회계법인 중 하나인 KPMG는 전 세계에 흩어져있는 2만 7,000명 파트너 및 직원들의 관심과 열정을 높이고 싶었다. 그래서 KPMG 경영진은 '자신감 불어넣기, 변화를 위한 권한 부여하기'라는 목적 선언문과 함께 'KPMG의 역사는 우리가 만듭니다!'라는 태그라인을 개발했다. 그런 다음 전 직원 대상으로 '당신은 KPMG에서 어떤 일을 합니까?'라는 질문에 대한 답을 역사적, 사회적으로 중요한 프로젝트와 엮어 포스터를 만들어 공모하는 1만 개의 스토리 챌린지를 시행했다.

놀랍게도 이 행사는 그동안 목말라하던 일의 의미를 개인적으로 표출하는 기회가 되었다. 4개월 공모 기간에 총 4만 2,000개의 이야기가 들어왔는데 이는 원래 목표를 훌쩍 뛰어넘는 숫자였다. 제출된 작품의 표어로는 '우리는 민주주의를 선도한다'(남아프리카의 선거 결과와 관련된)나 '나는 테러와 싸운다'(자금 세탁과 싸운다는 의미)부터 '나는 농장의 성장에 일조한다'(가족 농장들에 대한 자금 대출의 정당성을 높이는)에 이르기까지 다양한 내용이 담겨 있었다.

새로운 시도가 있은 1년 뒤, KPMG는《포춘》이 선정하는 일하기 좋은 100대 기업 명단에서 17계단이나 뛰어오르며 경쟁 회계법인들을 처음으로 따돌렸다. 직원들의 조직 참여도 또한 전반적으로 상승했는데 내부 설문조사 결과, 관리자가 회사의 목적을 구체적으로 설명하는 조직에서 특히 상승 폭이 컸다. 반면 리더들이 회사의 목적을 특별히 언급하지 않은 조직들은 별다른 소득을 보지 못했다. 결국 피그말리온 효과를 극대화하려면 프로그램 자체로는 충분하지 않고 관리자들이 그 메시지를 강화해야 한다.[77]

관리자는 존경받을 수 있는 전문가여야 한다

강한 정체성은 현대 피그말리온 효과의 필수 요소다. 이를 위해서는 단순히 실력이 아니라 전문성과 동기를 토대로 직원을 뽑아야 한다. 관리자들은 사람들의 기량을 문화가 완전히 다른 기업에도 적용할 수 있다고 생각하는데 이는 착각이다.

스티브 잡스는 혁신적이고 미래 지향적인 제품을 만들고 싶었다. 그러려면 지속적인 학습이 필요했다. 그리고 학습을 촉진하려면 부하직원들이 존경할 만한 관리자가 필요했다. 다시 말해 직업적인 관리자 대신 전문가를 고용해야 했다.

잡스는 이 사실을 힘겹게 깨달았다. 1983년에 그는 펩시의 이인자였던 존 스컬리John Sculley를 영입하려고 몇 달째 설득하던 중이었고, 잘 알려진 사실이지만 그의 환심을 사려고 "평생 설탕물이나 팔고 싶으세요? 아니면 저와 함께 세상을 바꾸시겠어요?"라고 말했다.

잡스는 스컬리가 가진 마케팅 능력으로 애플을 PC 시장의 최강자로 만들 수 있다고 믿었다. 하지만 스컬리가 애플의 사장으로 취임하고 몇 년 뒤, 그는 이사회를 설득해 잡스를 내쫓고 CEO가 된다. 이에 대해 잡스는 BBC와의 인터뷰에서 "제가 할 말이 있겠습니까? 저 스스로 잘못된 사람을 고용했고, 그 때문에 제가 10년 동안 공들였던 모든 게 무너졌는데요"라고 말했다.

너무 많은 기업이 기량은 훌륭하지만 주력 분야의 전문성이 부족한 사람을 채용하거나 승진시키는 실수를 범한다. 잡스도 "'오, 우리는 위대한 회사가 될 거야. 그러니 전문 경영인을 뽑아야지'라고 여겼던 단계를 애플도 거쳤습니다. 하지만 결과는 우리 기대와 전혀 달랐습니다. 그들이 경영 방법은 잘 알고 있었지만, 무엇을 해야 할지는 전혀 몰랐으니까요"라고 시인한 적 있듯이 말이다.

잡스는 애플 복귀 후에 회사의 원래 정체성을 되찾겠다고 결심했고, 전문가들이 전문가를 이끄는 문화를 육성했다. 그는 학습에 유리한 업무 환경을 조성하고 싶었지만 전문 경영인을 통해서는 그런 바람이 이뤄질 수 없었다. "엄청나게 뛰어난 인재가 뭐 하러 배울 게 전혀 없는 누군가를 위해 일하겠습니까?"라는 말은 그러한 현실을 보여준다.[78]

교수이자 애플 관계자였던 조엘 포돌니Joel Podolny와 모르텐 한센Morten Hansen은 다음과 같이 지적했다.[79]

애플은 사업부장이 관리자들을 감독하는 회사가 아니다. 오히려 전문가가 전문가를 이끄는 기업에 가깝다. 이는 전문가를 관리자로 훈련하는 것이 관리자를 전문가로 훈련하는 것보다 더 쉽다는 가정에서 출발한다. 하드웨어 전문가들이 하드웨어를 관리하고 소프트웨어 전문가들이 소프트웨어를 관리하는 식이다. 이 원칙을 벗어나는 경우가 드물어서 분야별 전문성이 계속 강화되면서 조직의 전 직급으로 전파된다. 애플의 리더들은 세계 정상급 인재라면 자기 분야의 다른 세계 정상급 인재와 함께, 또는 그들을 위해 일하고 싶어 할 것으로 믿는다. 스포츠 선수라면 누구나 최고의 선수들로부터 배우고 그들과 함께 훈련할 수 있는 팀에 합류하고 싶어 하는 것과 같은 이치다.

잡스는 최고의 관리자란 "관리자 역할을 한 번도 원한 적은 없지만 위대한 혁신을 일구는 데 필요한 전문지식이 있다는 이유로 관리자가 된 사람들"이라고 말했다. 전문지식은 부하직원들의 존경과 경청과 학습 의욕을 이끈다. 그래서 관리자는 존경받을 수 있는 전문가여야 한다. 애플은 전문 관리자 대신 전문가에 치중하는 방식으로 학습을 회사문화로 정착시켰다. 게다가 학습은 영원한 혁신의 필수 조건이다.

일부 사람들은 애플 제품의 디자인과 사용성에 너무 집착했던 잡스를 통제광으로 여겼다. 하지만 그는 사람들의 전문성을 상당히 존중했기 때문에 모든 일을 일일이 지시하지 않았다. 대신 동료들을 이해하고 자신의 관점을 이해시키는 데 투자했다.

2000년대 초 잡스의 아래서 애플 스토어라는 성공 신화를 쓴 론 존슨Ron Johnson은 일찍이 잡스의 독특한 접근법을 알아챘다.[80]

> 잡스는 항상 솔직하게 생각을 드러냈기 때문에 주변 사람들은 매일 그가 어떤 입장인지 알았다. 내가 애플에 합류하고 1년 동안 그는 매일 밤 8시에 내게 전화했다. 그러고는 "론, 당신이 저를 속속들이 알았으면 합니다. 그래야 제 생각을 읽을 수 있으니까요"라고 말했다. 나는 원래 잡스가 독불장군형 리더일 것으로 예상했는데 그야말로 가장 큰 오해였으며 그는 내가 만나본 최고의 위임자였다. 그는 너무나 확고한 믿음이 있었기 때문에 자신이 추구하는 목적에 대해서도 누구보다 분명했고, 덕분에 나는 아주 자유롭게 업무에 임할 수 있었다.

어떤 자리나 기능의 적임자를 뽑을 때 우리는 그 직무를 직접 해본 경험이 있는 사람을 선택한다. 하지만 그런 조건에 부합하는 사람 중 다수는 정작 직원들이 서로 배우고 성장할 수 있는 업무 환경을 조성하지 못한다. 스티브 잡스는 혁신 문화를 만들려면 직원들이 다른 사람을 통해 기꺼이 배우고 상사의 말에 귀 기울이는 문화를 창출해야만 한다는 것을 알았다.

스티브 잡스는 생전에 독보적이며 미래 지향적이고 혁신적인 제품들을 창조했다. 신제품을 개발하고 상용화하려면 불가능한 것을 가능하게 하는 일련의 기술이 유동적으로 활용되고 지속적인 학습이 필요하다는 것을 잡스는 알고 있었다. 또 전문가가 전문가를 지도하는 기업문화를 만들면 뛰어난 인재들을 뒷받침하고 훈련하고 보유하는 데 도움이 된다는 것도 알았다.

주기적 평가보다
지속적으로 피드백하라

성과평가는 대기업의 일반적인 관행으로, 이론상으로는 관리자가 직원들의 업무 성과를 구체적으로 확인하고 건설적인 비판을 할 기회가 된다. 하지만 실제로는 장점보다 단점이 많은데, 그 이유는 직원들이 성과 자체보다 관리자에게 좋은 인상을 주는 데 치중하기 때문이다. 마이크로소프트에서는 상위 고과부터 하위 고과까지 등급별 직원 수가 정규 곡선 모양으로 일정하게 정해진 스택 랭킹 시스템을 도입한 이후로 이 문제가 더 악화하였다.

한 직원은 "만약 팀원이 열 명인 팀이 있으면 다들 능력이 얼마나 출중하든 떨어지든 그중 두 명은 최고 등급을 받고 일곱 명은 중간 등급, 그리고 나머지 한 명은 최저 등급을 받게 되는데, 다들 처음부터 이 사실을 압니다. (중략) 그러면 직원들이 다른 회사와 경쟁하는 대신에 팀원들과 경쟁하게 되죠"라고 당시를 회상했다. 또 다른 직원은 동료들이 자기보다 더 좋은 고과를 받지 못하도록 서로 정보를 공유하지 않는 등 때로는 노골적이고 미묘한 방해 공작이 있었다고 털어놓았다. 이처럼 구성원 간에 신뢰가 없으면 관리자는 누구에게도 영향력을 발휘할 수 없다.[81]

결국 마이크로소프트는 2012년에 스택 랭킹 시스템을 폐지했다. 그때까지 사내 설문조사만 하면 직원들이 서로 협력하려 하지 않는다는 사실이 주기적으로 드러났다. 성과평가와 스택 랭킹 시스템은 공통 가치를 중심으로 직원 공동체를 확립하려는 회사의 노력을 갉아먹는다. 마이크로소프트가 새롭게 채택한 성과관리 프로세스는 팀워크와 직원들의 성장 및 협력을 강조했고, 이윽고 직원 만족도와 생산성이 자연스레 높아졌다.

피그말리온 기업들은 주기적 평가보다 직접적인 피드백을 선호한다. 테슬라는 지금도 연간 고과평가 시스템을 유지하지만, 직원들은 그저 일상적인 절차일 뿐이라고 말한다. 관리자들이 지속적으로 피드백을 주기 때문이다. 테슬라에서 일했던 직원 한 명은 "테슬라 관리자들은 그 순간에 집중해요. 사람들이 뛰어난 성과를 내면 바로 칭찬합니다. 그것도 다른 사람들 앞에서요. 무슨 일을 시간을 정해놓고 해야 한다면 그건 틀린 거죠. (중략) 테슬라는 꾸준히 피드백을 제공해서 직원들이 항상 성장하고 있다고 느끼는 탁월함의 문화를 원하거든요"라고 밝혔다.

어떤 조직에서 일하든 직원들은 고과평가에 비슷한 불만을 표출한다. 갤럽이 실시한 조사에서 '고과평가로 인해 업무 실적을 높이려는 자극을 받는다'는 문항에 전적으로 동의한 직원은 전체의 14%에 그쳤다. 관리자가 주기적으로 피드백을 주지 않으면 피드백 양이 너무 적고 그 속도도 너무 느려진다. 그 결과 '직원들이 칭찬이나 시정 조치에 대한 말을 듣게 될 때쯤에는 문제가 이미 과거의 산물이 돼버린다. 이미 해결됐거나 그냥 묻힌다.' 설문에 참여한 직원들의 절반가량은 관리자 피드백을 1년에 기껏해야 한두 번 받는다고 답했다. 다른 설문조사 결과도 비슷했다. 1년에 한 번이 아닌 한 주에 한 번 피드백을 받는 직원들은 그 피드백이 더 뜻깊고 성과를 높이는 데 동기부여가 되며, 전반적으로 더 의욕적으로 업무에 임하게 된다고 답했다.[82]

'직원들에게 바로바로 피드백한다'는 말이 자연스러워 보이지만 실제로 그렇게 하는 회사는 별로 없다. 관리자들은 연간 (혹은 분기별) 평가가 설사 즉각적인 대응력 면에서는 취약하다 할지라도 그들에게 통제력과 신중함을 부여한다는 점에서 더 선호한다. 애플의 최고인재책임자였던 대니엘 워커는 '미국 기업들이 행하는 가장 어리석은 짓'이라 말하며 연간 성과평가 시스템을 없앴다. 그는 그런 평가는 엄청난 시간 낭비이며, 직원들에게 피드백을 전달하는 더 효과적인 방법은 얼마든지 있다고 여겼다.

넷플릭스 역시 직원 수가 1만 명이 넘는 회사지만 지속해서 이뤄지는 비공식적인 대화가 더 효과적이라 판단하고 공식적인 평가 시스템을 없앴다. 많은 인사 전문가가 넷플릭스 같은 대기업에 연간 성과평가 제도가 없다는 사실에 의아해한다. 하지만 이 회사의 전 최고인재책임자인 패티 맥코드Patty McCord는 "직원들의 성과를 주기적으로 간단하고 솔직하게 이야기하면 더 좋은 결과를 얻을 수 있습니다. 적어도 전 직원을 5점 척도로 평가하는 회사보다는 나을 거예요"라고 지적했다.

2017년부터 2021년까지 넷플릭스의 최고인재책임자로 있었던 제시카 닐Jessica Neal은 너무 피드백이 잦으면 "냉정하고 기계적"이 될 수 있다고 시인했다. 넷플릭스의 정책에 위축되고 두려움을 느끼는 사람들도 많지만, 오히려 활력을 느끼는 이들도 많다고 덧붙였다. "넷플릭스 직원들은 자기가 열심히 일하면서 맡은 일을 훌륭하게 처리할 것을 알고 있습니다. 태만한 사람들 때문에 어려움을 겪지 않으려면 자기부터 태만하면 안 되니까요."

이는 연간 성과평가 및 내부 순위 등 20세기의 여러 관행을 여전히 고수하는 엑슨모빌Exxon Mobil과 극명한 대조를 이룬다.《비즈니스위크Businessweek》는 '인터뷰한 이들에 따르면, 한때는 미국의 등대 같았던 이 기업이 폐쇄적이고 두려움 가득한 문화로 인해 혁신, 위험감수 의지, 경력 만족도가 뒤처지며 박제화되었다'라고 묘사했다. 이 기자는 또한 회사가 '셰일유 굴삭 같은 혁신 기술에 투자를 게을리하면서 고리타분한 회사문화에 지쳐 떠나는 직원들이 늘고 있다'라고 전했다. 엑슨모빌은 능력 있는 직원들을 붙잡기 위해 평균 이상의 보수를 지급하지만, 그들의 문화는 협업 의지를

꺾고 심리적 안정감을 약화한다.[83]

　회사 규모가 특정 수준에 이르면 직원들은 타성에 젖고 그저 편안한 업무 환경에서 개인의 이득만 극대화하려고 애쓴다. 그 결과 회사는 영원한 혁신에 필요한 거칠고 대립적인 업무 환경을 되도록 피하려는, 즐겁지만 평범한 곳으로 변모한다. 반면 회사에 가치를 더하려는 리더들은 조직이 성공한 후에도 계속 치열하게 일하면서 직속 부하 직원뿐 아니라 조직 전체에 영향력을 미친다. 그들은 인재채용과 성과관리, 또 문화적으로 다양한 시도를 하면서 조직 전체를 지속해서 날쌔고 창의적으로 만드는 피그말리온 효과를 창출한다.

　연간 성과평가를 통해 피그말리온 효과를 더 증진할 수도 있지만, 이는 평가 시스템이 회사문화와 단단히 결속돼 있을 때만 가능하다. 아마존은 직원 고과를 당사자와 정기적으로 확인하는데, 이는 무엇보다 회사 가치를 높이려는 목적이 크다. 이 면담은 직원이 그해에 자신이 달성한 아마존의 세 가지 가치를 논의하고 다음 해에 달성할 다른 세 가지 가치를 정하는 것으로 시작된다. 그런 다음 관리자는 회사의 가치와 직원의 실적을 한데 엮어 피드백을 제공한다. 이런 프로세스로 평가를 진행하면 직원들이 회사의 가치를 더 피부로 느끼고 자신의 업무 목표를 그에 맞춰 조율할 수 있다.

　중요한 것은 성과평가 시스템 자체가 아니라 직원들에게 자주, 더 이상적으로는 결과가 나온 즉시 피드백을 준다는 관리자의 의

지다. 1년에 고작 한두 번 주거나 직원들 사이에 반목을 조장하는 피드백은 리더의 영향력을 높이기는커녕 약화할 뿐이다.

기업이 자사문화에 맞는 사람들을 고용했을 때도 마찬가지다. 그 효과를 내려면 다양한 배경에 자아도 강할 가능성이 높은 인재들이 서로 협력하게 만들어야 한다. 즉, 직원들에게 소속감이 확립돼야 한다.

AMD는 다양성과 협력 측면에서 뛰어난 실력을 자랑한다. 이 회사는 세계에서 가장 다양하고 포용적인 조직 중 하나로 특히 여성과 성소수자 비율이 높다. 이는 단순히 유능한 인재를 더 확보하기 위해서가 아니라 평등과 포용, 다양성이 직원들의 능력과 창의성을 극대화하는 길이라고 믿기 때문이다. AMD는 여성과 소수자 집단 출신 엔지니어 수를 늘리기 위해 애써왔다.

소수자 집단의 채용을 늘리기 위한 계량적 분석metrics과 마일스톤milestone은 AMD 전략의 일부로, 2025년까지 전체 직원의 70%를 직원 리소스 그룹 및 포용성 강화 프로그램에 참여시킨다는 목표를 갖고 있다. 이 회사는 아프리카계 미국인 학생들의 교육을 위해 설립된 대학들과도 관계를 발전시켰다.

AMD의 직원 리소스 그룹은 개인의 배경과 상관없이 모든 직원의 니즈를 살피고 신입 직원에게는 멘토를 만날 기회를 선사한다. 사내 설문조사 결과를 보면 AMD 직원 대다수가 조직에 자긍심을 느낀다는 것을 알 수 있다. 이 조사결과는 참여도(회사와 소속팀, 소속 직무에 대한), 관리자의 자질(일상적인 업무 교류와 의사결정에 최선을 다하는 관리자의 역량), 소속감과 포용력(모든 개인이 공정한 대우를 받고, 기회와 자원에 똑같이 접근할 수 있으며, 조직의 성공에 완전히 이바지할 수 있는)에 대한 직원들의 성과를 측정한다. AMD는 조사의 비교 대상으로 과거 자사의 설문조사 데이터는 물론 타사의 데이터도 사용한다.[84]

직원들의 소속감을 높이는 기업문화를 확립하는 데 강한 기업들은 이 밖에도 많다. 일례로 데이팅 앱인 범블의 창업자이자 대표인 휘트니 울프 허드Whitney Wolfe Herd는 직장 운영과 관련된 기존 개념들이 외벌이 남성 위주의 조직구조에만 유리하다고 지적한다. 대부분의 기술 기업이 여전히 남성 위주지만 범블은 직원의 85%가 여성이다. 범블의 근무시간은 유연하고, 아이가 있는 직원은 자녀를 회사에 데려올 수 있다. 직원들은 헬스클럽 회원권, 명상이나 마사지 같은 치료 서비스, 심지어는 침술 비용도 회사에 복지비로 청구할 수 있다. 이런 혜택은 유능한 여성들이 범블과 함께하고 싶도록 자극한다.[85]

모두가 흥하는 직장을 만들면 회사는 직원들의 재능을 최대한 이끌어낼 수 있다. 그러면 최고의 인재들도 스스로 찾아와 회사와 동고동락하길 원한다. 조직 내 여직원 비율을 장려하든, 아니면 흑인 육성 대학과 파트너십을 맺든 다양성과 포용성은 어느 기업에나 필수 불가결한 요건이다.

자신이 회사의 지원을 받는 직장 공동체의 일원이라고 느끼면 직원은 더 적극적으로 직무에 임하며 생산성을 높인다. 반대로 회사의 공동체 의식이 부족하면 직원들의 번아웃을 일으키기 쉽다. 게다가 능력 있고 성과가 뛰어난 혁신가들은 대개 사회성이 떨어진다(스티브 잡스가 그런 극단적인 예다). 그들은 보통 고집이 세고, 야심이 강하며, 공격적이고, 영리하지만, 자기주장이 강하고, 항상 다음 단계로 도약할 방법을 찾는다. 이런 사람들과 함께 있으면 긴장감이 팽팽하지만, 덕분에 창의성의 불꽃이 튄다. 물론 조직의 목표와 개인적 목표가 충돌하면서 애자일 혁신을 향한 노력까지 뒤덮는 위험도 따른다. 이런 상황에서 우리의 과제는 경쟁적인 개인들로 구성된 팀을 하나의 공동체로 만들고 공통된 목표에 맞게 정렬하는 것이다.

포용을 향한 이런 노력이 효과를 내려면 그 후속조치로 의사결정과 갈등 해결의 강력한 메커니즘을 마련해야 한다. 이때 무조건 원칙을 내걸고 특정인을 편애하는 인식을 심어주기보다는 관리자를 코치로 만들어 분쟁을 조정하게 해야 한다. 제프 베이조스, 에릭 슈밋Eric Schmidt 등 기술계 여러 리더의 멘토 역할을 했던 빌 캠벨Bill Campbell이 강조한 것처럼 관리자의 역할은 갈등 상황을 타개하고 사람들을 더 나은 방향으로 이끄는 것이다.[86]

스타트업 마인드를
회상하라

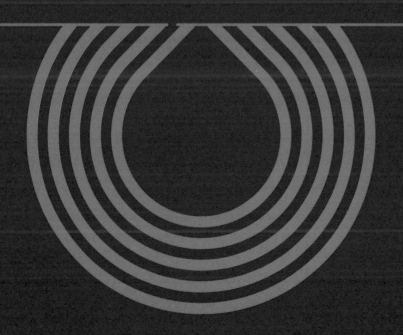

우리는 대기업의 규모와 역량을 보유한 채로
소기업의 정신과 마음을 가질 수 있다.
아니, 그렇게 해야 한다.

- 2016년 제프 베이조스가 주주들에게 보낸 편지 중 [87]

대다수 기업이
'2일 차' 위기에 직면한다

기성 기업들은 영웅담을 꿈꾸지 않는다. 그들의 관심은 예측 가능성과 고품질의 저렴한 상품과 서비스를 대규모로 생산하는 데 맞춰져 있다. 그들은 영웅을 원하지 않으며 평범한 삶을 바란다. 당장 파산하지 않는 한 기성 기업문화는 조직에 복종하고 집중력 높은 사람들을 선호한다. 회사가 과거에 완성한 것을 충직하게 따르는 사람들 말이다. 점진적이고 작은 개선들로 이뤄지는 혁신은 좋지만, 체제를 뒤흔들고 비효율을 창출하는 혁신은 안 된다.

대부분의 기성 기업이 제프 베이조스가 '2일 차Day 2'라 부르는 상황을 받아들인다. 이는 기업이 그들의 사업모델을 성공적으로 입증해서 이제는 그 모델을 대규모로 확대 실행하는 데 주력하는 때를 말한다. 하지만 안타깝게도 요즘 같은 파괴의 시대에 2일 차는 기업을 취약하게 만드는 다음과 같은 행동들로 이어진다.[88]

- 내부의 도전에 집중
- 관료주의적이고 합의 중심의 결정
- 확실한 역량에만 투자
- 실패를 두려워하고 야심을 축소
- 다층적인 조직구조나 폐쇄적인 부서 창출
- 의존성이 많은 대규모 팀을 선호
- 즉각적이고 단기적인 가치 우선

베이조스는 기업들에 대리지표들이 결합했을 때 일어나는 상황을 경고했다. 대리지표란 실질적인 가치를 만드는 데 도움은 되지만 그 자체로는 가치가 없는 지표나 프로세스를 말한다. 베이조스는 "기업 규모가 커지고 복잡해지면 대리지표에 맞춰 조직을 관리하는 경향이 있다. 이런 현상은 다양한 형태와 규모로 나타나는데, 미묘하고 위험할 뿐만 아니라 2일 차에 딱 들어맞는다. 프로세스를 대리지표로 삼는 것이 전형적인 예"라고 지적했다.

프로세스는 기업의 목표를 달성하기 위한 절차와 과정으로, 보통 관리 범위를 확장하는 데 사용된다. 하지만 기업의 규모가 커지고 관리자들이 고객에게 대응하는 역할에서 멀어지면 프로세스 자체가 목표가 되어버린다. 게다가 프로세스가 너무 복잡해지면 사람들 대부분이 그것을 효과적으로 활용하고 넘어서는 방법을 알 수 없게 된다. 관리자들은 프로세스 요건에 맞추기 위해 오히려 고객서비스를 타협한다. 결과물이 아닌 투입물에 몰두하고 그 둘이 어떻게 연결되는지 감을 잃는다.[89]

이런 상황을 겪으면 결국 열정의 불씨가 꺼진다. 사람들은 회사의 여건을 당연하게 여기면서 사익을 추구하기 시작한다. 그들은 충직한 종업원으로서 자리를 보전하는 데 꼭 필요한 일만 한다. '조용한 퇴사'에 기대 그들의 에너지와 창의력을 다른 곳에 발산한다. 위험회피 성향의 리더들은 회사는 충분히 큰 조직이므로 굳이 자기가 나서서 실패를 막지 않아도 된다고 믿는다. 이런 역설적인 상황이 되면 그들은 흩어진 '소유자'들이나 투자자들, 혹은 시장의 변덕에 수동적으로 기댄다. 다가오는 도전에 비판적으로 사고할 수 없고, 재빨리 해결책도 내지 않는다. 일찍이 회사를 성공 가도로 몰아붙였던 패기가 이제는 온데간데없다.

전략 2에서 등장했던 블록버스터가 대표적인 예다. 이 회사는 혁신적인 스타트업으로 시작했고 바코드 시스템을 도입했다. 이 덕에 VHS 카세트테이프 100개 정도만 추적 관리했던 것을 1만 개까지 늘려 업계에 돌풍을 일으켰다. 블록버스터의 리더들은 대규모 유통센터를 구축하고 상품을 지역별 인구 특성에 맞게 구성해 사업을 빠르게 확장할 수 있었다. 그렇게 블록버스터는 수십억 달러의 몸값에 400개 매장을 보유한 북미 최대의 체인형 비디오 대여점이 되었다.[90]

하지만 그들은 이윽고 2일 차로 접어들었다. 블록버스터는 경쟁 기업을 인수하고 테마파크 같은 모방 전략을 실험하며 경쟁에 임했다. 당시 신생 기업이자 경쟁자였던 넷플릭스가 5,000만 달러에 인수를 제안하자 블록버스터 경영진은 코웃음을 쳤다. 블록버스터 정도의 규모와 영향력이면 DVD 배달서비스 정도는 직접 시작하면 그만이었기 때문이다. 실제로 그들은 블록버스터 온라인이라는 서비스를 출시하여 기존의 오프라인 매장 사업과 연계했지만, 그 실험은 실패로 끝났다.

블록버스터는 2004년에 9,000개의 매장을 거느리며 사업의 정점을 찍었고, 그로부터 6년 후에 파산했다. 회사 경영진들은 자신을 제외한 다른 모든 것을 비난했다. CFO였던 톰 케이시Tom Casey는 사업 인수로 상당한 부채를 소화하느라 허덕이고 있던 참에 설상가상으로 시장을 강타한 경제 침체를 사업 실패의 주원인으로 꼽았다. 케이시는 "블록버스터는 10억 달러가 넘는 부채를 떠안았고 2008년부터 2009년까지 이어진 채권 시장의 여파로 넷플릭스만큼 구독자 증대에 투자할 여력이 없었습니다"라고 말했다. 또한 "당시 두 회사를 나란히 놓고 비교해보면 블록버스터는 전 세계에 7,500개 매장이 있었어요. DVD 우편배달 사업을 하고 있었고, 디지털 사업도 성장하고 있었어요. 반면 넷플릭스는 DVD 우편과 디지털 사업을 소소하게 하면서 서비스도 특별할 게 없었습니다. 사업 지표와 포트폴리오 측면으로 보면 두 회사는 상당히 비슷했고 둘 다 구독자 수를 늘리려고 애쓰고 있었지만, 한 회사

는 성장할 자본이 있었고 다른 회사는 없었다는 게 차이였죠"라고 덧붙였다.[91]

사실 넷플릭스는 적은 부채 외에도 여러 면에서 훨씬 유리했다. 일단 그들에게는 꾸준히 실험하고 혁신하려는 스타트업 정신이 있었다. 블록버스터는 어땠을까? 그들은 아무것도 하지 않았다. 블록버스터는 회사 출범 이후 25년 내내 같은 비즈니스 모델로 사업을 운영했다. 물론 사업 초기에 그들이 원했던 고객들만 놓고 본다면 그들의 서비스는 여전히 탁월했다. 블록버스터에서 영화를 간편하게 검색하고 대여하고 반납할 수 있었기 때문이다. 그때까지도 블록버스터에는 엄청난 자원이 있었지만, 인터넷 세상이 도래하고 편리함에 대한 소비자의 기대가 바뀌면서 그들은 평범함이라는 틀에 갇혔다.

반면 싱가포르 개발 은행Development Bank of Singapore(이하 DBS)으로 시작해서 민영화된 DBS를 살펴보자. 싱가포르 최대 은행 중 하나인 이들은 계속 성장해 금융계의 공룡이 될 수도 있었다. 하지만 은행은 2009년에 디지털 혁신에 착수하면서 차별화를 꾀했다. DBS는 단순히 디지털 역량을 확충하는 데 그치지 않고 더 공격적으로 나아가고 싶었다. 현재 이 은행의 혁신책임자로 있는 비딧 둠라Bidyut Dumra는 이렇게 말했다.[92]

뼛속까지 디지털 기업이 되고 기술 기업처럼 행동하고 싶다면 최고 고수들로부터 배워야 합니다. 구글, 애플, 넷플릭스, 아마존, 링크드인 같은 회사들 말입니다. 우리의 미션은 간달프GANDALF의 D가 되자는 것이었습니다. 이 미션은 회사 직원들에게 엄청난 동기를 부여했습니다. 일단 직원들은 무엇을 할 수 있는지, 또 우리 회사를 기술 기업으로 변모시키기 위해서는 어떻게 앞으로 나아가야 하는지 고민하기 시작했거든요. 우리는 은행이라는 개념을 재구상하기 위해 조직을 스타트업 문화와 사고방식 중심으로 개편했습니다. 경험 기반의 학습 플랫폼을 확립했고, 새로운 업무 방식을 도입했으며, 업무 공간을 재설계했고, 직원들이 실험과 혁신 정신을 수용하도록 독려하는 파트너십 생태계를 육성했습니다. 또 기꺼이 실험할 수 있는 환경도 조성했고요. 사람에 대한 투자가 필요조건이었고 재교육이 핵심이었죠.

대다수 기업이 블록버스터의 2일 차와 비슷한 상황에 있다. 이런 조직의 리더들에게는 과거 그들을 아찔한 높이로 도약시킨 에너지가 없다. 이제 그들은 추락 직전의 상황에 머물러있으며 직원들도 마찬가지다. 갤럽이 실시한 한 조사에서 직장인들의 조직 참여도는 충격적으로 저조했다. 조사에 참여한 미국 직장인 중 36%만이 직장 내 활동들에 활발히 참여한다고 답했다. 이 수치도 여타 국가의 평균인 20%보다는 높은 수치다. 이 조사에서 말하는 참여도란 설문 응답자들이 답한 기대의 명확성, 발전 기회, 개인 의견에 대한 수용 정도를 종합해서 측정했다.[93]

　이 조사결과는 직원 개개인의 기대치와 목표를 설정하는 명확한 조직 미션과 경력 개발을 위한 경로가 부족한 회사가 많다는 사실을 드러낸다. 직원들에게도 조직 개선을 위한 의견이 있지만, 회사가 그들에게 무관심하다고 느낀다. 그들은 회사가 현재의 작업 방식을 고수하라고 요구하면 직장생활이 더 지루해질 것이라 여긴다.

직원들의 참여도 부족은 2030년에 이르면 밀레니얼 세대가 직장의 몸통이 된다는 점에서 대기업에 우울한 먹구름을 드리운다. 밀레니얼 세대는 직장을 선택할 때 자신의 신념에 맞는 의미 있는 일인지를 우선시한다. Z세대도 비슷하다. 그들은 도전적이고 개인에게 권한을 부여하는 일을 원하는데, 2일 차의 굴레에 갇힌 기업들은 그런 직장이 될 수 없다.[94]

그래서 유능한 직원들이 스타트업 사고방식을 가진 조직으로 몰리고, 이런 흐름은 코로나 팬데믹을 기점으로 많은 이들이 경력을 재고하면서 더 가속화될 것으로 보인다. 기존 대기업의 입장에서는 엄청난 자원 낭비지만 이런 일은 앞으로 더 늘어날 것이다. 한때는 문화적 시금석이었고 오랫동안 공들여 다져놓은 시장을 또 한 번 갈아엎을 수도 있었지만 그렇게 하지 못한 제록스, 노키아처럼 말이다.

또 다른 예인 팬 아메리칸Pan Amrican 항공은 2일 차의 구렁에 빠져 인터넷이 등장하기 한참 전에 붕괴했다. 이 회사는 항공산업의 선구자로 1950년대까지는 국제 항공사 중 최대 규모를 자랑했다. 미국 항공사 최초로 제트기를 운항해서 일반 대중이 장거리를 논스톱으로 비행하는 시대를 열었다.[95] 하지만 1970년대에 유가가 갑작스레 치솟으면서 장거리 비행 사업은 타격을 받았고, 설상가상으로 항공사 규제까지 철폐되면서 충격이 가중되었다. 항공사는 위기에서 탈출하고자 다른 항공사들을 인수해 국내선 사업 확장을 모색했지만 별다른 효과가 없었다. 회사는 자산을 조금씩 매각하다 1991년에 결국 파산을 선언했다.

팬 아메리칸 항공처럼 기업은 다년간 수익을 내면 현실에 쉽게 안주한다. 오랫동안 잘 작동했으나 세상이 변하면서 삐걱대기 시작한 시스템을 재구상하려는 노력을 기울이지 않는다. 리더들은 조직 전체에 얇은 층으로 흩어지면서 서로 고립되고 현실에서 멀어진다. 창조적인 사고로 그들의 시장 지위를 위협하는 경쟁사들을 따라잡지 못해 변화와 생존 기회를 놓친다. 그리고 다음 페이지에서 이야기할 '데이비드 그로스먼'이 될 수도 있었던 잠재력 높은 직원들을 제대로 활용도 못 하고 싹을 자른다.

실수하고 재빨리 수정하는
것만으로도 충분하다

1994년 IBM은 조롱의 대상이었다. PC 개혁과 IT 혁신 기회를 모두 놓쳤기 때문이다. PC에서는 인텔과 마이크로소프트에, IT에서는 EDS와 앤더슨 컨설팅에 왕좌를 빼앗겼다. 물론 당시 CEO였던 루 거스너Lou Gerstner는 IBM을 서비스 기업으로 자리매김시킨 공을 어느 정도 인정받았지만, 사실 그런 성과를 이끈 진정한 리더는 당시 코넬대 건물 한편의 IBM 사무실에서 일했던 데이비드 그로스먼David Grossman 같은 중간 관리자들이었다.

그로스먼은 업무상 슈퍼컴퓨터를 활용했기 때문에 초기 모자이크 브라우저로 웹 그래픽이라는 세계를 가장 먼저 경험한 소수에 속해 있었다. 1994년에는 노르웨이에서 동계올림픽이 시작되었고, IBM은 주요 기술 후원사가 되었다. 그러던 어느 날, 그로스먼은 웹에서 선 마이크로시스템즈Sun Microsystems가 무단으로 그들의 배너 아래 IBM의 데이터 피드가 표시된 올림픽 사이트를 만들어놓은 것을 발견했다. 당시 IBM 직원 대부분은 유닉스 워크스테이션 대신 아직 메인프레임 터미널을 사용하고 있었으므로 그 사실을 눈치채지 못하는 것이 당연했다. 하지만 그로스먼은 선 마이크로시스템즈의 행위에 분개했고, 그의 스타트업 정신이 불타오르기 시작했다.

그로스먼은 일단 본사 마케팅 부서에 연락해 사실을 알렸다. 며칠이 지나서야 웹의 존재조차 모르는 것 같은 직원으로부터 시큰둥한 답장을 받았다. 그럼에도 그는 마케팅 부서를 끈질기게 설득했고, 결국 IBM 법무팀을 통해 불법 사이트를 폐쇄해달라는 중지 명령서를 선 마이크로시스템즈에 보내는 데 성공했다.

그쯤에서 멈출 수도 있었지만 그로스먼은 이제 사명감을 느꼈다. 그는 유닉스 기기, 다시 말해 IBM 워크스테이션을 들고 세 시간 넘게 차를 몰아 본사로 찾아갔다. 그리고 관심을 보이는 사람에게 직접 초기 웹사이트를 시연해 보여주려고 빈 회의실 하나를 잡았다. 전반적으로는 반응이 시원치 않았지만, 다행히 전략팀에서 존 패트릭John Patrick이라는 지원군이 나타났다. 두 사람은 새롭게 부상하는 웹에 흥미를 느낀 다른 IBM 직원들을 모았고, 이들과 별동 부대를 꾸리는 대신 조직에 직접 침투하기로 했다. 루 거스너는 그들의 결정을 지지했지만 공격 활동은 전적으로 그들 손에 맡겼다.

경쟁심으로 불타오른 그로스먼과 패트릭은 경쟁자였던 디지털 이큅먼트Digital Equipment를 능가하기 위해 발 빠르게 움직였다. 투자도 받아야 했다. 패트릭은 "돈이 없었습니다. 그런데 어떻게든 구할 수 있을 것 같았어요. 가끔은 공식적인 권한을 깨야 한계를 뛰어넘을 수 있죠"라고 당시의 마음을 털어놓았다. 그들은 회사 임원들이 모인 자리에서 초기 웹사이트들을 보여줬는데 그중에는 그로스먼의 여섯 살 아들이 만든 사이트도 있었다. 결국 그들은 "당신 팀에서 가장 뛰어난 프로그래머를 한 달간 빌려주시면 그 팀의 공적을 과시할 수 있는 인터넷 제품을 만들겠습니다"라며 관리자들과 거래하듯 프로젝트에 꼭 필요한 인력을 확보했다.

그들은 계속 회의적인 반응에 부딪혔다. 새로운 사고방식을 무시하는 꼰대들과도 맞서야 했다. "'그걸로 어떻게 돈을 벌겠다는 건가요?'라는 사람들이 진짜 많았다"고 한다. 그럴 때마다 그들은 "그건 몰라요. 그런데 웹이야말로 회사 안팎에서 소통할 수 있는 가장 강력한 소통 방법이라는 건 압니다"라고 응대했다.

패트릭과 그로스먼은 인터넷이 특정 부서가 아닌 회사 전체 차원의 기회라는 점도 강조했다. 1995년 6월에 열린 '인터넷 월드' 콘퍼런스에서 패트릭은 팀 동료들에게 앞으로 3일 동안은 일개 부서의 담당자들이 아닌 IBM 인터넷팀의 대표자로서 활동하라고 지시했다. 마이크로소프트는 그때까지도 웹을 한낱 불안정한 전자상거래 매체로 평가절하했지만 IBM은 이미 웹에 대규모

투자를 시작한 상태였다. 1996년에 열린 하계올림픽에서는 공식 웹사이트가 생겼는데, 이를 만든 주인공이 바로 IBM이었다. 그리고 1년 후에는 마침내 투자자들도 'IBM이 웹 산업을 선도한다'는 사실을 깨달으면서 회사 주가가 급등했다.

그로스먼과 패트릭은 스타트업 창업자들처럼 전혀 기업적이지 않은 방식으로 행동했다. 그들은 단순하게 시작해서 빠른 성장을 향해 달려갔다. 또 언제든 열린 마음으로 하나의 생각에 매몰되지 않았다. 그들은 위험을 감수했고 실수도 저질렀지만 재빨리 수정했다. '그 정도로도' 아주 충분했다.[96]

그로스먼과 패트릭처럼, 평범한 삶을 살던 사람이 있다. 그는 어느 날 더 높은 목표를 위해 부름을 받는다. 그는 부름에 응답하고, 평범한 삶에서 벗어나 바깥세상을 탐험하는 데 길잡이 역할을 하는 멘토를 만난다. 그는 모험 중에 역경을 마주치고, 동맹을 맺고, 위기에 빠지지만 목표 달성에 전념한다. 그 과정에서 자기성찰을 하면서 본인의 강점을 찾는다. 목표를 이룬 후 다시 평범한 삶으로 돌아가지만 그는 어느덧 크게 성장했고, 극도로 변한 모습을 보고 사람들은 그를 영웅으로 여긴다.

이는 조지프 캠벨Joseph Campbell이 전 세계 여러 문화권에서 특징들을 추출해서 만든 영웅담의 원형이다. 그는《천의 얼굴을 가진 영웅》에서 '영웅의 모험담은 누구에게나 적용될 수 있으며 본질적으로 예측할 수 없다'고 강조한다. 이에 더해 '이미 만들어진 길을 걷고 있다면, 그 길이 당신의 길이 아니다. 스스로 한 걸음씩

옮기며 직접 만든 길이야말로 당신의 길이다'라고 말한다.

스타트업 사고방식은 영웅의 모험에서 일어나는 것과 비슷하며 요즘은 대기업의 필수 항목이 되었다. 기업이 거대한 역경에 대응하려면 실존적 신념을 수용하고 기업구조를 대담하게 극복하려는 사람의 수가 임계치에 도달해야 한다. 이들이야말로 주어진 사명을 달성하기 위해 지치지 않고 분투하는 영웅들이다. 그들은 난관에 부딪히면 회복력을 발휘하면서 자신이 달성하려는 것에 매일 맹렬히 집중한다. 그들은 보여주기 위해 일하지 않고 자신이 꿈꾸는 삶의 목적을 이루기 위해 전투를 벌이며, 담대하고 창의적으로 장애물을 극복하는 서사적 모험에 나선다. 또한 일반 기업에서는 불가능하다고 여겨지는 것을 기업이 달성하도록 돕는다.

기술 발전과 불확실함으로 가득한 현시대에서 기업이 번영하는 데 실존적 신념이 필요하다고 이야기했다. 앞으로는 그런 신념이 실제로 어떤 결과를 낳을지, 그 결과가 몇몇 리더뿐 아니라 다른 조직원에게 어떻게 활력을 불어넣을 수 있는지 밝힐 것이다. 이때 과제는 거대한 장애물을 극복하고 기업의 신념을 성공으로 이끄는 스타트업의 사고방식으로 전환하는 것이다.

'초심자의 마음'은
'계속하는 힘'이다

2일 차에 접어든 안일한 조직을 어떻게 흔들어 깨울 수 있을까? 일단 조직원들에게 그들의 목표와 현재 입지가 얼마나 불안정한지 깨닫게 해야 한다. 스타트업의 직원에게는 조직의 기반이 불안정하다는 사실을 굳이 말할 필요도 없겠지만, 일반 기업 직원들은 그런 불안정함을 모르고 조짐을 잘 감지하지 못한다. 상황이 그렇다면 당신이 먼저 입을 떼야 한다.

이야기를 시작하는 한 가지 방법은 어느 조직이든 스타트업으로 시작했을 가능성이 높으므로 회사의 역사를 되짚는 것이다. 자라의 설립자인 오르테가는 스페인 북부에서 어린 시절을 보내면서 스타트업 정신의 매력에 이끌렸던 특별한 일화를 직원들에게

들려준다.

어렸을 적 학교에서 돌아온 오르테가는 어머니와 함께 근처에 있는 단골 잡화점에 갔다. 아직 키가 작아 계산대 너머를 볼 수 없었던 그는 한 남성이 어머니에게 "호세파 부인, 미안하지만 더는 외상으로 물건을 줄 수 없어요"라고 말하는 걸 들었다. 자기 가족이 음식 같은 필수품조차 살 수 없는 처지라는 데 큰 충격을 받은 오르테가는 그날 저녁을 앞으로 평생 기억하기로 했다. 그리고 학교를 일찍 그만두고 셔츠를 만들어 파는 스튜디오의 판매 보조원이 되었다. 오르테가는 그때의 '초심'이 지속적인 에너지원 역할을 하며 오늘날까지 자신을 이끌었다고 말한다. 삶을 여러 중요한 이벤트들로 채워진 날들로 접근하는 대신 그는 '인생이라는 대학' 속으로 바로 뛰어들었다. 그는 자라가 커가는 동안에도 그때의 일을 절대 잊지 않았다고 털어놓는다. 마치 태생이 미천한 영웅이 여정을 떠나는 것처럼 스타트업 사고방식을 가진 사람들에게는 꾸준히 정진할 개인적인 이유가 필요하다.[97]

제프 베이조스 역시 보잘것없는 배경을 가진 인물로 자신의 길을 스스로 개척해야만 했다. 베이조스의 어머니는 고등학생이던 10대 때 그를 가졌다. 1964년에 앨버커키 같은 지역에서 임신한 10대로 산다는 것은 지극히 힘들고(학교는 그를 퇴학시키려 했다) 남다른 근성도 필요했을 것이다. 그는 베이조스를 낳고 4년 후에 한 남자와 결혼했다. 베이조스의 양부가 된 남자는 피델 카스트로 치하의 쿠바에서 쫓겨온 불굴의 인물로 아내가 집안 여기저기서 구한 형겊들을 바느질로 엮어 만든 코트를 입고 다녔다. 부부 모두 악착같이 일하며 돈을 모으는 게 먼저였다. 베이조스는 가족 여행을 떠나기 직전 아버지가 다니던 공장에서 호출을 받는 바람에 일정이 전부 취소된 기억을 떠올리기도 했다. 그는 어렸을 적부터 부모님이 갖은 역경을 이겨내는 광경을 보고 자란 것이 자신에게 큰 자양분이 되었다고 한다.

베이조스의 외조부 또한 세상을 탐험하면서 자신의 길을 스스로 일구라고 가르쳤다. 그의 외조부에게는 목장이 하나 있었는데, 베이조스는 외조부와 함께 종종 소를 돌보고 시설을 관리했다. 그의 말에 따르면 외조부는 집에서 만든 주사기로 소들에게 예방 접종을 하며 수의사 일까지 도맡았다. 이런 가정환경은 베이조스에게 일을 주도적으로 하고, 힘든 일도 마다하지 않으며, 호기심을 잃지 않는 강한 책임감을 심어주었다.[98]

깊은 목적의식과 끈기는 야심 가득한 목표를 향해 나아가는 힘이 된다. 자본금 이상 버는 것을 목표로 삼는 스타트업은 드물다. 그들에게는 그보다 더 거대한 과제가 있기 마련이다. 조직 규모가 커진 이후 설립자나 리더들을 초월해 그런 감정을 퍼트리려면 실존적 비전에 전념하면서 회사의 발전을 향해 주인의식을 갖고 일하는 사람들이 필요하다. 이런 사람들은 자기가 일을 제대로 수행하지 않으면 회사가 고귀한 목적을 달성할 수 없다고 여긴다. 그들은 용병이 아니라 선교사와 같다. 베이조스는 이 둘의 차이를 자신의 책에서 이렇게 설명했다.[99]

용병들은 회사의 주식 가치를 올리려 애쓴다. 하지만 선교사들은 자사의 제품이나 서비스에 애정을 갖고 고객을 아끼고 훌륭한 서비스를 구축하기 위해 애쓴다. 여기서 큰 역설은 보통은 선교사가 돈을 더 많이 번다는 점이다.

자라의 창업자 오르테가 역시 돈은 자신에게 충분한 동기가 될 수 없다고 말한다. 그를 이끄는 동력은 그보다 더 깊은 곳에서 용솟음치며 그를 '지치지 않고 계속 나아가게 하는' 열쇠다.[100]

스티브 잡스는 노동자층 부모 밑에서 자라면서 일반인도 컴퓨팅 기술을 활용할 수 있게 만들겠다는 강한 집념을 갖게 되었다. 이런 원동력은 애플 II라는 혁신적인 PC 제품을 만드는 데 일조했고, 그가 애플을 떠난 후에는 넥스트의 창립을 이끌었다. 잡스는 일찍이 넥스트 직원들에게 한 연설에서 이렇게 설파했다.

제품을 만드는 것보다 더 중요한 것은, 물론 제 바람일 수도 있지만 우리가 지금 그보다 훨씬 더 놀라운 회사를 만드는 과정에 있다는 겁니다. 전체는 그 부분들의 합보다 훨씬 더 클 것이고 앞으로 2년 동안 우리가 내릴 약 2만 번의 결정으로 축적될 노력이 우리 회사의 정체성을 규정할 겁니다. 애플의 위대함은 설립 초기에 회사를 일으키는 방법을 안다고 장담하는 누군가가 이건 이렇게 하고 저렇게 하라는 식으로 만들어진 것이 아니라 마음에서 비롯됐다는 점입니다. 제가 가장 바라는 일 중 하나는 우리가 마음으로 넥스트를 만들고 사람들이 그것을 느끼는 겁니다. 우리가 이 일을 하는 이유는 그 일에 대한 열정이 있기 때문이고, 우리가 이 일을 하는 이유는 우리가 더 차원 높은 교육 프로세스에 진심으로 관심을 두고 있기 때문입니다. 빨리 돈을 벌고 싶어서가 아니고, 그냥 하고 싶어서도 아닙니다.

잡스는 "우리에게는 해야 할 일이 산더미처럼 쌓여있으므로 우리의 비전을 지키고 반복하는 누군가가 필요합니다. 또 '이제 우리는 한 걸음 더 가까워졌어요'라고 말하는 누군가가 있다면 도움이 되겠죠"라며 더 거대한 목표를 강조했다. 그는 미션이나 더 심오한 목적이 있는 회사는 잘못된 결정을 피할 수 있다고 여겼기 때문에 주인의식을 가지고 조직의 목표에 계속 생명을 부여할 사람들을 원했다.[101]

스타트업 사고방식의 특징은 시장에 등장한 도전과 기회를 과거에 전념했던 이력이나 편견에 구애받지 않고 새로운 눈으로 본다는 것이다. 기업의 수장들은 대부분 특정 전략을 수년, 수십 년동안 공격적으로 수행한 후에 그 자리에 오른다. 그들은 자신의 관점에 따라 지치지 않고 목표를 추진하고, 그런 체계적인 노력 끝에 승진이라는 보상을 받는다. 하지만 이제는 세상이 너무 불안정해서 시장에 접근하는 새로운 방법에 마음을 열어야 한다. 그래서 특정 산업에서 오랫동안 발전하며 뿌리내린 특정 범주나 해결책에 얽매이지 않고 세상을 볼 줄 아는 '초심자의 마음'이 필요하다.

초심자의 마음 하면 뭐니 뭐니 해도 아이들이 최고다. 어린아이들은 무엇이 불가능한지 모르기 때문에 상상력이 무궁무진하다. 어떤 아이들은 그런 독특한 발상을 성인이 될 때까지 간직하고 그것을 일론 머스크처럼 지능과 근성으로 구현하기도 한다. 또 어떤 이들은 특정 산업 밖에서 여러 해 일하는 등 전통적인 틀을 벗어나 경력을 쌓으면서 초심자의 마음을 유지한다.

기업은 틀에 박힌 사고방식을 시험에 들게 하는 프로세스로 초심자의 마음을 강화할 수 있다. 가령 토요타는 어떤 문제가 생겼을 때 익숙한 원인을 찾는 대신 문제가 생긴 근본적인 원인을 밝히기 위해 '왜'를 다섯 번 하는 '5 Why' 기법을 이용한다. 이어지는 내용에서 설명하겠지만, 어려운 일을 불가능한 일로 치부하는 게으른 논리인 '비생산적인 거절'에 어떻게든 맞서려는 기업들이 있다. 이들의 목표는 사람들에게 굴욕감을 주는 것이 아니라 회사가 할 수 있는 것에 한계를 두는 생각으로부터 임직원들을 일깨워서 가능성을 찾는 것이다.

스타트업의 사고방식에는
전염성이 있다

테슬라는 설립된 지 20년이 지났고 그 시장가치도 엄청나게 높아졌지만, 2일 차로 접어든 적이 한 번도 없었다. 상당히 이례적이면서 상징적인 사례이다.

테슬라의 스타트업 정신은 '세상이 청정에너지로 전환하는 속도를 높인다'라는 실존적 비전으로 시작되었다. 기후변화에 대한 우려가 증가하면서 테슬라의 큰 숙제였던 전기차 산업으로의 진입도 긴박해졌다. 일론 머스크는 "전기차는 기후변화가 인류에 미치는 최악의 타격을 완화하는 열쇠"라며 끊임없이 직원들을 일깨웠다. 테슬라는 실존적 목표에 집중하면서 가파른 성공 속에서도 조직에 복잡성이 스며들지 않도록 저항했다. 그래서 기업의 목적에 부합하는 배터리와 태양광 분야로만 사업을 확대했다. 다른 이들에게 머스크 자신의 추진력을 체득하라고 자극하는 동시에 스스로 영웅의 여정에 발을 내디뎠다.

일론 머스크의 말만으로 충분히 자극받는 이들도 있겠지만 다른 사람들은 어떨까? 특히 테슬라 전기차가 경쟁사 제품들보다 훨씬 앞선 상황에서 어떻게 긴박함을 조성할 수 있을까? 머스크를 포함한 테슬라 리더들은 하루가 다르게 늘어나는 회사 직원들의 스타트업 사고방식을 자극하기 위해 '불가능한 것을 시도하라'고 요청했다. 그와 동시에 직원들이 독자적으로 권한을 갖고 일할 수 있는 환경을 마련했다. 테슬라 직원들은 '110%의 노력'을 쏟아부었고, 이를 본 다른 사람들은 뒤처질까 봐 불안해했다.

대부분의 테슬라 직원들은 머스크와 함께 일하지 않지만, 회사는 잠재적으로 수천 명의 사람들의 사고방식을 완전히 바꾸는 대신 혁신을 촉진하는 규범을 갖고 있다. 이전 전략에서 설명한 피그말리온 효과의 문화적 역동성을 사용하여 테슬라는 조직 전체에 창업자 마인드를 확산시켰다. 그 방법의 하나는 사람들이 일반적인 통념이나 모범사례가 아닌 실존적 비전과 목표로 문제를 공격하게 하는 것이다. 이는 테슬라가 어려운 문제를 해결하기 위해 택하는 유일한 방법이다.

또 다른 방법으로, 필요한 정보가 있으면 그 출처에 바로 접근한다. 직원의 직급이 얼마나 낮든, 높든 상관없다. 머스크도 필요한 정보가 있으면 담당 직원의 상사가 아니라 그 직원에게 바로 연락해 확인하는 것으로 유명하다. 부서별 보고를 받을 때면 머스크는 자신도 팀원인 것처럼 실무자들과 교류하고 이의를 제기하면서 같이 해결책을 모색한다.

머스크는 이런 원칙들을 바탕으로 일에 대한 주인의식, 진실을 쫓는 민첩한 정신, 재빠른 실행을 위한 헌신을 몸소 보여준다. 관리자들과 실무자들은 그의 행동을 따라 하며 2일 차를 방지하는 강력한 조직문화를 창출한다.

테슬라의 또 다른 두드러진 원칙은 한계를 받아들이지 않는 것이다. 머스크는 자신이 제시한 해법에 '비생산적인 반대'를 하는 직원을 해고하는 것으로 유명하다. 테슬라의 여정은 이전까지 불가능하다고 여겨진 일을 구현하는 것으로 점철되는 만큼, 한계를 뛰어넘는 것은 이 회사 전략의 일부라 할 수 있다.[102]

머스크를 비롯해 베이조스와 오르테가 같은 설립자들의 스타트업 정신에는 전염성이 있다. 이들은 누구보다 일에 매진하기 때문에 그들의 행동은 쉽게 눈에 띄고 주위 사람들은 재빨리 모방하게 된다. 설립자들의 마력에 이끌려 다른 사람들도 변화한다. 리더는 조직에 확신을 불어넣고, 직원들은 리더가 자신과 회사를 신뢰한다고 느낀다. 설립자는 회사의 성장을 위해 자신이 줄 수 있는 모든 것을 주고, 그만큼 직원들도 조직에 이바지하려 한다.[103]

물론 뒤처지는 사람들도 생긴다. 하지만 스타트업 사고방식이라는 강력한 힘은 조직원들을 밀어내기보다는 최고의 업무 성과를 내도록 끌어올린다. 즉 리더가 정한 속도에 직원들이 맞출 수 있도록 몰아붙인다.

사업 토대가 더 확고한 기성 기업에서는 그런 사고방식이 꼭 고위 경영진에서 비롯되지는 않는다. 앞서 예로 든 것처럼 IBM은 1990년대 초반에 상당히 경직되고 고루한 회사였지만 중간 간부 두 명 덕분에 애플이나 마이크로소프트보다도 더 빨리 인터넷을 받아들일 수 있었다.

이제는 기업가 정신이 문화적 상상력을 사로잡는 시대가 되었지만, 그렇다고 아드레날린과 희망에 기대서 제품이 저절로 주목받기를 기다리는 사람은 드물다. 대기업도 직원들이 조직의 안전한 테두리 안에서 일하면서 동시에 가슴 떨리는 일을 도모하도록 사내 기업가 정신Intrapreneurship이라는 절충안을 활용할 수 있다. IBM에서 그랬던 것처럼 직원들이 스타트업 사고방식을 수용하고 리더가 격려한다면 그들도 미래를 의미 있게 발전시킬 수 있다.

결국 기업이 스타트업 사고방식을 유지하는 데 꼭 카리스마 넘치는 설립자가 필요한 것은 아니다. 베인앤컴퍼니Bain&Company의 크리스 주크Chris Zook와 제임스 앨런James Allen이 역설했듯이 '스타트업 정신은 가장 활력 넘치고 헌신적인 직원을 보유한, 가장 지속적으로 성공하는 조직들이 공통으로 보이는 태도와 행동'[104]이기 때문이다.

직원의 배경과 무관하게 격려는 꼭 필요하다. 3M이라는 이름으로 더 잘 알려진 미네소타 광업 제조사Minnesota Mining and Manufacturing는 1902년에 사포 제조사로 사업을 시작했다. 그러다 뛰어난 영업력으로 두각을 나타낸 윌리엄 맥나이트William McKnight가 1914년에 사장에 취임하면서 회사의 다각화를 모색했다. 당시 한 직원이 그의 눈에 들어왔는데, 공대를 중퇴하고 입사해 사포 실험실에서 근무하던 스물세 살의 리처드 드류Richard Drew였다. 드류는 페인트공들이 칠을 할 때 마스킹테이프 자국이 남거나 그로 인해 일을 망쳐 곤경에 처한다는 것을 알게 되었다. 그는 맥나이트의 지원 아래 2년 동안 그런 문제가 없는 접착제를 연구했다.

그 과정이 어찌나 길고 험난했던지 맥나이트가 드류에게 '그쯤 했으면 이제 원래 직무로 돌아가 방수 사포 개발 일을 돕는 게 낫 겠네'라는 메모를 보냈을 정도였다. 하지만 드류는 포기하지 않았고, 마침내 3M의 첫 번째 혁신 제품인 스카치 마스킹테이프가 탄생했다.[105]

구글은 '20% 시간 규칙'으로 기업가 정신을 장려한다. 엔지니어들은 일주일 근무시간 중 약 8시간을 할애해 회사에 이익이 될 만한 개인 프로젝트를 진행한다. 시간이 흐르면서 그 효과가 약해졌지만, 시행 초기에는 애드센스AdSense 같은 성공적인 서비스가 이런 개인 프로젝트를 통해 탄생했다. 또 살라 카망가르Salar Kamangar 같은 사내 창업가들은 애드워즈AdWords라는 선도적인 검색 기능으로 새로운 수익원을 창출해 구글이 중대한 도전을 극복하는 데 중추적인 역할을 했다.

이보다 더 인상 깊은 회사는 7만 명의 임직원과 함께 선도적인 혁신 정신을 지켜온 백년기업 월풀Whirlpool이다. 1999년경 월풀의

CEO인 데이비드 휘트웜David Whitwam을 비롯한 주요 인사들은 회사를 2일 차에서 끄집어내기 위해 안간힘을 쓰고 있었다. 이는 비용이 들더라도 고객을 견인할 수 있는 새로운 상품에 투자하는 것을 의미했다. 더 중요한 것은 그들은 '구조화된 아이디어 발상 세션Structured Ideation Sessions'을 만들어 직원 누구나 아이디어를 내고 상품 개발에 참여할 수 있게 했다는 점이다.[106] 직원이 아이디어를 내고 그 구현 가능성을 확인할 수 있는 소프트웨어도 자체적으로 개발했다.

이로써 월풀은 직원들이 스스로 아이디어를 내고 발전시킬 수 있는 권한을 부여받았다고 느낄 수 있도록 했다. 특별한 감독이나 보조 없이도, 개인이 구상한 상품의 명확한 장점을 증명하면 정식으로 거대한 조직 안에서 개발할 수 있다는 구조를 명확히 보여준 것이다. 월풀이 따르는 이 프로세스는 실제로 아이디어 발상에서 시작해서 아이디어 검증 및 실험을 거치고, 이후 대규모 상품화 과정으로 이어진다.

아이디어 세션 참가자들은 새롭게 '발견한' 소비자 통찰력과 경쟁사 정보, 기술 개발 동향을 공유한다. 이런 새로운 발견들이 신제품으로 바로 이어지지 않을지라도 제품과 관련해 세상이 요구하는 것이 무엇인지 회사에 알려, 묵중한 대기업에 현실을 확인할 귀중한 기회를 꾸준히 제공한다.

이런 장치가 좋은 또 다른 이유는 회사가 혁신의 결과물에 현실적인 잣대를 댈 수 있다는 점이다. 스타트업이 실패의 조짐을 알아차리는 방식과 비슷하다. 월풀은 아이디어 중에서 출시와 대량판매로 이어지는 '생존율'을 10% 정도로 기대한다. 탈락된 아이디어들의 세부 내용들은 보관했다가 추후 활용 가능성을 타진하고 미래 프로젝트에 도움이 되게 한다. 이런 식의 대규모 실험과 진척 과정에 대한 기록 관리는 스타트업에서는 불가능하다.

직원들의 노력과 시간, 비용이 상당한데도 이토록 혁신을 강조하는 것은 월풀 같이 오래된 대기업조차 살아남으려면 수익성 높은 성장이 필요하다는 것을 의미한다. 그런 성장은 직원들에게 얼마만큼 권한을 부여하느냐에 달려있다는 것도 알 수 있다. 물론 회사의 지원과 자유로운 혁신 사이의 균형을 유지해야 한다는 숙제가 남아있지만, 이는 투자금을 구해야 하는 스타트업의 숙제와 크게 다르지 않다. 이와 관련해 월풀에서는 '70:30 분할 원칙'을 쓴다. 이는 혁신 과정도, 표준성과지표와 경영진 검토가 따르는 일상적인 연구개발 프로세스의 70%를 준수해야 한다는 것이다. 프로세스의 나머지 30%는 스타트업 환경과 비슷하다. 즉 팀마다 꾀하는 목표에 가장 적합한 프로세스에 따라 아이디어와 구조 그리고 기술을 자유롭게 탐색할 수 있다. 월풀에는 혁신 활동 자금이 넉넉한 편이지만 관련 팀들은 예산 편성을 위해 서로 경쟁해야 한다.[107]

단순함이
관건이다

사람들 대부분에게는 어렸을 적 역경을 극복한 일이 있다. 제프 베이조스는 그런 경험을 상징적으로 1일 차Day 1라 부르는데, 이는 회사가 크게 성장한 뒤에도 긴박감을 늦추지 않는 태도를 말한다. 만약 조직이 현 상황에 만족하며 느긋하게 지내는 2일 차에 접어들었다고 느껴진다면 조직원들은 다시 1일 차로 선로를 바꿔야 한다. 그러려면 회사가 추구하는 실존적 비전의 기본 원칙들에 맞춘 도전적인 진취성이 필요하다.

이때 구축하고 측정하고 배우는 린lean 스타트업 루프loop를 따르면 도움이 된다. 기업은 끝없이 순환하는 사이클을 통해 신제품은 물론 기존 제품들도 디자인하고 출시하고 평가하고, 이 과정을 다시 반복할 수 있다. 루프의 각 단계는 최소 기능 제품minimum viable product을 개발하고 시장 반응을 바탕으로 가설을 검증한 다음, 수정한 제품으로 다시 새로운 가설을 만드는 과정으로 진행된다.

사람들은 이전에 해오던 방식과 상당히 다른 일을 자유롭게 추구하면서, 자신의 운명을 결정하는 주인으로서 이 루프를 따를 수 있다. 린 스타트업은 한정된 예산으로 수행할 수 있다는 장점 때문에 리더들이 제품 개발팀에 필요한 자율성을 비교적 부담 없이 허용한다. 실무자들 또한 영웅의 여정에 걸맞게 대담하게 행동하면서 허락보다는 용서를 구한다.

스타트업 사고방식에서 민첩성을 높이려면 단순함이 관건이다. 다양한 부서와 위원회, 또 엇비슷한 관리자들로 가득한 기업보다 복잡함을 최소로 줄여 운영하는 간소한 조직이 어떤 일이든 더 쉽게 이해할 수 있다. 스티브 잡스도 "때로는 줄여야 합니다"라고 역설했지만, 성공한 대기업을 단출하게 유지하려면 용기가 필요하다. 사람은 본능적으로 위계가 강화돼야 자기 영향력이 높아진다고 여기기 때문이다. 하지만 단순함이야말로 돈과 구조를 위험 속에 던져 넣지 않고 사람들을 영원한 혁신으로 이끄는 힘이다.

자라는 단순함을 확고히 지지한다. 오르테가 회장은 문제를 명확히 규정하고 직접적이고 빠르게 해결하는 것을 선호한다. 그는 장황하고 기술적인 설명을 좋아하지 않고, "그게 왜 필요하죠?" 식의 단도직입적이고 실용적으로 접근한다. 그래야 문제에 집중할 수 있기 때문이다. 그에게는 복잡한 아이디어를 단순화하는 탁월

한 자질이 있는데, 이는 그가 평생 해온 일이다.[108]

스타트업 사고방식을 가진 기업이 단순함을 추구할 때, 의사결정은 모든 직원이 갖춰야 할 필수 덕목이 된다. 대기업은 매일 수백 개의 결정을 하며, 각각의 결정에 따라 회사 성장이 가속화될 수도 있고 둔화할 수도 있다. 하지만 스타트업 정신으로 무장한 회사에서는 전 직원이 중요한 의사결정을 할 수 있다. 자라는 그 덕분에 책임감 있고 대응력 높은 조직을 유지한다. 다른 의류회사에서는 바이어가 모든 권력을 행사하지만, 자라에서는 판매 직원들에게 대부분의 권한을 준다. 그들은 유행이 지난 "데님을 5만 미터는 매입해야 해요" 같은 지시를 수용하지 않아도 된다. 재무팀이나 광고팀의 지시를 받을 일도 없다. 자라에서 의사결정은 고객과 접촉하는 사람들이 한다.[109]

자라와 패스트패션 시대가 시작되기 전 의류와 패션 트렌드는 한번 등장하면 꽤 오래 지속되었다. 새로운 스타일은 간간이 등장했고 대부분의 사람은 옷을 많이 사지 않았다. 그때는 명품 브랜드들이 시장을 주도했고 옷의 내구성으로 찬사를 받았다. 그렇다 보니 옷을 자주, 재빨리 생산할 필요가 없었다. 그러다 자라의 압축 전략이 등장하면서 패션업계에 지각 변동이 일어났다.

스타트업에는 타고난 호기심이 있어서 고객의 말에 바짝 귀를 기울인다. 그리고 태생적으로 불안정하므로 고객들로부터 진실을 찾으려고 한다. 설사 그 정보로 인해 고달픈 길을 걸어야 할지라도 말이다. 그들에게는 안전망이 없고 조직도 꽤 유연해서 그 진실을 통해 충분히 성장할 수 있다.

아마존이 확장을 모색했을 때, 제프 베이조스는 본인이 상품성이 있다고 믿는 것을 선택하는 대신에 기존 고객들이 무엇을 원하는지 알고자 그들과 접촉했다. 사람들이 필요한 것을 살 수 있으면서 매대 없이도 충분한 틈새 쇼핑 공간이 되겠다는 아마존의 비전도 그때의 정보를 바탕으로 한 것이었다. 베이조스는 사업 초창기에 시장의 조롱 속에서도 장기적인 성장을 위해 수익을 포기했다. 그 의미를 생각한다면 그로서는 자신의 열정이 담긴 상품을 판매하는 편이 훨씬 마음 편했을 것이다. 하지만 그에게는 저렴한 가격에 고객의 편의성을 높이겠다는 야심 가득한 전략이 있었다. "우리는 비용을 절감하는 방법을 찾지 못해 값을 더 청구하지 않는다. 우리는 비용을 줄이는 법을 어떻게든 만든다"는 말에서 그의 야심을 느낄 수 있다.[110]

아마존이 발전하는 내내 베이조스는 기업의 실용성보다 진실을 택하는 정신에 따라 사업을 했다. 그는 사업을 키우는 과정에서 관습적인 사고를 극복하고 고객을 끌어당기기 위해 지속해서 선택의 폭을 넓혔다. 그는 비즈니스 인풋에 집중하면 매출과 수익 같은 아웃풋은 저절로 따라올 것이라고 입버릇처럼 말했다.[111]

스타트업 정신을 가진 기업이 이 정도로 마음을 다하면 2일 차로 미끄러질 리가 없다. 아마존이 수익성 회복을 위해 자사 홈페이지에 광고를 게재하기 시작하자 혹독한 비난이 쏟아졌다. 비록 아마존 홈페이지를 찾은 고객이 사이트를 나갈 위험도 있었지만,

이는 고객에게 더 많은 옵션을 줘야 한다는 베이조스의 철학과 일치하는 조치였다. 하지만 광고가 정체된 매출을 감추는 약점으로 드러나자 베이조스는 담대하게 이 안전망을 제거하고 임원들에게 다른 기회를 찾으라고 촉구했다.[112]

대기업들은 구조에 변화를 줘서 스타트업 정신을 북돋울 수 있는데, 특히 큰 부서보다는 작은 팀들에 결정 권한과 책임을 주는 것이 유리하다. 부서 규모가 크면 복잡성 때문에 사람들이 주도권을 쥐고 앞장서는 것을 되도록 피한다. 그러면 스타트업 정신이 퇴색되고 자리만 보전하려는 태도가 우세한다. 이때는 다른 부서와 협력을 도모하면서 복잡성을 제거하는 해법도 있다. 하지만 그렇게 파격적인 구조의 변화는 리더의 깊은 헌신, 다시 말해 회사 성공을 위해 조직으로서 무엇을 해야 하는지에 대한 리더의 실존적 감각에 달려있다. 앞서 다뤘던 하이얼의 마이크로 사업부가 그런 전략에 해당한다.

결정권에는 해당 결정에 필요한 후속조치 권한도 포함된다. 분산된 결정권은 위임할 수 없기 때문이다. 그리고 일단 문제와 해법이 확인되면 누구나 신속하게 실행하고 싶기 마련이다. 스타트업에서는 이런 빠른 의사결정과 실행이 일상적으로 이뤄진다. 대기업도 그들의 조직이 경직되어 있지 않다면 이러한 과정을 실행할 수 있다. 실행을 준비한 조직은 피할 수 없는 일을 미루는 대신 빨리 움직일 수 있기 때문에 회복력을 높일 수 있다. 이에 관한 베이조스의 말을 기억해두자.

중대한 결정을 내릴 때는 경험적 데이터와 함께 마음과 직관을 써야 한다. 위험을 감수해야 한다. 본능에 따라야 한다. 좋은 결정은 모두 그런 식으로 이루어져야 한다.[113]

변화의 속도를
조절하라

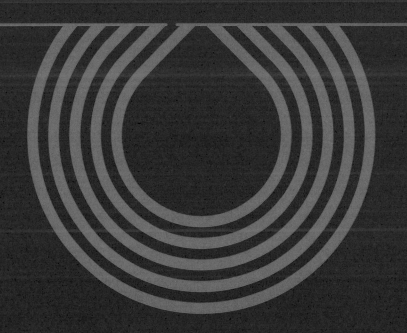

음악은 리듬이고, 연극도 리듬이다.
이는 템포와 변화와 맥에 관한 것으로
당신이 셰익스피어 사극을 하든
뮤지컬을 하든 마찬가지이다.

- 다이앤 파울러스 Diane Paulius, 미국의 뮤지컬 감독

속도보다
더 중요한 것

2018년 전미 대학농구 토너먼트를 코앞에 두고, 버지니아대학교의 코치인 토니 베넷은 예감이 좋았다. 원래는 팀 재건에 의의를 두기로 한 해였지만, 순위권에도 들지 못하던 캐벌리어스팀이 콘퍼런스 타이틀을 가볍게 거머쥐더니 최고 성적으로 결승 토너먼트에 진출했기 때문이다. 캐벌리어스는 NBA 행이 유력한 카일 가이, 드앙드레 헌터, 타이 제롬을 앞세우며 전례 없이 행복한 정규 시즌을 보낸 상태였다. 《USA 투데이》의 스콧 글리슨 기자는 이들을 "템포를 조절하는 공격과 북미 최강의 수비력"을 가진 팀이라 칭송했다.

하지만 캐벌리어스는 토너먼트 첫 경기에서 무명에 가까웠던 메릴랜드대학교 볼티모어캠퍼스UMBC의 리트리버스팀에 패했다. 전반에는 점수가 앞서거니 뒤서거니 하더니 후반에 이르자 UMBC가 캐벌리어스를 큰 점수 차로 이겼다. 글리슨 기자는 '드문 일이지만, 캐벌리어스는 공격과 수비 전환 과정에서 밀렸다. 상대 팀이 골대에 접근해 그대로 슛 기회를 얻게 한 비율이 이번 시즌 그 어떤 경기보다 높았다. 게다가 볼 스크린 대응 동작을 비롯해 모든 플레이가 너무 느렸다 (…) UMBC가 처음부터 템포를 장악한 경기였다'라고 분석했다.

캐벌리어스는 시즌 내내 가장 효율적인 팀 중 하나였지만 지나친 자신감으로 템포 조절에 그다지 노력을 기울이지 않았다. 반면 선수 역량이 상대적으로 취약했던 신생팀은 경기에 더 치열하게 임했기 때문에 캐벌리어스가 밀릴 수밖에 없었다. 결국 경기의 승패를 가르는 것은 속도만이 아니었다. 대학 농구 역사상 가장 큰 이변 모두 템포가 문제였다.[114]

비즈니스 세계에서는 속도 이상이 필요하다. 행동 페이스를 조절하고 필요에 따라 속도를 높이기도 또 늦추기도 하는 템포 관리가 중요하다. 항상 빨리 움직이는 전략은 지속 가능하지 않다. 또한 너무 많은 회사가 같은 속도, 그것도 다소 느긋한 속도에 안착한다. 영원히 혁신하는 기업들은 높은 템포의 문화를 갖고 있다. 이들은 간단한 규칙들을 통해 기회가 왔을 때 재빨리 속도를 끌어올린다. 그리고 속도를 늦출 때도 의도적인 경계 태세를 유지한다.[115] 미식축구 코치 밥 서튼이 지적한 대로, 기업이 계속 빨리 움직이기만 하면 "사람들은 당황하거나 화를 내고 여기저기서 문제가 발생"할 것이다. 핵심은 가끔 속도를 늦추거나 멈춰야 한다는 것인데, 상황이 복잡하거나 위험도가 높을 때는 특히 그렇다.[116]

대학농구는 잠깐 잊고 이번에는 동물의 세계를 살펴보자. 사자는 사람들이 가장 좋아하는 맹수 중 하나다. 그 모습이 늘 꽤 근사하기 때문이다. 《오즈의 마법사》, 《나니아 연대기》, 《라이언 킹》 같은 작품이나, '으르렁대는 사자'를 흉내 내는 아이들의 영상을 봐도 그렇다. 사자는 자주 힘과 연관되는데, 가장 사나운 야생 동물이기 때문이다. 사자는 어떻게 그런 위력을 발휘할 수 있을까?

사자는 템포의 달인이다. 그들은 어떤 상황에서든 대부분 차분하다. 사자를 본 적 있는 사람이라면 대부분 느긋하게 쉬거나 어슬렁거리는 모습을 떠올리겠지만, 사실 사자는 주위를 호령할 만큼 강한 신체 조건을 갖고 있다. 사자가 보여주는 강한 힘과 평온함 사이의 대조는 누구나 원하는 모습이다.

함께 지내며 사냥하는 사자 집단을 보통 프라이드pride(무리)라고 부르는데 참 어울리는 표현이다. 사자에게는 강하고 영감을 주며 자긍심이 될 만한 힘이 있으니 말이다. 그런 사자 무리를 이끄는 주체는 암사자이다. 이들이 사냥을 주도하고, 새끼 또한 모계 사회에서 양육된다(수사자들은 적수가 되는 사자들로부터 영토를 지키는 데 주력한다). 새끼 사자들은 암사자들을 우러러보며 행동의 모범으로 삼는다.[117]

사자에게 배울 점이 많지만, 특히 템포 조절을 본받아야 한다.

사자 무리가 사냥에 나서면 암사자들은 템포에 어떤 변화를 줘야 하는지 안다. 그들은 신중하게 움직이고 오랫동안 목표물을 은밀히 뒤쫓는다. 민첩하고 혁신적인 기업 또한 제품을 서둘러 출시하지 않는다. 그들은 시간을 들여서 고객들이 좋아할 제품을 발견하고, 그것을 상업화하고 수익화할 가능성을 충분히 타진한다. 그런 다음 일시에 도약한다.

템포는 불시에 변한다. 일단 숨어 있던 암사자들이 모습을 드러내고 사냥감을 쫓기 시작하면 더 이상 허비할 시간이 없다. 그들은 목표물을 향해 전력 질주하면서 동료들과 협업해 사냥감이 도망갈 틈을 한치도 허락하지 않는다. 이때 암사자가 주저하면 사냥은 실패로 끝난다. 마찬가지로 리더가 템포를 잃으면 조직은 흔들린다. 조직의 템포는 최상부에서 시작해 아래로 퍼져야 한다.

따라서 사냥에는 두 가지 고유 영역과 두 가지 속도가 필요하다. 스토킹은 시간이 가장 오래 걸리는 영역이다. 사자는 보통 크게 무리를 진 사냥감을 은밀히 뒤쫓는데, 이때 어떻게 위치를 잡고 어떤 타깃을 공격할지 결정한다. 그들은 계획을 세우고 일을 모의하고 전략적 결정을 내린다. 그런 다음 실행에 나선다. 사자들은 최대 시속 80킬로미터라는 놀라운 속도로 사냥감을 끈질기게 추격한다! 게다가 결정도 번개처럼 빨라서 먹이를 입에 물기 전까지는 잠시도 멈추지 않는다.

템포는 움직임이자 결정에 관한 것으로, 단순하지만 가장 중요한 원칙이다. 비즈니스 맥락으로 보면 제프 베이조스가 말한 1형 결정Type-one Decisions 및 2형 결정Type-two Decisions과 비슷하다.

1형 결정은 사자들의 사냥에서 추적 단계에 해당하며 베이조스는 이를 "일방통행 문"이라 부른다. 일단 결정하면 되돌리기 어려운 중대한 사안들이다. 이런 결정은 위험부담이 높으므로 많은 정보가 필요하고 심사숙고해야 한다. 1형 결정을 할 때는 공격하는 처지라도 신중하게 움직여야 한다.

반면에 2형 결정은 중요도가 떨어지는 개별적인 결정이라 되돌리기가 비교적 쉽다. 숙련된 사람이 한정된 정보로 빠르게 내리는 결정들이 이에 속한다. 무리에 속한 암사자 중 누구라도 먼저 사냥감에 달려들 수 있지만, 이를 위해서는 우두머리들이 어떤 놈을 목표물로 삼을지 정해야 한다.

목표물을 정하는 것은 큰 결정이다. 사냥감이 너무 빠르거나, 너무 크거나, 공격하기 난감한 위치에 있으면 기회가 사라지기 때문이다. 사냥감을 놓치면 사자들은 배를 곯아야 한다. 발톱을 드러낼 순간에는 이미 분석이 완료돼 있어야 하므로 빠른 결정이 성공에 결정적인 역할을 한다. 사자는 본능과 반사신경으로 목표물에 달려든다.

이런 결정 유형의 차이는 행동이 느린 조직과 빠른 조직 간에 다를 수 있다. 2형 결정을 잘못 내리면 장벽에 부딪히게 되지만 지나치게 오래 고민해도 위험하다. 반면 1형 결정은 심사숙고해야 하지만 마냥 질질 끌 수는 없고, 어느 순간에는 움직여야 한다. 숙련된 근로자들이 두려움 때문에 역량을 억누르고 한계를 넘어서

지 못하면 정체의 원인이 된다.

스탠퍼드대학교의 캐시 아이젠하트Kathy Eisenhardt 교수는 급변하는 컴퓨터업계에 속한 기업들은 전략적인 결정을 내릴 때 합당한 수준에서 신속히 움직여야 한다는 것을 알게 되었다. 물론 많은 정보를 바탕으로 심사숙고해야 하지만, 훈련된 휴리스틱heuristics 능력이 있으면 결정을 오래 끌지 않을 수 있다.[118]

당신이 새로운 레이싱팀을 이끈다고 상상해보자. 어떤 경주에 출전할 것이며, 어떤 차를 사고, 또 어떤 드라이버나 수석 정비사를 중심으로 팀을 꾸릴 것인지 등이 1형 결정에 해당한다. 이런 결정들은 팀의 미래를 좌우하는 만큼 신중하게 고려해야 하기 때문이다. 하지만 팀의 로고 색상을 다섯 시간이 지나도록 결정하지 못한다면 어떨까? 이는 한두 사람이 빠르면 5분 만에 정해도 되는 2형 결정에 속한다. 레이싱 대회에서 가장 빠른 차가 되려면 그에 걸맞은 템포로 움직여야 한다. 간발의 차이로 순위가 결정되는 레이싱 경주에서는 로고 작업보다 엔진 작업에 한두 시간을 더 써야 결과에 차이를 낸다. 이는 새로운 제품을 출시할 때도 마찬가지다.

언제라도 스프린트sprint(전력 질주)를 할 준비가 돼 있어야 한다. 애자일 전략으로 제품을 개발할 때 스프린트는 필수 요소다. 이때 목표는 가령 최소 기능 제품처럼 고객 니즈에 대한 중요한 정보를 제공하는 제품을 재빨리 만드는 것이다. 이 경우 팀원들은 극단적인 시간 압박 속에서 프로젝트 대부분을 지연시키는 일상적인 신중함과 선택 장애를 극복할 수 있다. 스프린트는 상황을 명료하게 한다. 깊은 고민에 빠질 시간이 없고 팀이 무엇을 만들든 정교할 수 없다는 것을 알기 때문이다. 스프린트는 상품 개발자들이 중요한 시장 정보를 모두 빠르게 확보하도록 떠민다.

위협이나 기회가 나타나면 스프린트는 민첩하고 혁신적인 조직에도 효과를 발휘한다. 팀은 1형 결정의 특징인 신중함이라는 벽에 갇히지 않고 새로운 아이디어나 전략을 기민하게 개발하고 이행해야 한다. 그 지점에 이르기 전까지 팀이나 리더들은 상황을 예의 주시하면서 앞으로 가할 공격이나 방어 계획을 조심스럽게 짰을 것이다. 빠르게 움직일 순간은 불시에 온다.[119]

스프린트 단계에 있는 팀이 성공하려면 일상적인 책임들로부터 자유로워야 한다. 그들은 신속한 결정이 필요한 국소적 작업과 관련된 문제에 집중해야 한다. 또 리더는 팀원들이 당면한 문제에 집중할 수 있도록 지원해야 한다.

여기 세계적인 축구선수인 리오넬 메시라는 인상적인 예가 있다. 전문가들이 메시가 한 경기 동안 움직인 모든 동작을 분석한 결과, 그는 다른 선수들보다 훨씬 많이 걸었고 경기가 시작되고 처음 몇 분간은 거의 뛰지 않았다. 그는 에너지를 아꼈을 뿐 아니라 경기장과 상대 팀을 평가하면서 공격 전략을 수립했다. 이렇게 체력을 아낀 덕분에 기회가 왔을 때 재빨리 움직일 수 있었고, 그 결과 당대 그 어떤 선수보다 더 많은 골과 어시스트를 기록했다. 메시는 때가 왔을 때 스프린트하는 법을 아는 대가였다.[120]

메시와 마찬가지로 기업도 계속해서 전력을 다할 수는 없다. 의식적으로 속도를 낮출 때도 다급한 목적에 계속 전념해야 더 깊이, 궁극적으로는 더 빠르게 목표에 접근할 수 있다. 운영속도는 느려질 수도 있지만(움직임의 속도) 그들의 전략적 속도는 올라갈 것이다(가치 전달의 속도). 그들은 2형 스프린트로 폭발하듯 나아가기 전에 1형 결정들을 처리하고 있을 뿐이다.[121]

사자에게 배우는
템포 조절의 원칙

단순히 빠르거나 느리게 움직이는 것 외에도 우리는 사자에게 배울 것이 많다. 여기 간단한 원칙이 몇 개 더 있다.

항상 촉각 세우기

템포의 효과는 얼마나 촉각을 세우고 방심하지 않느냐에 달려있다. 사자들은 사냥 후 휴식을 취하면서 회복하는 재충전 시간을 갖는다. 그래야 다음 사냥에서 다시 전력을 다할 수 있기 때문이다. 그런 외중에도 암사자들은 항상 기회를 모색한다. 개인도 이와 마찬가지로 휴식을 취하고 회복기를 거쳐 번아웃되지 않으면서 다음 일을 꾀할 때 전력을 다할 수 있다. 하지만 개인이 휴식을 취하는 동안 조직 전체는 잠들어서는 안 된다. 이것이 앞서 스타트업 사고방식을 설명할 때 언급했던 1일 차 정신이다.

여기서 2018년에 버지니아 농구팀 캐벌리어스가 부진했던 이유도 살펴볼 수 있다. 그들도 정규 시즌에는 중요한 순간을 위해 에너지를 아끼면서 템포를 탁월하게 조절했다. 게다가 예상 밖의 큰 성공을 거두었다. 하지만 팀은 방심했고, 가장 필요한 순간에 더 이상 빠르게 반응하지 못했다. 버지니아 농구팀은 그들이 이긴 어떤 팀보다 더 약한 팀에게 패했고, 그들의 영광은 그렇게 마침표를 찍었다. 캐벌리어스는 리트리버스와의 경기에서 2일 차 사고방식에 빠졌고, 그에 대한 합당한 대가를 치렀다.

경계를 늦추지 않으면 위협이나 기회가 임박했을 때 단순히 그에 대응하는 것 이상을 할 수 있다. 2014년에 아마존은 휴일 배송 효율성을 높이기 위해 분류센터를 지으며 배송 시스템을 개편하고 있었다. 이 프로세스가 성공하려면 배송 작업이 하루도 빠지지 않고 꾸준히 이뤄져야 했다. 그런데 아마존의 주요 배송업체인 UPS와 페덱스FedEx가 일요일 배송을 거부했다.[122]

다행히 아마존 임원인 데이브 클라크Dave Clark가 영리한 해법을 발견했다. 일요일 배송을 미국 우편서비스USPS에 맡겨서 UPS나 페덱스와의 충돌을 피하는 우회 전략을 생각해낸 것이다. 아마존은 주말 배송을 안정적으로 유지해서 비용을 크게 절감했지만 거기서 만족하지 않았다. 이 위기를 겪은 후 배송업체들과 개별적인 계약을 체결하며 배송 시스템을 완전히 재편했다. 그 결과 배송비 절감은 물론이고 거대 배송 협력사에 대한 의존도도 낮출 수 있었다. USPS라는 돌파구를 통해 기존 배송 시스템을 크게 개선했지만, 아마존 경영진은 이런 성과를 그저 느긋하게 자축하지 않았다. 그들은 더 많은 기회를 확인하고 달려들었다.

만약 사자가 오랫동안 사냥을 멈춘다면 굶어 죽을 것이다. 마지막 사냥에서 이제껏 가장 맛있는 먹이를 맛봤다 할지라도 사자는 사냥을 멈추지 않는다. 사자가 사냥을 멈추면 포획물은 다른 동물이 차지하고, 결국 사자의 생존이 어려워진다. 비즈니스 세계에서도 마찬가지다. 기업이 안주하면 결국 사라질 것이다. 하지만 뛰어난 템포 조절 능력이 있으면서 현재에 안주하지 않는 기업은 놀라운 성공을 이룰 것이다. 현재의 아마존이 그렇다.

리더들은 기회와 장기적인 지구력 사이에서 균형을 맞춰야 하는데, 그러려면 조직에 대한 경계심이 필요하다. 건강한 직원은 피로가 누적된 직원보다 생산성이 훨씬 높으므로 기업은 늘 직원들의 에너지 수준을 관찰하면서 그들의 최대치를 끌어내야 한다. 여성용 데이팅 앱인 범블은 2021년에 사용자 수가 급증하고 주식 상장까지 하면서 분주한 한 해를 보냈다. 범블의 창립자이자 대표인 휘트니 울프는 전 세계에 있는 직원 700명 모두에게 6월 한 달 동안 유급휴가를 주고 일에서 완전히 손을 떼게 했다. 조직이 계속 열정을 유지하려면 직원들이 피로하면 안 된다는 것을 알고 있었기 때문이다. 조직은 계속 돌아가야 하지만 조직원에게는 휴식이 필요하다.

항상 경계하기

사냥에 나선 사자는 사냥감이 도망가지 않을까 마음을 졸이기 마련이다. 그래서 사냥이 끝나기 전까지 자만하거나 방심하지 않는다. 사자는 목표를 달성할 때까지 악착같이 먹잇감을 뒤쫓는다. 사람도 이처럼 건강한 경계심을 갖고 행동한다면 목표에 전념할 수 있으며, 주변에 끊임없이 주의를 기울이게 된다. 반면 경계심을 잃은 기업은 현실에 안주하게 되며, 결국 직원들도 그렇게 된다.

경계심은 훌륭한 템포 조절의 열쇠이다. 이를 통해 확실한 리듬감을 유지할 수 있다. 인터넷이 등장한 후 이어진 인텔의 성공담을 살펴보자. 인텔의 CEO였던 앤드루 그로브Andrew Grove는 당시 PC 시장에서 인텔이 차지하는 위상에 절대 자만하지 않았다. 그는 세상이 자신에게 불리하게 변할 것이라는 의심과 두려움, 심지어 약간의 망상에 가까운 경계심이야말로, 종종 성공에 뒤따르는 자만심에서 벗어나는 건강한 해독제라고 믿었다.[123]

그로브는 자주 자신에게 질문하며 새로운 방식으로 문제에 접근하려 애썼다. 2형 결정은 거의 본능적으로 내려야 하지만, 그 와중에도 혹시 자신이 최상의 방법을 사용하는 게 맞는지 끊임없이 경계하는 것은 시대의 변화에 부응하는 건강한 태도다. 자신의 방식이 시대에 뒤떨어진다는 것을 인정하지 않을 때 최악의 몰락이 일어난다.

인텔은 그런 경계심을 바탕으로 빠르게 진화하는 시장에 적응할 채비를 꾸준히 했고, 인터넷 시대 초기의 다른 공룡 기업들과 달리 계속 생존에 성공할 수 있었다. 방심해서 실패한 기업의 가장 두드러진 예가 블록버스터다. 어느 전문가가 "그들은 비디오 대여점 사업으로 돈을 버는 데 너무 정신이 팔린 나머지 사람들이 더 이상 그들을 필요로 하지 않는 때를 상상하지 못했다"라며 지적했듯이 말이다.[124]

당신이 앞서 언급한 레이싱팀의 드라이버라고 상상해보자. 당신은 빈 트랙을 한 바퀴 주행하는 첫 번째 랩 연습에서 썩 괜찮은 기록을 냈다. 다시 두 번째 랩을 돈다고 가정해보자. 하지만 이때 기대에 못 미치는 주행속도가 나온다면 챔피언십 경주에 참여할 자격을 박탈당할지도 모른다. 이전에 아무리 빨리 주행했다 할지라도 단 한 번의 나쁜 기록으로 시즌이 참담하게 끝날 수 있다.

그렇다고 부정적인 결과를 상상하고 사람들을 위협하는 것이 속도를 높이는 올바른 동기부여 방법은 아니다. 실제로 업무 속도를 높이려 할 때 처벌의 위협은 긍정적인 인센티브보다 역효과가 더 크다. 누구나 수용할 만한 일반적이고 목적 지향적인 경계심이 훨씬 더 효과적이다.

다시 버지니아 농구팀 캐벌리어스로 돌아가보자. 만약 그들이 목적 지향적인 경계심을 가진 팀이었다면 시드가 낮은 팀과 붙었을 때도 한시도 마음을 놓지 않았을 테고, 그랬다면 훨씬 더 수월하게 경기에서 승리했을 것이다. 하지만 캐벌리어스는 시즌 내내 선수들의 뛰어난 기량을 북돋웠던 경계심이 사라지면서 템포를 통제할 수 없었다.

폭넓게 관망하기

우리가 사자를 동물의 왕이라고 부르는 이유는 그들의 넓고 무한한 시야 때문이다. 다른 동물들은 바로 곁에 있는 것들만 신경 쓰지만 사자는 주위 환경을 폭넓게 관망하며 잠재적인 위협과 기회를 탐색한다.

아마존은 2017년에 알렉사 소프트웨어Alexa Software와 에코 상품 라인이 미국에서 성공하면서 세계에서 스피커를 가장 많이 파는 회사가 되었다. 이 프로젝트는 아마존의 전형적인 사업 방식에 따라 상당히 빠른 속도로 진행되었고 전국에 흩어져 있는 많은 팀이 알렉사 사업에 집중했다. 심지어 신규 인력 모두에게 원하는 직무를 하거나, 아니면 알렉사 부서로 옮길 수 있는 선택권을 줄 정도였다.[125]

하지만 그것만으로는 충분하지는 않았다. 당시 구글도 자사 브랜드의 스마트 스피커를 출시했는데, 아마존의 리더들은 구글보다 더 성공하고 싶었다. 그들은 계속 시야를 무한 확대했다. 어느 날 제프 베이조스는 한밤중에 왜 다른 국가에서는 아마존 스피커를 판매하지 않는지 문의하는 이메일을 받고는 바로 관련 부서들에 지시해서 다음 날 아침부터 해외에서도 알렉사를 판매했다. 그는 아마존이 성장을 멈추도록 절대 내버려두지 않았다.

야심에 경계심까지 더해지면 일반적인 시간 계산을 용납할 수 없다. 어떤 프로젝트가 마무리되는 데 5주가 걸린다고 하면 왜 일주일 만에 끝낼 수 없는지 따져 묻게 된다. 템포가 최상인 기업은 중요한 순간을 위해 에너지를 비축하기 때문에 다른 이들이 가능하다고 여기는 것보다 항상 더 빨리 움직일 수 있다. 일론 머스크의 자동차 왕국에 합류했던 한 업계 베테랑은 "르노나 아우디에서는 6개월 걸릴 일이 테슬라에서는 회의 한 번 하고 5일 지나니까 되더랍디다"라고 말했다.[126]

사자는 그들의 영역을 지배할 때까지 멈추지 않는다. 당신도 당신 사업이 먹이사슬의 중간쯤에 놓여있거나, 누군가의 결정으로 인해 옴짝달싹 못 하는 집고양이 같은 상황을 원치 않을 것이다. 누구나 자기 사업이 그 분야의 정상에 우뚝 서길 원한다. 그러니 스스로 선을 긋지 말자.

템포 조절에
유연성을 더하라

곤경에 처한 조직은 어떻게 템포 조절 능력을 얻거나 되찾을 수 있을까? 이쯤에서 2018년 NCAA 토너먼트 초반에 충격적인 패배를 당한 농구팀 캐벌리어스가 그 상황에 어떻게 대응했는지 확인해보자. 이듬해인 2019년, 그들은 정규 시즌에서 막강한 전력을 과시했을 뿐 아니라 이후에도 파죽지세로 결국 NCAA 토너먼트의 챔피언이 된다(참고로 나는 캐벌리어스팀의 팬이 아니고 그저 흥미로운 사례라서 채택했을 뿐이다).

2018년 토너먼트 이후, 베넷 감독은 변화가 필요하다고 깨달았다. 팀의 템포에는 문제가 없었다. 수비 능력은 뛰어났고 천천히 움직이다가도 득점 기회가 생기면 속공에 나섰으므로 팀의 템포는 탄탄하다 할 만했다. 그럼에도 불구하고 베넷은 팀이 방심하지 않도록 체계적인 전술을 확립했다. 또 선수들이 재량껏 공격 기회를 더 잘 활용하도록 경기 전술에 유연함을 부여했다.[127]

스콧 글리슨은 '캐벌리어스는 경기에서 다른 어떤 팀보다 천천히 움직였지만, 연속 볼스크린 공격에 블로커-무버 시스템을 결합해서 탄탄한 수비력에 모범적인 공격력까지 가미했다. 베넷 감독은 수비력을 절충하지 않으며 공격에서는 정확한 플레이를 선호하지만, 전술 변화도 두려워하지 않는다'라고 보도했다. 이런 식으로 캐벌리어스는 전술을 조정해서 팀의 템포 통제력을 되찾았고 2019년에는 무패 기록을 세웠다.

기업이 끝없이 변화하는 시장에 대응할 때 유연성은 템포를 조절하고 민첩성을 유지하는 핵심이 된다. 앞서 고객에게 집착하는 글로벌 의류 소매 기업으로 소개했던 자라는 이런 능력 또한 뛰어나다. 자라 매장은 매주 재고의 3분의 1 이상을 교체하고 3일마다 재고를 보충한다. 다른 의류 브랜드는 시즌마다 한 번씩 컬렉션을 확정하지만, 자라는 고객들의 요구에 따라 수시로 상품을 변경한다.[128]

자라는 개별 의류 아이템에 떨어지는 마진을 낮게 책정해서 시장점유율을 높이는데, 이런 식으로 늘어난 판매량은 이익으로 연결된다. 재고를 빠르게 보충하면 매장은 판매가 저조하거나 오래된 상품을 낮은 비용으로 폐기할 수 있고 경쟁사보다 시장에 빠르게 대응해 상품을 개선할 수 있다. 이는 트렌드가 지속적으로 바뀌는 의류업계에서 특히 중요한 역량이지만 개념 자체는 어느 산업에나 적용될 수 있다. 이 모델은 상품의 절반 이상이 성공할 것이라는 가정에 따라 작동하므로 회사도 과도한 부담을 받지 않는다. 판매가 신통찮은 상품은 교체하면 되므로 숨통을 트일 여지가 충분하다.

테슬라 또한 새로운 트렌드나 시장 요구에 대한 적응력이 뛰어나다. 이들은 관료주의 성격이 약하고 대응력이 빠른 문화 덕분에 고객의 요구에 경쟁사보다 더 빨리 부응할 수 있다. 일론 머스크는 신규 개발 건이나 우려사항에 업데이트된 내용이 있거나 조치가 필요하면 종종 한밤중에도 담당 직원에게 바로 이메일을 보낸다. 이런 빠른 대응 덕분에 이들은 변화를 적극적으로 활용하고 엄청난 경쟁우위를 얻는다.[129]

유연성과 템포가 부족해서 참담하게 무너진 기업으로는 블랙베리가 있다. 이 회사는 2000년대 초반에 최초로 스마트폰을 출시하며 시장의 강자가 되었다. 블랙베리는 새로운 산업을 장악했지만 이내 현실에 안주하면서 지속적인 혁신을 소홀히 했다. 이윽고 애플 및 다른 경쟁사들은 터치스크린과 새로운 카메라 기술로 무장했지만, 블랙베리는 템포를 변경하지도 속도를 높여 변화에 대응하지도 못했고 결국 시장을 선점한 기업이 누리는 막대한 이점을 그대로 놓쳤다.[130]

코로나 팬데믹은 어떤 기업이 그들의 템포를 조절할 수 있는지 없는지를 모두가 확인한 전대미문의 계기였다. 가정용 운동 자

전거나 트레드밀을 판매하는 펠로톤Peloton이라는 회사부터 살펴보자. 사회적 거리두기로 운동 시설들이 문을 닫으면서 이 회사 제품에 대한 수요는 급격하게 상승했다. 사회적으로는 비극적인 사건이 회사에는 엄청난 기회가 됐지만, 안타깝게도 펠로톤은 기대에 부응하지 못했다. 그 원인을 세 가지 결함으로 설명할 수 있다.

첫 번째, 감지하는 데 실패했다. 펠로톤은 팬데믹으로 전 세계가 어떻게 요동칠지, 또 그로 인해 우리의 일상이 어떻게 재편될지 예측하지 못했다. 시장 환경을 폭넓게 보지 못했기 때문이다. 두 번째, 그들의 반응이 더뎠다. 이 회사가 마침내 세상이 변했다는 것을 깨달았을 때도 변화의 움직임이 굼떴다. 회의가 너무 많았는지, 구조적 장벽이 있었는지, 목표가 불확실했는지 정확한 이유는 알 수 없으나 그 모든 문제가 작용했을 수도 있다. 확실한 것은 펠로톤이 상황을 충분히 주시하거나 경계하지 않아 민첩하게 움직이지 못했고, 그 결과 제품 수요에 제대로 대처하지 못했다는 것이다. 마지막 실패 요인은 느린 실행력이다. 조직의 초기 대응이 느린 탓도 있겠지만, 수요에 대응해 마침내 제품 주문과 생산량을 늘리자 공급망에 병목 현상이 생겼다. 게다가 그들은 회사가 원하는 만큼 서둘러 움직여주지 못한 직원들의 체력 상태도 과소평가했다. 속도 조절이 죄다 엉망이었다. 펠로톤은 파산은 면했지만 엄청난 기회를 놓쳤다. 이 회사는 2020년에 겪은 물량 부족을 만회하기 위해 2022년에는 과잉 공급에 들어갔지만 이내 헬스클럽들이 다시 문을 열면서 산더미 같은 재고만 떠안았다.

이와 완전히 대조를 이루는 예도 있다. 바로 수공예품을 판매하는 전자상거래 플랫폼인 엣시Etsy다. 이들은 팬데믹이 시작되고 마스크와 비일상적인 제품들의 수요가 급증하면서 비슷한 경험을 했다. 엣시의 경영진은 이런 상황에 신속히 대응해 개별 판매자들을 변화에 발맞추게 했고, 그러면서 회사 매출도 급증했다. 엣시는 기어를 재빨리 바꾸고 필요한 제품군의 생산을 늘린 덕분에 불시에 들이닥친 기회를 손에 넣고 성공할 수 있었다. 그 모두가 세상에 대한 폭넓은 감지력과 디지털 기반의 민첩성 덕분이었다.[131]

팬데믹을 지나온 당신의 조직은 어느 조직과 닮았는가. 어떻게든 그 위기에 살아남고 그 후를 모색하고 있다면, 2018년의 캐벌리어스 농구팀을 기억하자. 많은 장점이 있더라도 템포 조절 능력이 없으면 언제라도 경쟁자에게 추월당할 수 있다. 기업은 절대 느슨해지면 안 된다.

조직에 규칙적인
템포를 만드는 법

속도를 계속 올렸다 내렸다 하면 짜증을 유발하는 것은 물론이고 사람들의 계획까지 망칠 수 있다. 혁신적인 애자일 기업 대부분에는 어느 정도 규칙적인 템포를 촉진하는 정책이 있다. 일반적인 예로 '수갑이 아닌 심장박동'을 들 수 있다. 이 방침의 목표는 외부 개발의 '심장박동'에 페이스를 맞추는 것이다. 그래야 기회를 놓치지 않고 개발자들이 '수갑'을 차야만 하는 상황을 막을 수 있기 때문이다. 두 번째 방침으로는 내부 역학을 예측해서 그에 맞추는 것이고, 세 번째는 정기적으로 신속히 진행 상황을 확인하는 것이다. 이런 방침들은 필요에 따라 갑작스럽게 변화하면서도 반semi 예측적인 구조를 만든다.[132]

또 다른 접근법은 구조를 느슨하게 해서 유연성을 강화하는 것이다. 가령 아마존의 경영진 구조는 지속적으로 바뀐다. 다른 기업들은 보통 회사의 주요 부서를 책임지는 C-레벨 임원들이 6~8명 정도로 정해져 있다. 하지만 이런 구조에서는 사내 정치가 더 쉽게 일어나고 문제해결에 도달하기 위한 조율과 빠른 조정을 방해하는 패거리 문화가 조성된다. 이렇게 고정된 경영진 구조는 위기가 발생했을 때 특히 파괴력이 강한 것으로 나타났다.

아마존에는 약 20명의 임원으로 구성된 'S팀'이 있는데 그때그 때 필요와 기회에 따라 계속 구성원이 바뀐다. S팀은 전략을 결정 하고 문화를 조성하며 위기에 대응한다. 이들은 막강한 권력을 행 사하지만, 그 위상과 권한은 가변적이다. 구성원의 변화가 잦으면 일체감 형성이 어렵겠지만, 회사는 각 이슈를 여섯 장 분량으로 정리하는 일관적인 방식으로 이런 폐단을 극복한다. 이슈마다 S팀 임원 중 한 명이 그 내용을 모두가 빠르게 읽고 소화하고 서로 논 의할 수 있도록 장시간 정성을 다해 보고서로 정리한다. 이런 명 확성과 조화는 회사가 템포를 바꿀 때 모두가 강한 신념으로 이를 철저히 따르게 한다.[133]

유연한 조직은 필요한 순간에 그들의 역량에 맞는 리듬을 더 쉽게 설정하면서 주위 환경이 변해도 활동에 구애받지 않는다. 애 플은 사람들이 지지부진한 설명에 의존하지 않도록 직원들 스스 로 계속 질문해서 실제 일어나는 상황에 대해 '깊은 이해'를 얻는 문화를 확립했다. 애플에서는 누구든 주어진 답에 만족하지 않으면 더 상급자에게 문제를 제기할 수 있다.

지금부터는 기업이 템포를 조절하는 몇 가지 구조적인 방법을 소개하고자 한다. 결국 기업의 속도 조절 능력은 그 조직의 구조 및 프로세스와 큰 관계가 있다. 물론 이런 모델들의 효과는 산업과 문화와 환경에 따라 달라지므로 언제나 통용되는 완벽한 조직구조란 없다. 그럼에도 조직의 형태와 상관없이 공통으로 적용할 수 있는 몇 가지 방법이 있다.

장벽 제거하기

어떤 조직이든 구성원 전체가 서로를 아는 지점을 넘어서면 관료주의가 싹트기 마련이다. 그러나 영원히 혁신하는 기업은 중요한 조정을 하는 과정에서 속도가 느려지지 않도록 여러 마찰을 줄인다. 그런 마찰에는 폐쇄적 조직문화뿐 아니라 과중한 부담, 소모적 업무, 타인에 대한 비하가 포함된다.

이런 마찰이 마이크로소프트에서는 2014년 사티아 나델라가 CEO로 취임하기 전에 특히 심했다(전략 3에서 자세히 설명했다). 엔지니어들은 자신이 낸 아이디어가 성공으로 이어지지 않는다고 생각했다. 나델라 회장은 그 당시를 "다들 큰 꿈을 안고 마이크로소프트에 입사했는데 실제로는 임원들의 지시를 처리하고, 소모적인 프로세스를 따르고, 회의에서 하찮은 일로 언쟁을 벌이는 게 전부라고 느꼈을 겁니다"라고 회상했다. 나델라는 관료적인 위계를 줄이고 엔지니어들을 제도적 통제로부터 벗어나 그들이 꿈꾸던 일을 자유롭게 이행할 수 있는 여건을 마련했다. 그는 "엔지니어들이 늘상 싸우는 반란군이 아니라 마이크로소프트의 주류가 되었습니다"라고 말했다. 엔지니어들이 업무에 적극적으로 가담하자 회사도 그들이 낸 아이디어를 바탕으로 불시에 나타나는 기회와 위협에 대응할 수 있었다.

넷플릭스도 마찬가지였다. 이 회사의 최고인재책임자로 일했던 제시카 닐Jessica Neal은 이렇게 말했다.

저는 유능한 사람들을 어떻게 조직에 합류시키는지, 또 어떻게 그들이 기업의 주인으로서 자기의 가치가 진심으로 인정받고 자신에게 권한이 부여되어 있다고 느끼게 하는지, 그 방법을 알아낸 기업을 별로 보지 못했습니다. 대다수 기업은 성장하면서 일어나는 혼란을 두려워하고, 프로세스와 정책과 규칙을 추가하면서 직원들의 업무 속도를 둔화시킵니다. 상황이 그렇게 되면 그저 본인이 낸 아이디어를 실현시키고 싶은 유능한 직원들은 좌절하고 다른 곳으로 떠나게 됩니다. 넷플릭스는 최고의 인재를 채용하고, 그들이 뛰어난 성과를 내도록 권한을 부여하며, 그들이 힘겹게 일을 진행하지 않게 합니다.[134]

특히 넷플릭스는 대부분 기업들이 허용하는 수준을 넘어, 담당자가 계약도 직접 체결하고 비용을 청구할 수 있을 정도로 직원을 신뢰한다. 직원들은 사사로운 일에 발목 잡히지 않고 필요에 따라 속도를 조절하며 일에 집중할 수 있다. 이런 자유는 2022년에 구

독자 수의 증가 추세가 둔화하던 상황에서도 지속되었고, 넷플릭스는 다른 분야에서 비용을 절감했다.[135]

비효율 제거하기

직접적인 규제가 아니라도 업무 효율성을 저해하는 조직 관행은 많다. 예컨대 팀의 규모가 크면 팀원 간의 조율이 어려워지고 지나치게 고민하면서 의사결정 속도가 느려지는 경향이 있다. 그래서 아마존에는 '피자 두 판 규칙Two-pizza Rule'이 있다. 일반 프로젝트팀의 규모가 피자 두 판을 나눠 먹을 수 있을 정도인 열 명을 초과하면 안 된다는 규칙이다. 이는 창조적인 갈등을 유발하기에는 충분하지만, 너무 의견이 분분해 비창조적인 갈등을 조장할 정도로는 많지 않은 숫자이다. 이런 규칙을 바탕으로 팀은 고객에게 집중하고, 빠르게 의사결정 하고, 에너지를 더욱 생산적인 영역에 투입할 수 있다.

아마존에서는 같은 사람이 여러 팀을 이끄는 경우가 흔하다. 이때 리더는 알렉사 같이 복잡한 프로젝트에서 전체 목표에 맞게 서로 조율하고 중복과 갈등을 최소화할 수 있다. 팀마다 독립적으로 일을 진행하더라도 리더나 임원들이 주는 특정 지침을 바탕으로 협력을 극대화할 수 있다. 결국 프로젝트팀은 고유한 아이디어를 추구하면서 별다른 마찰을 겪지 않을 때, 그들의 아이디어나 현재 처한 난관에 더 많은 에너지를 쏟을 수 있다.

민첩성은 아마존 문화의 또 다른 특징이다. 아마존 경영진은 피자 두 판 규칙이 상품 개발 이외의 프로젝트에서는 효과적이지 않다는 것을 발견했다. 그런 프로젝트들은 보통 팀의 리더가 여러 건에 부분적으로 참여하면서 일을 처음부터 끝까지 책임지지 않기 때문이다. 그래서 피자 두 판 규칙을 싱글 스레드 리더Single Threaded Leader(이하 STL) 체제로 바꿨다. 아마존은 팀의 성공과 민첩성의 열쇠는 팀의 규모가 아니라 리더가 가진 통제력의 질과 범위에 달렸다는 것을 알았다. 그래서 각 팀의 리더에게 뭐가 되었든 프로젝트 성공에 필요한 일에 전력하게 했다. 디바이스 부문 전무인 데이브 림프Dave Limp는 "무엇인가를 발명할 때 실패의 지름길은 그것을 누군가의 부업으로 만드는 것이죠"라고 꼬집어 말했다.

STL 체제에서는 한 번에 딱 한 개의 프로젝트만 담당할 수 있다. 다만 STL은 작은 팀이 아닌 규모가 꽤 큰 프로젝트를 이끈다. STL 리더들은 제품과 관련해 해결해야 할 새로운 문제를 진단하고, 이를 위해 어떤 팀들이 얼마나 많이 필요한지, 팀들 간에 업무 책임을 어떻게 나눠야 하는지, 각 팀의 규모는 어느 정도여야 하는지 결정하는 자율권을 갖는다.[136] 이렇게 하면 의사결정이 더 빨라지고, 창의성이 높아지며, 책임감도 강해지므로 더 빨리 혁신을 이룰 수 있다.

게다가 아마존은 직원들이 직접 경험하면서 업무 능력을 습득하길 원하므로 다른 기업보다 교육 기간이 짧다. 아마존 물류센터에서 일했던 한 관리자는 이전에 관리자 경험이 없었지만 입사 두 달 만에 수십 명을 지휘하는 자리에 올랐다고 밝혔다. 인사 부서의 탄탄한 지원 덕분에 그는 현장에서 관리자 일을 배우면서 필요한 기량과 책임감을 빠르게 개발할 수 있었다. 그가 일반적인 교육과정을 받았다면 물류센터는 새로운 관리자를 배정받는 데 훨씬 더 오랜 시간이 걸렸을 것이다. 아마존은 직원들이 주어진 역할에 맞춰갈 수 있다고 믿는다.

명확한 목표 수립하기

템포를 조절하는 조직에는 일의 종착점이 필요하다. 종착점은 변화하는 시장 트렌드와 경쟁 상황에 따라 달라지겠지만, 조직이 중심을 잡고 협력을 도모하려면 명확한 목표가 필요하다. 디지털 기술과 전자상거래의 기수 역할을 하는 알리바바는 그러한 목표를 갖고 있다. 이들은 경영진이 제시한 비전에 따라 인공지능 의존도를 점차 높이고 있다. 알리바바는 명확한 목표 의식 덕분에 하루가 다르게 기술이 변화하는 시대에 경쟁우위를 유지한다. 한 알리바바 직원은 이렇게 설명했다.

디지털 선구자들은 미래가 어떤 모습일지, 또 사회적·경제적·기술적 변화에 따라 유관 산업이 앞으로 어떻게 진화할지 알아야 합니다. 시장 환경이 너무 유동적이고, 그런 상황에서는 어떤 능력이 필요할지 알 수 없으므로 기업의 목적을 실현하는 구체적인 단계들까지 설명하기는 힘들 겁니다. 하지만 디지털 선구자라면 회사가 무엇을 달성하려 하는지 정의하고, 직원들이 일련의 실험적인 제품과 서비스를 빠르게 하나로 엮고 시장을 테스트하며, 긍정적인 반응을 이끌 아이디어를 확장할 수 있는 업무 환경을 만들어야 합니다. 디지털 리더들은 이제 더 이상 관리만 하지 않습니다. 그들은 직원들이 사용자 반응들로 이뤄진 주요 피드백 루프를 혁신하고 촉진해서 회사가 사업상 결정을 내리고 실행할 수 있게 합니다.

실존적 리더들에게는 명확한 목표를 제시하고 이를 통해 창의성과 혁신의 문화를 조성하는 것만큼 쉬운 일이 없다. 스포츠업계에서 통용되는 '눈이 맑고 열정이 가득하면 패배는 없다'는 격언이 떠오르는 지점이다.

테슬라의 전 임원에 따르면 일론 머스크도 명확성을 극도로 강조한다. 그는 회사 비전을 바탕으로 사업의 우선순위를 정하는 데 이는 유능한 인재들을 견인하는 역할도 한다. 머스크는 임무를 수행하고 스마트한 사람들을 고용하려면 일단 달리고자 하는 길의 규칙부터 명확히 파악해야 한다고 믿는다. 머스크가 골대를 정해야, 직원들은 비로소 자신이 해야 할 임무를 파악할 수 있다.

수시로 확인하기

회의가 너무 잦고 그 규모도 크면 생산성을 저하시킨다. 대신 업무 상황을 신속히 업데이트하는 회의를 주기적으로 가지면 조직의 여러 활동을 정상 궤도로 유지하는 데 도움이 된다. 업무 점검 빈도는 프로젝트의 긴박함이나 복잡함, 또 원하는 리듬에 따라 달라진다.

주기적인 회의는 팀의 리듬을 확립하고 속도를 유지하는 데도 효과적이다. 게다가 마감일도 자연스레 정해져 팀원들이 업무를 더 빠르게 진행하도록 자극할 수 있다. 최종 결과물이 하나만 도출되는 프로젝트도 있지만, 꾸준한 진척 속도를 유지해야 하는 업무도 있다. 어떤 형태의 일이든 업무 상황을 정기적으로 확인하면, 임원들과 다른 팀들에게 관련 정보를 지속적으로 제공할 수 있다. 프로젝트팀에 자유를 부여할 필요도 있지만 모두가 같은 선상에서 앞으로 나아가도록 자극하는 것 또한 중요하다.

언제 어느 때든
하위 성과 10%를 정리하라

많은 기업이 인기 제품이나 서비스를 도입하고 그것들을 거의 대등하게 지원하는 경향이 있다. 하지만 버지니아 캐벌리어스 같은 템포 중심 조직들은 그보다 더 영리한 방법을 안다. 스타에게 경기 시간을 더 많이 할애하는 것이다.

2019년에 캐벌리어스의 3대 스타 선수가 모두 팀에 복귀했는데 이들 각각이 40분 경기 시간 중 뛴 시간은 평균 33분, 전체의 83%였다. 이들을 제외하고 평균 20분 이상을 뛴 선수는 딱 두 명이었고 나머지 선수들이 경기에 투입된 시간은 평균 10분 미만이었다. 스타 선수에 중점을 두는 것은 대학이나 프로 스포츠팀에서 흔한 일이지만 비즈니스 상황에서는 어찌 된 일인지 잘 활용되지

않고 있다.[137]

기업이 투자자본수익률을 극대화하고 시장에서 존재감을 유지하려면 성과가 저조한 상품에 투입한 자본을 과감히 전환할 줄 알아야 한다. 신제품은 무엇이든 초반에 시간을 들여 실험에 전념하고 실패를 통해 학습하는 과정이 필요하지만, 시간이 지나면 조직은 성과가 미흡한 프로젝트를 포기하고 될 만한 프로젝트를 집중적으로 지원해야 한다. 이는 매출이 저조한 제품뿐만 아니라 시장의 외적 요건에 미치지 못하는 제품에도 적용된다. 과거에 집착해봤자 현재를 따라잡는 능력만 약화될 뿐이다.

자라는 이런 역량이 뛰어나다. 이들의 모기업인 인디텍스는 회사 내부 기준에 못 미치는 하위 성과 매장 10%를 폐쇄한다. 조직을 구성하는 요소들은 서로 맞아떨어져야 하므로 이는 템포를 유지하는 핵심이다.[138]

이런 논리는 직원들에게도 적용된다. 피그말리온 효과를 다뤘던 전략에서, 넷플릭스는 성과가 우수한 직원들만 조직에 계속 남을 수 있다고 설명했다. 나머지 직원들은 권고사직이나 해고에 처한다. 회사와 맞지 않을 가능성이 큰 사람들을 위한 지원을 늘리는 것보다 그들이 떠나게 하는 것이 낫기 때문이다. 한 직원은 "드림팀이 누구에게나 맞는 옷은 아니고, 그게 문제도 아니니까요"라며 이 논리를 설명한다.[139] 테슬라 또한 채용에 세심한 주의를 기울이지만 그만큼 사람들을 부지런히 정리한다. 기대에 부응하지 못하는 직원들은 대개 회사 밖으로 떠밀리는데, 인사팀에 의해서가 아니라 회사문화에 의해 그렇게 되는 경우가 더 많다. 조직의 템포가 특별하다 보니 누구도 다른 이를 실망시키려 하지 않는다. 조직의 템포에 맞추거나 아니면 나가야 한다. 다른 방법은 없다.

이들보다 조직은 훨씬 더 크지만 숙련도가 다소 떨어지는 직원이 많은 아마존은 더 탄탄한 지원을 하면서 인력을 솎아낸다. 아마존 물류센터는 체계적인 추적 지표를 통해 성과가 뛰어난 직원과 뒤처지는 직원을 확인할 수 있다. 관리자들과 인사팀은 작업 효율성을 높이기 위해 성과 하위 10% 직원들에게는 적극적으로 개입한다. 덕분에 하위 10% 인력 대부분이 결국 개선된다.[140]

스타에게 더 많은 시간을 할애하든 하위 10%를 개선하든, 템포 조절은 어렵다. 실시간으로 빠른 조종이 필요한데, 이는 주요 참여자 사이에 상당한 신뢰가 있어야 가능하기 때문이다. 그래서 템포는 조직 내부에서 인재 풀을 구축했을 때 가장 잘 통제할 수 있다. 캐벌리어스가 우승한 시즌에 활약했던 스타 선수 세 명도 모두 다른 곳에서 이적한 게 아니라 같은 대학에 신입생으로 입학한 경우라서 적어도 한 시즌을 함께했다.

기업은 수직적 통합을 통해 공급업체와 유통업체를 계약자가 아닌 동료 관계로 신뢰를 구축해야 한다. 아웃소싱은 전문화를 통해 비용을 낮추고 효율성을 높일 수 있으므로 오늘날 기업이 성공하려면 반드시 받아들여야 한다. 다만 향후 조직의 성공에 핵심이 될 만한 활동에는 아웃소싱을 자제해야 한다. 만약 이 경우에도 아웃소싱의 경제성이 뛰어나다면 공급업체들을 통합하고 신뢰를 구축하는 데 특별히 공을 들여야 한다. 이런 맥락에서 애플은 2010년대에 한 제조사와 자체 컴퓨터 칩 라인을 개발하기 위한 중대한 결정을 내렸다. CEO인 팀 쿡은 "우리에게는 애플 제품들을 뒷받침하는 주요 기술들을 소유하고 통제하는 장기적인 전략이 있습니다"라고 밝혔다. 아마존도 인텔 같은 대형 공급사로부터 칩을 구매하는 대신 자체적으로 개발했다.[141] 내부는 물론이고 외부 또한 가능한 한 최대한 템포를 통제할 수 있다면, 속도를 더 빨리 조절하고 기회도 더 빨리 잡을 수 있다.

전략 6

효율성

이중모드를
구사하라

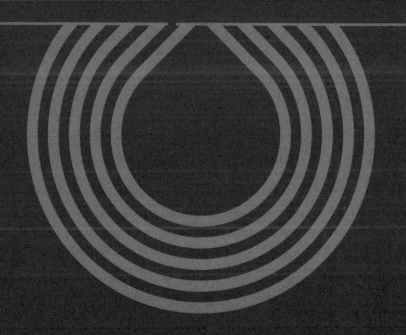

CIO의 존재만으로 구식 IT 조직이
디지털 스타트업으로 탈바꿈할 수는 없겠지만,
이중모드의 IT 조직으로 탈바꿈할 수는 있다.

- 피터 손더가드 Peter Sondergaard, 가트너 전 수석부장

점진적 개선도
혁신의 일부다

2008년, 스페이스X는 마지막 몸부림을 치고 있었다. 로켓을 재사용하겠다는 대담한 전략이 있었지만, 이를 실현하기 위한 첫 로켓인 펠컨Falcon은 세 번의 시도 모두 실패한 상태였다. 같은 해 9월 28일에 있었던 네 번째 시도가 마침내 성공했다. 스페이스X는 곧 로켓 탱크를 주기적으로 착륙시키고 재사용하기 시작했다.

이런 획기적인 사건들은 우주선과 다른 혁신 제품들에 대한 스페이스X의 계획들과 함께 화제를 모았다. 회사의 설립자이자 CEO인 일론 머스크는 일련의 대담한 계획으로 유명한 인물로, 그는 조금 늦더라도 결국 자신의 계획을 실현해내는 인물이다. 스페이스X의 COO인 그윈 숏웰Gwynne Shorwell은 "우리는 드높은 곳을 추구합니다. 정해진 일정대로는 아니었지만, 우리는 원하는 것을 항상 달성했습니다. 일정을 지키지 못하긴 했지만, 그건 기술적으로 달성하려 했던 목표가 실패하는 것보다는 비교적 정당한 실패라고 느낍니다"라고 밝혔다.[142]

한편, 스페이스X는 다른 많은 영역을 점진적으로 개선하고 있었다. 회사의 미션은 우주여행 비용을 낮춰서 인류의 터전을 여러 행성으로 확대하는 것이다. 이를 위해서는 재사용 로켓 같은 혁신 기술뿐만 아니라, 안전을 저해하지 않으면서 발사 비용을 조금씩 낮추는 작은 개선도 꼭 필요하다. 점점 불어나는 스페이스X의 엔지니어 부대에는 혁신에 몰두하는 그룹도 있지만 점진적인 문제를 해결하는 그룹도 있다. 혁신적 결과뿐만 아니라 혁신에 점진적 개선을 결합하는 운영 방식도 기업의 큰 성과다. 이번 장에서는 이중모드Bimodal와 단일모드Unimodal라는 회사 운영에 필요한 전략을 확인할 것이다.

영원한 혁신 기업은 사업 운영에 두 가지 모드를 전부 사용하려 한다. 예측 가능하거나 일상적인 활동에는 압축 전략을, 그리고 새롭거나 차별화된 영역에는 경험적 개발 전략을 활용한다. 다른 일반 기업들은 대개 압축형을 한층 더 가볍게 만든 단일모드에 정착하지만, 비용 절감과 새로운 가치 창출 면 모두 그 결과가 변변치 않다.

적어도 1990년대 이후 기업들은 비핵심 자산과 활동을 줄였다. 전문 업체들이 더 적은 비용으로 더 잘할 수 있는데 굳이 회사

구내식당이나 청소관리 서비스를 직접 할 필요가 있을까? 기업 전략상 본질적인 영역이 아니라면 마케팅, 제조, 유통, 심지어 상품 개발까지 외주 업체에 맡기는 기업도 많다. 이런 아웃소싱 전략은 기업들이 핵심 역량에 집중하는 다운사이징 물결을 이끌었다. 그러나 아직 회사에는 외주 업체에 완전히 위탁할 수 없는 활동들이 많이 남아있다. 너무 복잡하거나 주요 사업 운영의 일부로 결합된 일들이 그렇다.

야심 찬 기업들은 압축 전략을 통해 지속적으로 효율을 높이는 데 속도를 올린다. 사업 규모가 커지면 기업은 활동의 효율성을 높이려 하는데 이 과정에서 압축 전략은 압력과 규율을 부가한다. 일반적으로 기업이 성공하는 데 꼭 필요한 작업이기도 하다. 기업 비용 중 상당 부분은 더 이상 배울 것이 없고, 차별화 효과도 미미하며, 예측 가능한 일상적인 사업 활동에 할애된다. 이때 압축 전략이 긴박감을 더한다. 아직 일상화되지 않은 복잡한 작업의 경우 더욱 그렇다. 이때의 목표는 활동을 표준화하고 자동화해서 불필요한 비용을 적극적으로 제거하는 것이다.

압축 전략은 시장이나 기술의 불확실성을 최소화하며 점진적으로 프로젝트를 개선하는 데 효과적이다. 기업의 리더들은 이 프로젝트를 담당하는 팀에 처음부터 끝까지 일의 아주 상세한 일정을 요구해야 한다.

이중모드 전략은 내가 수년간 직접 수행한 연구결과, 그중에서도 컴퓨터 산업에 관한 내용을 바탕으로 작성되었다. 1990년대에

나는 동료들과 함께 이중모드 개발에 중점을 두고 여러 연구를 했다. 이후 진행한 컨설팅 활동들과 다른 연구를 통해 당시 논문으로 발표한 내용들이 유효하다는 것을 확인할 수 있었다.

아래에 있는 표는 두 모드의 차이점을 간략하게 보여준다. 여기서 눈여겨볼 점은 복잡성보다는 예측 불가능성이 경험적 개발 모드에 얼마나 의존할지를 결정한다는 것이다. 애자일한 혁신 기업들은 복잡하지만 예측 가능한 프로젝트를 압축형 모드로 처리한다.

	예측 가능한	예측 불가능한
간단	√	경험 중심
복잡	압축	압축/경험 중심

또한 전략적으로 중요한 활동은 효율성을 완전히 축소하면서 관리자들이 여러 옵션과 가설을 고려하도록 권한다. 기업은 경험적 접근법을 취할 때 학습과 발견을 강조하지만, 그 와중에도 규율과 책임감에 중점을 둔다.

획기적인 프로젝트는 보통 세세한 일정을 따르지 않는다. 대신 관리자들은 주요 단계별로 발견한 내용과 새로운 경로들을 논의하며 그에 따라 일정을 조정한다. 탁월한 리더들은 이런 경험적 모드가 유리한 프로젝트와 압축형 모드가 유리한 프로젝트를 구별해서 한 팀이 양쪽 모드로 일하는 상황을 피한다.

최근 운영 비용은 절감하면서 혁신 관련 예산을 증대하는 피상적인 이중모드 접근법을 택하는 기업이 많아지고 있다. 그러나 일상적인 사업 활동과 상품 개발 활동을 칼로 나누듯 구분하는 것이 이중모드 전략의 핵심이 아니다. 일상적인 사업 요소로 보일지라도 전략적이거나 차별적인 성격이 강해서 경험적 접근법이 유리한 경우도 있기 때문이다. 게다가 예산 책정은 프로젝트 관리의 일부일 뿐이다. 그런데도 많은 기업은 어떤 일이 유망해 보이면 일단 혁신이라는 이름을 붙이고 효율성도 추구하면서, 모든 프로젝트를 동일한 방식으로 운영하는 손쉬운 방법을 선택한다.

이중모드는 앞서 설명한 이중 템포와 바로 이런 면에서 다르다. 속도의 변화는 위협과 기회 요소가 대두했을 때 조직 전체에 영향을 줄 수 있다. 하지만 이중모드 접근법은 조직 활동을 압축적으로 해야 할 것과 경험적으로 발전시킬 것으로 나눈다. 이런 구분은 단기적인 속도 변화와 상관없이 시간이 지나도 계속된다.

압축형 모드와 경험적 모드는 다음 장의 표에서와 같이 적용할 수 있다. 압축형 모드는 활동 계획을 명확히 세우고 그것을 담당 관리자들에게 위임하라. 그리고 시간이 흐르면서 변화하는 학습 곡선에 따라 비용을 낮추고 유관 활동들을 결합하라. 이 단계들은 사실 회사가 이미 잘 알고 있는 프로세스를 채택하고, 이를 더욱 효과적으로 수행하는 것이다.

경험적 모드에서는 여러 옵션을 개발하고 각각을 테스트한다.

리더는 각 단계마다 확실한 학습과 진행이 이뤄질 수 있도록 구체적인 지침을 마련한다. 새로운 발견이 무엇보다 중요하므로 엄격한 원칙보다는 호기심과 열린 마음이 필요하다.

따라서 파생 제품을 개발할 때는 압축형 모드가 효과적이고, 완전히 새로운 제품이나 플랫폼을 개발할 때는 경험적 모드가 더 낫다.[143]

	압축형 모드	경험적 개발 모드
핵심 기준	복잡성	불확실성
제품 개발 특징	복잡한 일련의 단계로 구성	변화하는 시장 속 모호한 길 헤쳐나가기
제품 전략	논리적 계획 상황에 따른 (하지만 신중한 행동 조치)	즉흥적 조치
속도 전략	논리화 (계획) 위탁 (공급업체) 압축 (CAD) 압축 (중복 영역) 여러 기능 부서를 아울러 보상	다양한 선택지 탐색 (발전적 반복) 오류 발견 (테스트) 집중 (이정표) 전체적 상황 파악 (리더)

시간과 비용을 절감하는
압축형 모드 4단계

압축형 모드는 토목공학 분야에서 유래한 개념으로 중요 경로 방법CPM, 퍼트PERT, 재공학reengineering, 동시공학concurrent engineering 같은 친숙한 기법을 사용한다. 자동차 제조사들의 대형 조립 제품, 컴퓨터 메인 프레임 산업에서 사용된다. 이는 곧 고객, 경쟁사, 기술이 비교적 안정적이고 서서히 개선되는 성숙한 틈새시장이다. 파괴적 혁신이 세상을 들썩이지만, 기업의 많은 활동은 여전히 꽤 안정적인 환경에서 돌아간다. (아래에 있는 '이중모드 접근법을 통한 신제품 개발' 참조)

압축형 모드는 예측 가능한 사업 영역이라면 어디든, 작업이 얼마나 복잡하든 적용할 수 있다. 기업들은 효율성을 빠르게 높이기 위해 개선 기회들을 파악하고 체계성을 확립하면서 작업 과정을 적극적으로 관리해야 한다. 시간이 지나면서 작업 단계들을 단순화하고 더 많은 영역을 외부 업체에 위임할 수 있는데, 주로 각 작업 단계를 완료하는 데 걸리는 시간을 단축하는 효과가 크다. 이 덕에 개발 활동도 북돋을 수 있다. 전반적으로, 압축형 모드는 작업 과정을 능률화하고 개편해서 단순화하는 작업이다. 비용이나 시간, 혹은 양쪽 모두를 줄이기 위한 과정도 포함한다.

신제품 개발을 위한 이중모드 접근법		
	압축형 모드	경험적 개발 모드
불확실성	낮음	높음
사양 정의	며칠 만에 사양 결정	사양이 최종 결정될 때까지 계속 변화
초기 팀 구성	제품 개발 관계자 모두를 팀에 배치	핵심 직원 소수로 팀 구성
이정표	이정표가 잘 정의되고 간격이 짧음	초기: 이정표 사이의 간격이 김 후기: 이정표 사이의 간격이 짧음

이는 미식축구의 '서두르기 공격'과 비슷하다. 충분히 훈련된 미식축구팀은 논의 과정을 없애고, 스냅 카운트 속도를 높여 경기를 빠르게 전개한다. 기업도 과정을 간단하게 정리하고 지체되는

요소를 제거하고, 설계 단계를 함께 구상하면서 시간이나 비용을 절감할 수 있다. 핵심적인 4단계를 더 구체적으로 살펴보자.

계획과 모니터링

이 단계에서는 작업에 실제로 무엇이 필요한지 면밀하게 살펴봐야 한다. 계획 수립 담당자들은 종합적인 관점에서 불필요한 작업은 과감히 없애면서 효과가 저조한 단계들을 수정해야 한다. 프로젝트팀은 관련 작업을 구조화하고 조율하며 개발 시간을 압축하는 계획을 수립할 수 있다. 꼼꼼한 계획을 제시하면 경영진은 예산 및 인력을 더 아낌없이 지원할 가능성이 크다. 프로젝트팀은 비용을 전체적으로 절감하면서 필요한 자원도 더 쉽게 확보하는 이점을 얻을 수 있다.

압축 능력이 탁월한 기업에는 아마존, 특히 아마존 물류센터가 있다. 상품의 선택과 포장과 발송 업무를 책임지는 아마존 물류창고들은 각 과정을 동시에 하루 종일 운영한다. 이들은 근로자들의 낭비 시간을 줄이고 생산성을 높이기 위해 보조 기술을 적극적으로 활용한다. 가령 소프트웨어 프롬프트는 근로자들이 '오래 생각하지 않아도 필요한 상품을' 바로 가져올 수 있게 알려준다.[144] 소프트웨어가 말해주는 곳으로 그냥 가면 된다. 각 물류센터에는 특정 상품을 발송해야 할 정확한 시간이 표시되는 CPT Critical Pull Times도 있다. 방대한 계획과 분석 작업을 통해 산출되는 CPT에 따라 각 물류센터는 그들의 목표를 달성한다.

CPT 외에도 아마존은 직원별, 부서별 시간 관련 지표들을 추적한다. 계획 담당자들은 이 지표를 통해 작업을 미리 계획하고, 직원들이 이에 부응하는 발전을 보이면 목표를 상향 조정한다. 이는 직원들에게 전반적으로 모든 속도를 높이도록 동기를 부여하고, 전체 시스템은 압축 전략을 수행하는 긍정적인 피드백 루프 역할을 한다. 관리자들은 문제가 가능한 한 빨리 해결될 수 있도록 매주 팀원들과 짧은 개별 면담을 한다. '작업 완료에 걸리는 평균 시간이 1~2초만 달라져도 관리자에게 칭찬을 받거나 경고를 받을' 정도로 시스템은 매우 촘촘하다.

노동자들은 (또 노조 활동가들은) 인센티브 때문에 작업이 위험해질 정도로 시간을 단축하려 애쓰게 된다고 말한다. 실제로 압축형 전략을 추구하는 과정에서 작업자는 반복적으로 수행되는 업무에서 종종 벌어지는 태만을 극복하고 속도를 높이는 데 열중한다. 그러나 1913년 포드 자동차에 조립 라인이 도입되었던 때처럼, 높은 업무 강도가 환경 곳곳에 자리 잡으면서 많은 사람들은 스트레스를 받는다.

각 물류센터의 인사 담당 직원들은 이 모든 추적 정보를 바탕으로 매주 관리자들과 함께 하위 10%에 속하는 직원들을 만나 작업 효율성을 높이는 방법을 논의한다. 계속해서 기준에 못 미치는 근로자는 서면 경고를 받고, 세 번 받으면 해고된다. 하지만 이는 최악의 시나리오일 뿐이고, 보통 관리자 및 인사 부서의 협력과 지원을 통해 직원이 겪는 문제의 근본 원인을 발견하고 실질적인 개선 방안을 찾는다. 아마존은 비효율적인 작업 요소가 발생하면 바로 처리하는 한편 부차적인 문제해결에 소모되는 시간을 최소화하기 위해 프로세스를 사전에 철저히 계획한다.

아마존은 이런 철저한 관리 덕분에 인간 대신 로봇이 상품을 출고하고 운반하는 자동화를 본격적으로 도입할 수 있었다. 회사는 2012년에 키바 시스템Kiva Systems을 인수하고 이들의 컴퓨터 시스템과 로봇을 통해 창고 선반들을 재배치했다. 본래 아마존 물류 시스템으로는 '클릭부터 배송까지' 이어지는 사이클에 60분 이상 소요됐다. 키바 로봇들은 이 시간을 15분으로 단축했고 덕분에 아마존 창고들은 훨씬 더 많은 재고를 보유하게 되었다. 아마존이 인간 출고 담당자를 로봇으로 전면 교체하기까지는 아직 몇 년이 더 걸릴 것으로 보이지만, 이들의 첨단 기술에 대한 높은 관심 덕분에 배송 시간과 비용을 낮추는 데 선도적 위치를 점하게 되었다. 계획 능력과 보조 기술, 분석 기반의 압축 전략을 통해 소비자 배송 분야에서 차지하는 아마존의 우위는 당분간 따라잡기 어려울 것이다.[145]

타인에게 위임하기

기획자가 프로세스를 구성하는 각 작업의 가치와 압축 가능성을 알면 설계를 포함해 일부를 외주할 수 있다. 프로젝트팀은 이런 아웃소싱으로 핵심 역량과 관련된 일에만 집중할 자유를 얻는다. 내부 개발자들도 제품 개발을 할 때 해당 아이템을 나머지 제품

라인과 통합하는 데 꼭 필요한 특화 영역에 주력하면서 나머지 설계 작업은 외부 업체에 맡길 수 있다.

메인프레임과 미니컴퓨터같이 예측 가능한 사업은 상품 개발 초기에 외부 공급업체들을 폭넓게 참여시키는 쪽이 유리하다. 외부 공급업체들은 종종 후반 제조 공정에서 불거지는 문제들에 대한 탁월한 아이디어와 값진 통찰력을 내기도 한다. 게다가 업계에서 통용되는 표준 및 인터페이스 덕분에 설계 작업을 위탁하는 것이 쉬워졌다.

위임은 회사 내부에서도 적용할 수 있다. AMD가 2022년에 또 다른 반도체 제조사인 자일링스Xilinx를 490억 달러에 인수한 예가 대표적이다. 앞서 설명했듯이 AMD는 시장 리더인 인텔의 기술력을 뛰어넘기 위한 대담한 전략으로 파산 직전에 회생할 수 있었다. AMD는 업계에서 가장 진보된 칩을 출시하면서 전략적 성공을 거뒀지만, 또 다른 문제에 봉착했다. 전체 제품 라인을 완성하는 데 필요한 자원이 부족했기 때문이다. 그래서 칩 유형별로 다양한 모델을 지원하기 위해 경쟁사인 자일링스를 인수했다.

AMD는 자체적으로 상품 라인을 확대할 수도 있었지만, 자일링스를 인수하고 자사의 경험적 성공을 뒷받침하는 압축 작업에 집중해서 제품 개발 과정을 가속했다. 두 회사의 기술력을 결집한 칩을 선보이는 공동 확장을 추진했고, 덕분에 AMD 단독으로 사업을 펼칠 때보다 더 효과적으로 전략을 수행할 수 있었다. 기업들의 위임 활동 대부분이 아웃소싱 방식으로 이행되지만, 인수라는 또 다른 접근법도 존재한다.

AMD는 칩 설계 분야에서 이미 근본적인 혁신을 이룬 기업이었지만 그런 발전을 더 광범위한 제품 라인으로 확장할 필요가 있었다. 그 작업이 특별히 혁신적이라 할 수는 없었지만, AMD 혼자 사업을 확장할 때보다 자일링스 덕분에 더 빨리, 그리고 더 적은 비용으로 혁신을 완수할 수 있었다. AMD의 리더들이 한 일이라고는 자일링스 출신의 팀들과 관리자들을 감독한 게 전부였다.[146]

설계 단계 단축하기

기업은 인력을 확충하고, 초과 근무를 요구하고, 빠듯한 목표 일정을 밀어붙이는 등 가혹하게 작업을 압축할 수 있다. 하지만 이보다 더 지속 가능한 방법은 기술, 그중에서도 컴퓨터 지원 설계CAD를 활용하는 것이다. CAD는 공학적 계산 속도가 빠르고 기존 설계를 쉽게 재활용할 수 있는 데다 설계 담당자 간 의사소통이 용이해서 점진적인 혁신의 속도를 높이는 데 특히 효과적이다.

애플은 그 어떤 회사보다 제품 설계 속도가 빠르다. 이 회사는 매년 가을에 아이폰 신모델을 발표하는데 2022년에는 아이폰 14를 출시했다. 한 평론가는 애플의 도전적인 압축 전략에 대해 "엄청난 혁신의 문제점은 업그레이드가 너무 반복적이어서 이제는 뭘 써야 할지 모른다는 점이다"라고 강조했다.[147]

해마다 아이폰을 교체하는 고객은 많지 않겠지만, 많은 이들에게 새로운 아이폰 출시는 큰 이벤트가 되었고, 이 때문에 애플은 매년 신모델에 일부 혁신 기능을 넣어야 하는 부담을 갖는다. 게다가 1년이라는 일정에 맞추려면 변화를 빠르고 체계적으로 적용해야 한다. 그래서 애플은 제품 설계 사이클을 공격적으로 단축했다. 그렇지 않으면 이제는 포화 상태가 된 스마트폰 시장에서 경쟁자에게 뒤처질지도 모른다.

애플은 누구보다 풍부한 경험과 엄격한 일정을 통해 압축 전략의 전문가가 되었다. 제품 모델을 개발할 때마다 애플은 효율성을 극대화하는 폭넓은 계획을 수립하는 것으로 일을 시작한다. 제품 설계 단계들은 동시에 진행되고, 엔지니어들도 스마트폰 모델을 아우르는 프로젝트를 동시에 진행한다. 새 모델을 출시해야 할 시간이 되면 애플은 기존 아이폰 사용자들의 아쉬움을 달래기 위해 주기적으로 업데이트된 소프트웨어 버전을 내보내고, 그와 동시에 신제품 출시를 위해 새로운 기능과 기술을 계속 개발한다. 또 다른 팀들은 이와 별개로 중대한 기술적 발전 가능성을 탐색하는 경험적 프로젝트를 진행한다.[148]

속도가 경쟁우위의 중심이 되면 동시 진행이 불가피하다. 자라는 패션 트렌드에 재빨리 대응하는 것이 비즈니스 모델이므로 생산 단계에서 동시 진행에 역점을 둔다. 자라에서는 언제든 새로운 패션 라인이 입고되고, 공장에서는 새로운 라인이 생산되고 있으며, 본사 직원들은 그보다 더 새로운 라인을 디자인하고 있고, 매장 직원들은 가장 최근 라인들에 대한 고객 선호도를 보고하고 있을 것이다. 새로운 의류 아이템은 승인되자마자 생산에 들어가고,

새로운 스타일이 또다시 바로 생산되기 시작하며, 그로부터 일주일만 지나도 고객들은 또 다른 신상품을 원할 것이다.

경쟁사들은 새로운 스타일을 디자인하고 생산하는 데 몇 달씩 걸리지만 자라는 며칠 만에 해낸다. 디자인이 승인되면 자라의 수직적 통합 조직이 아이디어를 재빨리 구현하고, 줄줄이 승인만 받다 상품 출시가 늦어지는 중간 단계들도 없으며, 제조업체가 다른 고객사 주문을 우선 처리하는 불상사도 없다. 자라는 매장에서도 여러 단계를 한꺼번에 신속히 처리해서 고객의 대기 시간은 대폭 줄인다.

일사천리로 진행되는 자라의 프로세스는 여러모로 압축 전략에 도움이 된다. 일단 단계마다 발생하는 데이터를 수집해서 비효율성을 발견하고, 경쟁사보다 트렌드를 더 빨리 예측한다. 사업 전체에 긴박감을 조성해서 느슨한 조직에서는 간과할 만한 사소한 장애들을 관리자들이 빨리 포착하고 해결한다.

자라는 압축 전략 덕분에 패션업계에서 확고한 위치를 점하며 경이로운 능력을 입증했다. 자라의 설립 초기에 한 기사는 '자라에는 패션 트렌드를 감지하고, 이를 소화하고, 아주 저렴한 가격에 구현하는 놀라운 능력이 있다. 게다가 이 모두를 20일 안에 해낸다!'라고 극찬했다. 아이템 하나하나의 이윤은 낮지만, 자라는 제품을 정가에 대량판매할 수 있어서 상당한 이윤과 함께 시장점유율을 높인다. 압축 전략을 통해 확립된 자라의 사업 규모는 이제 경쟁사가 따라잡기 어려운 수준이다.

물론 자라에서도 실패하는 디자인이 있지만 재빨리 문제를 바로잡아 손실을 최대한 줄인다. 가령 2001년 9월 11일, 뉴욕에서 참혹한 테러 공격이 터졌을 때 주요 패션 브랜드들과 디자이너들은 화사한 꽃무늬 스타일을 밀고 있었다. 당연히 미국인들의 침울한 분위기와 맞지 않았다. 대다수 패션 회사가 판매 저하로 고심하는 와중에 자라는 재빨리 어둡고 차분한 색조로 디자인을 교체했다. 판매는 훨씬 개선되었고 시장점유율 또한 높아졌다.[149]

혁신을 단순하게 유지하기

점진적인 개선 속도를 안정적으로 유지하려면 큰 변화를 자주 주려는 유혹에 맞서야 한다. 나이키는 디자인 단계를 압축해서 이 접근법을 통달했다.

나이키는 운동화 시장에서 가장 큰 점유율과 강력한 지지자들을 자랑하는 회사다. 소위 스니커헤드Sneakerheads들은 나이키의 주력 제품인 에어 조던의 신모델이 출시되기를 손꼽아 기다리곤 한다. 신규 모델 대부분에는 발전된 기능은 거의 없고 보통 색상이나 디자인 정도만 바뀔 뿐이다. 그러면 나이키는 기존 모델보다 딱히 더 나을 것도 없는 신발을 출시해서 어떻게 그렇게 많은 돈을 버는 걸까?

나이키는 마케팅뿐 아니라 압축의 미학에 통달했다. 물론 이들은 브랜드 광고에 유명인들을 대거 투입하며 큰돈을 쓰기도 한다. 또 신규 모델의 경우에는 수요를 높이고 고가 정책을 쓰기 위해 판매 수량을 제한해 희소성을 창출한다. 하지만 뭐니 뭐니해도 압축 전략에 고도로 체계적인 투자를 하지 않았다면 스니커헤드들이 주기적으로 출시되는 나이키 신상품을 지금처럼 손꼽아 기다리는 상황을 만들지는 못했을 것이다.

ESPN 기자인 스쿠프 잭슨은 "에어 조던 브랜드가 매년 뭔가 새로운 상품을 만들고 그 아이템에 번호를 매겨 시장에 선보이는 비즈니스 모델은 과히 혁명적이었다"라고 설명했다. 나이키가 일관적인 생산과 진화를 위해 채택한 압축 전략이 없었다면 조던 브랜드는 이처럼 높은 수요를 꾸준히 유지할 수 없었을 것이다.

이런 성공의 중심에는 나이키의 풍부한 기획력이 있다. 이들은 신모델 출시 일정을 수개월 전에 미리 확정한다. 이 때문에 스니커헤드들은 온라인 사이트에서 향후 몇 개월 사이에 등장할 에어 조던 신모델 출시일을 주기적으로 확인한다. 각 모델에는 오리지널 모델의 몇 번째 버전인지 시리즈 번호가 붙는다. 가령 에어 조던 6 레트로 로우 'CNY', 에어 조던 12 레트로 '플레이오프', 에어 조던 4 여성 '캔버스' 같은 식이다. 소비자들도 신상 모델이라고 해서 이전 모델보다 크게 나아질 게 없고 기능이 조금 개선된 정도라는 것을 안다. 그럼에도 에어 조던 팬들은 신모델을 무조건 사고야 만다.

동시적이고 단축된 단계들에서 여러 디자인팀들은 다양한 신규 모델을 개발하고 배색하는 작업을 각각 동시에 진행한다. 나이키는 항상 기존 디자인을 재사용하고 약간만 개선해서 재빨리 생산한다. 이런 방식으로 제품을 준비하면 빨리 출시될 수 있어서 소비자들이 신모델을 기다리다 지치는 일 없이 브랜드에 애착을 유지할 수 있다.

에어 조던 제품은 사업 초기에 운동화 기술의 큰 도약을 이끌었다. 이를 통해 나이키는 오늘날까지 큰 관심을 받고 있고, 조금씩 꾸준히 좋아지는 신규 모델을 주기적으로 출시해서 이익을 얻는다. 나이키는 디자인 단계에서 이뤄지는 집중적인 계획 중심의 압축 전략으로 수요를 최대한 끌어올렸다. 그 결과 에어 조던 브랜드로만 매년 수십억 달러의 매출을 창출한다.[150]

이정표에 따라 맹렬히 추격하는
경험적 개발 모드 4단계

하지만 기업에는 나아갈 길을 예측할 수 없는 프로젝트가 많다. 점진적 개선을 뛰어넘는 혁신의 여정은 급변하는 시장과 기술의 안개로 자욱하다. 이때 야심 가득한 회사들은 경험적 개발에 의존하는데, 이는 즉흥적인 연기와 연주가 예술의 경지로 승화한 드라마와 재즈에서 생겨난 접근법이다. 나와 동료들은 이 방식을 컴퓨터 산업, 그중에서도 노트북과 휴대용 PC처럼 빠르게 움직이는 분야에서 발견했다.

혁신은 본질적으로 예측할 수 없으므로 기업의 큰 숙제는 정보를 축적해서 필요한 작업을 적절한 속도로 추진할 수 있도록 어느 정도의 예측력을 확보하는 것이다. 따라서 경험적 모드는 다양한 선택지를 생성하고 테스트하는 것으로 시작해야 한다. 과정 곳곳에 이정표를 넣어서 담당자들이 작업에 집중하고, 동기를 갖고, 불확실성에 대응할 방법을 발견하게 해야 한다. 압축형 모드가 미식축구의 서두르기 공격과 비슷하다면, 경험적 개발 전략은 농구의 속공과 비슷하다. 선수들에게는 직관과 팀워크가 중요하지만, 그 또한 규칙과 역할의 맥락 안에서 이뤄져야 한다. 경험적 전략은 다음 4가지 단계로 진행된다.

다양한 선택지 마련하기

개발팀은 병렬적 대안 설계, 이전 설계의 순차적 반복, 혹은 이 둘을 조합한 방법으로 가능성을 만든다. 이는 단순한 아이디어나 스케치, 가상 컴퓨터 시뮬레이션, 혹은 모형과 시제품 같은 가시적인 원형 제품 형태로 이뤄진다. 농구 경기에서 상대 팀의 움직임에 따라 득점 위치에 있는 여러 선수가 공격을 시작하는 것과 비슷하다.

이 개념의 전반적인 골자는 주요 결정 지점에서 여러 설계 옵션을 만들어서 제품 개발을 가속하는 것이다. 선택지가 있으면 역경이 생겨도 팀이 계속 움직일 수 있는 유연성이 생긴다. 최우선 옵션이 작동하지 않으면 개발자들은 서둘러 대안을 택할 수 있다. 정서적 측면에서도 다양한 선택지가 있으면 개발자들이 특정 접근법에 지나치게 의존하지 않아도 되므로 상황에 따라 설계를 변경할 수 있다.

여러 옵션을 마련하는 것은 압축을 위한 계획을 세우는 것과 반대되는 개념이다. 1990년대 중반에 나와 동료들은 14개 하이테크 기업에서 진행하는 28개의 차세대 제품 개발 프로젝트를 연구했다. 그중 대다수 기업이 프로젝트를 일정 안에 완료하지 못했다. 연간 매출이 5억 달러에서 100억 달러에 이르렀던 연구 대상 기업들의 프로젝트 중 일정, 사양, 시장점유율 목표를 달성한 것은 딱 4개였다. 5개 기업에서 개발한 제품은 외부인들의 시각으로는 성공적으로 보였지만 내부 목표나 시장점유율 목표에 미치지 못했다. 나머지 5개 기업이 낸 신제품은 완전히 실패였다. 우리 연구팀은 일정이 지연되고 어려움을 겪은 프로젝트 모두, 조직이 제품 디자인을 특정하기 전인 개발 정의 단계에서 그 문제가 시작되었다는 것을 알 수 있었다.

옵션이 여러 개 있으면 팀원들이 일하면서 마주하는 불확실성을 그냥 지나칠 가능성이 줄어든다.[151] 무엇보다, 가능한 디자인이 여러 개일 때 개발자들은 디자인 요소들이 실제로 어떻게 구현될지 직관적으로 느낄 수 있다. 상황이 불확실하면 사람들 대부분이 한 가지 제안을 쉽게 평가하지 못하는데 강제로라도 옵션을 여러 개 만들면 담당자들이 현 상황과 그 옵션들을 더 잘 이해할 수 있다.

애플은 현재 아이폰 개발 작업 대부분을 압축 방식으로 진행하지만, 처음 아이폰을 창조할 때는 경험적 개발 전략, 그중에서도 다양한 선택지에 많이 의존했다. 세상이 움직이는 방식 자체를 혁명적으로 바꿔버린 아이폰이 난데없이 탄생했을 리는 없다. 일례로 당시에는 터치스크린이 흔하지 않았으므로 애플은 다른 대안도 고려했다. 심지어 오늘날에는 당연시되는 앱의 그리드 배치도 논쟁 대상으로 여러 번 수정됐다. 아이폰 개발팀들은 최종 디자인을 확정할 때까지 다양한 가능성을 놓고 실험을 이어 나갔다.

개발자들은 특정 옵션에 주력했지만, 그 결과가 전체적으로 삐걱거린다는 것을 알게 되었다. 설계 담당자 한 명은 당시 "각각은 뛰어날지 몰라도 그것들을 하나로 묶어주는 서사가 없었어요. 그냥 반쪽짜리 앱들과 아이디어가 마구 뒤섞인 상태였죠"라고 회상했다. 가끔은 체험적 모델이 그렇게 작동하기도 한다. 다양한 아이디어를 시도하고 반복하고 거의 혁신에 다다르지만, 수익성 있는 완제품 측면에서는 부족하다는 것을 깨닫는다. 결국 스티브 잡스는 전체 프로젝트팀에 다 같이 힘을 합쳐 제대로 된 프로토타입을 2주 안에 만들라는 최후통첩을 했다. 이런 압박으로 일부 개발 프로젝트가 실패로 끝나기도 하지만 아이폰은 그렇지 않았다.

아이폰 개발 초기에 디자인이 정해진 후에도 애플은 다음 두 가지 옵션을 유지했다. 첫 번째는 아이폰을 매킨토시 데스크톱 컴퓨터의 미니 버전으로 만드는 것이었고, 두 번째는 아이팟 기술을 휴대전화로 바꾸는 것이었다. 실제로 아이폰 개발팀은 두 개의 팀으로 분리되었고 이 둘의 경쟁은 나날이 치열해졌다. 담당자들은 해고되거나 제 발로 회사를 나갔고 흡사 전쟁 같은 상황이 이어졌다. 두 팀 모두 곤경에 처했다. 아이팟팀은 터치스크린 방식으로 전화 걸기 기능을 구현하는 데 어려움을 겪었고 심지어 클릭 휠을 사용하는 방법까지 고려했다. 한편 매킨토시팀은 마치 연구 프로젝트를 대하듯 제품 설계에 접근한 결과 로딩 시간이 터무니없이 길어졌다. 반복되는 수정과 고통스러운 실험 끝에 두 팀의 리더들은 탁월한 타협에 이르렀다. 매킨토시팀은 소프트웨어를 담당하고, 아이팟팀은 하드웨어를 맡기로 한 것이다. 이는 두 세계를 결합하는 최선이었고, 아이폰은 결국 놀라운 성공을 거두었다. 이 모두가 처음부터 옵션이라는 가능성을 활용한 덕분이었다.

필자의 연구에서도 다양한 선택지를 둘 때 동일한 이점이 있다는 것을 발견했다. 성공하는 기업들은 신제품을 이루는 핵심 시스템을 여러 프로토타입 형태로 개발하기 위해 빠르게 움직였고, 그런 다음 전체 시스템을 개발했다. 일반적인 개념 증명proof-of-concept 단계를 건너뛰었기 때문에 프로토타입이 완벽하지 않을 때도 있었고, 소프트웨어를 변경하거나 전선을 재배치하고 약간의 재설계가 필요할 때도 있었다. 하지만 그로 인한 지연은 그 덕분에 생긴 이점에 비하면 사소했다. 초기에 프로토타입을 여러 개 만들면 완성된 신제품이나 그 하위 시스템들로는 불가능한 구체적인 방식으로 팀에 활력과 흥분을 일으킨다. 시제품 덕분에 팀원들은 더 집중력 있게 문제를 논의할 수 있었고 결정도 더 신속하게 내릴 수 있었다.[152]

테스트하기

테스트는 다양한 선택지를 마련하는 전술과 밀접한 관계에 있으며 일련의 작고 빠른 실패와 성공을 끌어내 개발 과정을 가속한다. 지속적인 테스트는 개발자들의 방어 기제를 촉발하지 않으면서 그들의 주의를 끌기 때문에 학습을 극대화한다. 또 개발 과정 초기에 잠재적 문제가 드러나서 더 쉽게 수정할 수 있다. 테스트 결과를 바탕으로 구체적으로 토론하기 때문에 근거 없는 주장과 주관적인 직감으로 인한 갈등 및 정치적 행동을 막는다.

이 책에는 페이스북을 비판하는 내용도 일부 나오지만, 사실 페이스북은 테스트에 뛰어난 기업이다. 매일 수십억 명의 사용자가 교류하는 페이스북에는 정보를 얻을 수 있는 방대한 데이터 저장소가 있다. 이런 데이터 사용의 윤리성은 논란의 대상이지만, 어쨌든 페이스북이 이 데이터를 활용해 테스트함으로써 재정적 성공을 이뤘다는 점에는 의심의 여지가 없다. 콘텐츠 정책 책임자인 모니카 비커트가 주장했듯이 감정에 대한 악명 높은 실험조차 페이스북이 혁신적인 새 기능을 만드는 데 도움이 되었다. 이들은 사용자도 모르게 지속적으로 설정과 사용자 경험을 조정해서 해결책을 찾는다. CEO인 마크 저커버그는 "어느 시점이든 페이스북이 한 가지 버전만 운영할 때는 없고, 아마 만 개 정도가 돌아가고 있을 겁니다. 또 엔지니어는 누구나 테스트하고 싶은 대상을 결정할 수 있습니다"라고 말했다.

페이스북은 새로운 반응 버튼부터 인스타그램 같은 다른 플랫폼들을 통합하는 것까지 다양한 기능들을 테스트한다. 엔지니어들은 이런 테스트를 통해 전체 플랫폼에 영향을 주는 큰 위험부담

없이 새로운 기능이 어떻게 작동하는지 데이터를 수집할 수 있다. 페이스북에서는 대규모로 도입되는 어떠한 새로운 기능이든 광범위한 테스트를 바탕으로 효과를 극대화한다.

엔지니어들은 지속적으로 발생하는 사용자 데이터라는 피드백을 바탕으로 실수를 확인하고 새로운 아이디어의 성공 여부를 실시간으로 테스트할 수 있다. 각기 다른 소프트웨어 버전 수천 개가 동시에 작동하기 때문에 기획자들은 계속해서 학습하고 경험을 쌓는다. 그중 효과가 눈에 띄는 아이디어는 자연스레 페이스북의 주 기능으로 채택된다. 덕분에 사용자 경험이 꾸준히 개선되는 것은 물론이고 플랫폼에서 이뤄지는 막대한 사용자 상호작용을 타깃 광고 형태로 수익화할 수 있다. 참고로 페이스북의 전체 수입 중 85%가 광고에서 나온다.

페이스북은 수억 명의 정규 사용자를 보유한 덕분에 웹사이트에 들어가는 모든 기능을 테스트할 수 있는데, 특히 분할 광고 테스트를 적극적으로 활용한다. 동일한 광고라도 여러 버전을 웹사이트에 띄워서 글꼴, 색상, 타깃 청중을 테스트한다. 기본적으로 페이스북 광고는 광고주가 원하면 어떤 요소나 변경할 수 있다. 광고주가 자체적으로 분할 테스트를 설계할 수도 있다. 비록 최근 몇 년간 페이스북(메타)가 곤경에 처하긴 했지만 경험적 개발에 수고를 아끼지 않은 덕분에 회사는 꾸준히 학습할 수 있었고 사용자 경험 면에서 경쟁사들을 크게 따돌리고 있다.[153]

짧은 간격으로 이정표 세우기

아무리 철저히 경험 중심 프로세스로 개발을 진행한다고 해도 가능성에 압도되면 설계자들은 초점을 잃고 올바른 궤도에서 벗어날 수 있다. 그러면서 혼란과 혼돈 속에 빠진다. 농구의 패스트 브레이크 전략이나 드라마나 재즈의 즉흥 기법에서처럼 제품 개발자에게도 구조에 대한 전체적인 감각이 필요하다.

이정표를 짧은 주기로 계속 넣으면 관료주의적 검토로 인한 시간 낭비를 막을 수 있다. 대개 매주, 혹은 격주로 제품 설계의 현 상태를 확인하는 구조를 만든다. 그렇게 하면 개발자들이 시장과 기술 변화에 맞춰 제품 설계를 조정하거나 바꿀 수 있고, 마음의 부담도 덜 수 있다. 또 팀에서 일어나는 여러 활동을 조정해서 작업 속도를 높일 수 있다. 주기적인 이정표가 있으면 담당자들에게 업무 성취감에 따른 자신감을 심어주는 동시에 일의 긴박감을 계속 부여해서 일이 지연되는 사태를 막는다.

강력한 프로젝트 리더

개발 작업 자체는 팀원들이 하겠지만 강력한 리더가 있으면 필요한 자원을 확보하고 관료주의적 병폐로부터 개발자들을 보호할 수 있다. 최고의 프로젝트 리더는 올바른 비전을 제시해서 프로젝트의 중심을 잡고 경험적 전략에서 발생할 수 있는 혼란을 통제한다.

그런 리더로 제프 베이조스를 꼽을 수 있는데, 물론 그도 파이어폰Fire Phone으로 참패의 쓴맛을 본 적이 있다. 2010년에 그는 기업들이 스마트폰 시장에서 판세를 키우는 것을 보고 아마존도 혁신 기업으로서 합류할 수 있겠다고 판단했다. 그리고 스마트폰 시장에서 볼 수 없었던, 손을 대지 않고도 기능을 제어할 수 있는 3D 디스플레이의 파이어폰이라는 웅장한 아이디어를 구상했다.

아마존의 여타 사업부에서는 고객의 피드백에 초점을 맞추지만, 베이조스는 잠재적 사용자의 의견을 들어야 혁신 제품을 개발할 수 있다는 주장에 회의적이었다. 그는 대신 극적인 돌파구를 마련하기 위한 창의적인 '탐색'을 촉구했다. 직원들의 의구심에도 불구하고, 베이조스는 개발자들에게 큰 꿈을 안고 스마트폰업계를 획기적으로 평정하라고 북돋웠다.

하지만 이런 확고한 리더십만으로는 충분치 않았다. 2014년에 출시된 파이어폰은 처참하게 실패했다. 아마존은 제품 생산을 1년 만에 중단하면서 1억 7,000만 달러의 손실을 보았다. 하지만 베이조스는 직원들에게 실패는 성공을 위한 대가일 뿐이라고 위로했다. 그는 1년 전 주주들에게 '발명이란 혼란의 연속이며 우리도 큰 베팅에서는 가끔 실패할 수밖에 없을 겁니다'라는 내용의 편지를 썼다. 그는 파이어폰 프로젝트를 이끌었던 임원들에게 불이익을 주지 않았다. 다만 긍정적으로 위험을 감수하면 언젠가 보상이 따른다는 메시지를 보내고 싶었다.

실제로 경험적 개발은 프로젝트가 실패하더라도 장기적인 이익으로 이어질 수 있다. 아마존은 파이어폰 프로젝트를 통해 칩세트 공급업체 및 제조업체와 협력하는 효율적인 방법뿐 아니라 소규모로 하드웨어를 설계할 때 겪는 복잡한 문제 등 많은 것을 배웠다. 아마존은 그 교훈을 더 나은 전화기를 만드는 데 쓰지 않고 이제는 대중화된 자사의 알렉사용 에코 스피커 같은 제품들에 적용했다. 한 잡지는 파이어폰의 실패가 오히려 '알렉사에 전화위복이 됐다'라고 평했다. 베이조스가 그 모든 경험적 학습을 장려하고 지원하지 않았다면 아마존은 그런 수확을 거둬들이지 못했을 것이다.[154]

CEO가 프로젝트 리더 역할을 하는 경우는 드물다. 대부분은 조직의 간부급이 리더를 맡는다. 하지만 프로젝트에 어떤 전략을 사용하든 지속적인 지원을 받으려면 모든 리더는 경영진과 가깝게 지내야 한다.

압축 모드와 경험 모드의
황금률

프로젝트가 명백히 실패한 것처럼 보일지라도 경험적 개발은 성공으로 연결될 수 있다. 하지만 그렇게 되려면 기업에 상당한 훈련이 필요하다. 훈련이 부족한 조직에서는 흔히 다음과 같은 네 가지 실수를 저지른다.

우선 과잉 계획이라는 문제가 있다. 계획은 신중하게 세워야 하지만, 시장과 기술의 불확실성이 높은 경우에는 '계획 집착'의 함정에 빠질 수 있다. 우리는 1990년대 중반에 연구를 수행하면서 차세대 제품 개발이 실패로 끝나는 주요 원인이 '막연한 초기 단계'에 기인한다는 것을 발견했다. 기업은 프로젝트 초기에 개발자들의 창의력을 저해하지 않으면서 제품에 기대하는 목표를 정해야 하는데, 이때 상당한 자원을 투입하면서도 정작 제품의 역할은 제대로 규정하지 않은 경우가 많다. 어떤 기업의 임원 한 명은 "제품의 정체성이 계속 바뀌니까 그동안 많은 엔지니어가 헛바퀴만 굴리는 꼴이더군요"라고 하소연했다.[155]

이런 경우 보통은 고위 경영진이 문제의 원인이다. 한 회사에서는 임원들이 상세한 일정과 예산이 확보될 때까지 프로젝트 출시를 보류했다. 만약 개발 상황이 어느 정도 예측 가능하고 임원들의 전문성과 경험이 풍부하다면 이런 지시는 적절할 것이다. 즉 이런 경우에는 임원들에게 폭넓은 프로젝트 통제권을 부여해도 된다. 하지만 상황이 다른 경우에 이런 통제는 경험적 전략 중심의 제품 설계 활동을 심각하게 지연시킬 뿐이다.

개발자에게도 허점은 있다. 워크스테이션에서 데스크톱 분야로 사업을 전환하려던 한 회사는 자연스레 계획 수립 단계에 들어갔다. 그런데 마케팅 직원들과 엔지니어들이 향후 화면 및 커뮤니케이션 인터페이스의 발전 방향은 물론이고 키보드의 크기와 트랙볼 디자인 같은 세부 기능들을 놓고도 의견이 계속 엇갈렸다. 향후 시장 형태에 대한 시각이 다르다 보니 어쩔 수 없이 제품 기획에 마찰이 이어졌다. 결국 그들의 기획 과정은 논리적인 결론이 아닌 경쟁 제품에 허둥지둥 대응한 결과로 끝이 났다. 사실 이 회사처럼 담당자들의 의견이 다르다면 여러 옵션을 테스트해서 최적 안을 도출하는 것이 더 이상적이다.

과도한 CAD 사용도 성공을 막는 위험 요소다. 컴퓨터 지원 설계CAD는 발전이 느린 분야에서는 개발 시간을 단축하지만, 하루가 다르게 변화하는 분야에서는 오히려 개발을 지연시킨다. 왜 그럴까?

바로 복잡성 때문이다. 대부분의 CAD 시스템은 여러 효과적인 기능을 수행한다. 어떤 시뮬레이션 시스템으로는 다양한 옵션에 대한 '가상' 프로토타입을 만들어 확인할 수 있고, 스테레오리소그래피와 3D 모델링은 물리적 프로토타입을 만들 때 도움이 된다. 그런데 이런 CAD 시스템이 경험적 개발의 필수 요소인 신속한 아이디어 생성 및 테스트에서는 유연성을 떨어뜨린다. 그래서 CAD에 너무 의존하면 경험적 개발 프로젝트에 필요한 개방적인 사고를 오히려 억누를 수 있다.

CAD의 또 다른 문제는 결과가 잘못 구현될 수 있다는 점이다. 일부 CAD 시스템은 그것을 효과적으로 사용하기까지 꽤 오랜 학습과 시간이 필요하다. 하지만 사람들은 낯선 시스템은 잘 배우려하지 않고 기업은 결국 호환성이 없는데도 한 가지 CAD 시스템만 계속 사용하게 된다. 게다가 컴퓨터가 '해킹'을 당해 개발 작업에 집중하지 못하는 상황도 발생한다. 해킹을 당하면 효과적으로 맞춤화한 CAD 패키지가 망가질 수 있다.

많은 회사가 그들의 CAD에 맞는 패키지와 인터페이스를 자체적으로 개발하곤 하는데, 그 결과물이 신규 프로젝트와는 맞지 않을 수도 있다. 이런 참사가 실제로 일어났던 회사의 엔지니어는 "그런 실수가 인간에게는 불편함 정도로 끝나지만 컴퓨터에는 대참사가 되더군요"라고 푸념했다. 결론적으로 경험적 개발에서 CAD는 제품 개발 전략에 맞고 적절히 구현될 때만 도움이 된다.

세 번째로 공급업체에 의존하는 것도 위험 요소다. 공급 업체들이 제품 혁신 과정을 압축하는 데는 큰 도움이 될 수 있지만 경험적 개발에서는 상황이 다르다. 예를 들어 컴퓨터 산업처럼 급변하는 분야에서는 공급업체들이 별다른 도움이 되지 않았으며 이들에 대한 의존도가 높은 경우에는 제품 개발 속도가 오히려 느려졌다.

제품 개발이 더 이상 예측 가능하지 않을 때는 공급업체들과 작업을 조율하기가 어렵다. 진보하는 엔지니어링 기법과 변화하는 인터페이스는 이들과의 관계를 더욱 복잡하게 만든다. 게다가 공급업체에 너무 의존하면 그들의 기술에 발이 묶이면서 경쟁사에 추월당할 수도 있다. 그런데도 기업들은 개발 조직의 약점을 보완하기 위해 공급업체에 의존하려는 유혹을 받는다.

1990년대에 기업들은 새로운 플랫폼 제품을 개발하기 위해 핵심 공급업체와 파트너십을 체결하는 경우가 많았다. 그런 공동 개발로 마케팅 파트너의 강점을 보완하는 일련의 기량과 경험을 습득하거나 재무 자원과 유용 기술을 확보하기도 했다. 하지만 이해당사자들이 작업 스타일, 우선순위, 동기부여 측면에서 차이를 보여 도리어 작업이 지연되고 수정되면서 값비싼 대가만 치르는 경우도 많았다. 공급업체와의 긴밀한 협력은 위험도가 높은 작업이다.

혁신 역량이 부족하다 할지라도 개발 과정을 통제할 수 있다. 첨단 지식을 가진 한두, 아니 최대 세 개의 핵심 공급업체와 파트너십을 맺고 지원을 받아 내부 역량을 키우면 된다. 그 외 다른 것들은 거의 다 시장에서 구할 수 있다. 이상적인 경우는 아니지만 이렇게 내부 역량부터 다지는 것이 처음부터 공급업체와 긴밀히 협력하는 방법보다 혁신 제품을 완성할 가능성이 더 높다.

마지막으로 연계 상품을 무시하는 상황을 들 수 있다. 혁신 제품 개발에는 성공한 기업이 연계 상품을 통해 현재와 미래 제품 사이의 시장 공백을 채우지 못할 때가 많다. 많은 고객이 기존 제품과 혁신 제품 사이의 무언가를 원할 가능성이 크다. 그런 연계 상품을 개발하기가 아주 어렵지는 않지만, 경쟁사보다 먼저 공백을 채우려면 압축형 프로젝트팀을 동원하는 인식과 체계가 필요하다. 이 때문에 이중모드가 시급하다. 같은 제품 개발 영역이라도 경험적 접근법과 압축형 접근법 모두가 필요하다.[156]

네 개의 위험 요소를 제거했다면, 그다음은 경험적 개발을 위한 두 가지 공식을 따를 차례다. 이 지침들은 다양한 제품군을 아울러 적용될 수 있다.

다기능팀 구성하기

보통 제품 개발팀을 연구나 개발 인력으로만 꾸려도 된다고 생각하기 쉽다. 이들이야말로 제품 개발에 어떤 작업이 필요한지 잘 알고 성공에 필요한 핵심 능력을 갖추고 있다고 여기기 때문이다.

하지만 엔지니어링, 제조, 마케팅, 심지어 구매와 회계 담당까지 범위를 넓혀 팀을 구성하는 것이 훨씬 유리하다. 다양한 시각을 바탕으로 동시 진행이 가능한 단계들을 쉽게 찾을 수 있고, 더 창의적인 아이디어를 발굴할 수 있으며, 설계 관련 결점을 더 빨리 파악해, 결과적으로 프로토타입을 더 효과적으로 만들 수 있다. 반면에 작업을 '벽 너머로 넘기듯' 부서별로 순차적으로 진행하거나, '사일로처럼 폐쇄적' 접근법을 사용한 기업들은 구매나 제조, 물류 단계에서 호환성 문제를 겪거나 시장에 적합하지 않은 결과물을 냈다.

조직 위계에서 배제된 반독립적이고 소수의 전문가로 이뤄진 '스컹크 조직'을 꾸린다고 만사가 해결되지는 않는다. 혁신 제품은 스컹크 조직 형태의 기능팀이나 다기능팀보다 회사의 위계 안에서 관리되는 자율적인 다기능팀에서 탄생할 가능성이 더 크다.

돌파구를 찾는 팀들은 두 세계의 최고 장점을 겸비한다. 먼저 다양한 팀원들이 서로 아이디어를 교류하며 더 풍부하게 발전시킬 수 있다. 또 필요할 때 현금, 인재, 전문성, 고객을 확보하기 위해 주력 사업과 통합 전략을 쓸 수 있다. 그리고 프로젝트팀의 독특한 프로세스와 문화가 억눌리지 않도록 '일상적인 사업 관행'을 피해 자율성을 유지한다.

일정 준수 명목의 보상은 금지

불확실성에 직면한 기업들은 정해진 작업을 일정 안에만 완료해도 그 공로를 보상하겠다는 말로 개발자들의 사기를 높인다. 하지만 개발자들이 일정을 맞추는 데만 급급하면 품질이나 새로운 기능처럼 예측하기 어렵지만 가치를 더하는 요소들을 간과하게 된다. 그리고 자연스레 제품의 사양보다 일정에 맞춰 제품을 설계하게 된다. 한 유명 소프트웨어 회사에서는 일정 준수를 기준으로 인센티브를 내건 결과 개발자들이 작업의 지름길을 찾고 제품 품질을 부적절하게 타협했으며, 이후 일정까지 지연되면서 당혹스러운 결과가 초래되었다. 또 다른 대형 컴퓨터 제조사에서는 그런 접근법이 오히려 혁신적인 제품 설계에 자긍심을 품었던 엔지니어들의 사기를 꺾었다. 일정 준수에 대한 보상은 보통 제품 개발자들의 업무 속도가 너무 느린 경우 이를 개선하는 방편으로 사용됐지만 이런 관행이 일상적으로 굳어지면 오히려 개발 역량이 뒤처지게 된다.

필자의 연구결과 어떤 단일한 최상의 인센티브 구조는 없는 것으로 나왔다. 하지만 제품이 궁극적으로 시장에서 낸 성과와 더 이상적으로는 실험을 통해 알게 된 몇 가지 성공 지표 등 다양한 결과를 기준으로 보상책을 마련하는 것이 현명하다.

일반적인 기업이라면 혁신 프로젝트에는 다양한 가능성을 열어 두는 경험적 개발 방식을, 그 외 프로젝트에는 엄격한 원칙 중심의 압축 방식을 적용하는 이중모드 접근법을 채택할 때 좋은 성과를 거둘 수 있다. 일단 기업에 이중모드 접근법이 확립되면 어떤 진일보한 도전에도 대응할 수 있다. 가령 제품 개발을 하다 보면 압축 방식과 경험적 개발 중 어느 쪽을 선택하는 것이 이상적인지 불분명할 때가 있다. 프로젝트 성격이 매우 복잡하고 예측 불가능하다면 두 모두를 결합해서 상황에 따라 적절히 움직여야 한다.

나와 동료들은 전 세계 컴퓨터 산업을 연구하면서 방식을 막론하고 따라야 할 다음과 같은 핵심 지침을 발견했다.

1. 다기능팀을 구성하고 그들이 일정 준수 그 이상을 해냈을 때 보상하라. 이는 경험적 개발을 수행할 때 꼭 필요한 사항이지만, 인센티브가 사업 방향과 일치한다면 압축형 개발에도 효과적이다.

2. 계획을 세우되 시간 제약을 두라. 계획을 수립하기 어렵다면 그 자체가 경험적 개발 방식을 적용해야 한다는 명확한 신호이다.

3. 더 알아가면서 프로젝트 유형을 평가하라. 개발 작업이 예측 가능해 보이면 그때 압축형 전략으로 전환하고, 불확실하고 새로운 성격이라면 경험적 개발에 더 많이 의존하라. 이것저것 얽힌 복잡한 프로젝트는 압축형으로 진행할 영역과 경험적으로 진행할 영역을 구분해 진행하는 것도 고려하라.

4. CAD는 신중하게 활용하라. CAD가 유리한 영역을 먼저 파악하라. CAD는 커뮤니케이션 지원, 디자인 재활용, 시뮬레

이션에 능하지만, 아이디어 발굴과 테스트에는 오히려 방해된다. 회사의 CAD 시스템이 호환 가능한지 확인하라. CAD 디자이너가 시스템을 지나치게 변경해서 오히려 해커 역할을 하지는 않는지 주시하라.[157]

이중모드 조직을 확립하려면 주의력과 유연성이 모두 필요하므로 이 책에서 다루는 내용 중 가장 어려운 도전과제라 할 만하다. 이 과제를 성공적으로 완수하려면 압축 모드와 경험적 개발 모드 모두를 깊이 있게 이해해야 한다. 또 이 중 한 접근법을 활용하는 팀이 설령 조직에서 모든 영광을 차지할지라도 또 다른 접근법에 묵묵히 전념할 수 있는 팀의 의지도 필요하다.

조직의 리더는 압축형 전략이 새로운 기회에 대한 개발자들의 시야를 제한할 수 있다는 위험을 인식해야 한다. 또한 경험적 전략은 많은 관리자, 마케터, 엔지니어 입장에서 너무 실험적이고 무질서하며 반직관적으로 보일 수 있다는 점도 알아야 한다. 기업이 영원히 혁신하려면 조직과 계층을 아울러 이중모드 개발을 촉진하는 문화가 필요하다.

이중모드 접근법은 사소한 성과가 아닌 큰 전략적 보상으로 이어질 수 있다. 이를 위해서는 관리자들이 인지적, 사회적, 감정적 장애물을 극복해야 한다. 이중모드 접근법을 여기에 배치한 이유도 그 때문이다. 이는 혁신을 향한 열정이 가득한 기업만이 도전해볼 만한 전략이다.

· 전략 7 ·

대담함

안전지대를
벗어나라

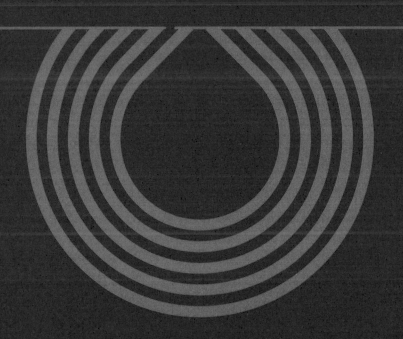

당신이 할 수 있다고 꿈꾸는 것이 있다면
무엇이든 시작하라. 대담함에는
천재성과 힘과 마법이 깃들어 있다.
그러니 지금 당장 시작하라.

- 요한 볼프강 폰 괴테 Johann Wolfgang von Goethe

'순항 중'이 아니라
'순응'하고 있는 것이다

스타트업은 대담한 행보를 보이기 쉽지만, 이미 정상에 오른 거대 기업이 대담해지기란 훨씬 어려운 법이다. 사업이 잘 굴러가는데 뭐 하러 위험을 감수하겠는가? 대기업들은 중대한 혁신보다 안정성을 중심으로 구조와 관행을 확립한다. 설립자들은 지휘봉을 잡더라도 힘겨웠던 사업 초기를 기억하는 그들로서는 현재 순항 중인 항로를 선호할 가능성이 높다.

그 결과 성공한 기업 대부분이 순응이라는 함정에 빠진다. 때로는 성공한 경쟁사의 행보를 그대로 베끼는 경우처럼 순응하는 모습이 뻔히 보이는 기업도 있다. 또 어떤 기업은 소비자가 사랑하는 물리적인 제품을 별다른 개선 없이 디지털로 복제하는 교묘한 모습을 보인다.

대기업은 중대한 혁신을 단행하려는 야심이 있어도 신중하게 진행할 때가 많다. 메타의 가상현실 헤드셋 부문 책임자는 회사의 느슨함과 비효율 때문에 2022년에 물러났다. 회사 자원이 워낙 풍부해 여기저기 파벌들이 생기고, 문제가 있는 아이디어도 중단 없이 진행되면서 수십억 달러가 낭비되고 정작 집중해야 할 사업은 지지부진했기 때문이다.[158]

순응과 파벌이 주는 안전함을 적극적으로 떨치려면 대담함이 필요하다. 아마존이 그랬다. 제프 베이조스는 아마존 사업 초기를 "온라인 서점도 당연히 실제 서점이 제공하는 기능을 모두 갖춰야 한다고 여겼습니다"라고 회상했다. 하지만 그는 대담한 사람이었고, 그래서 다른 선택을 했다. "실제 서점을 똑같이 답습하기보다 그들의 모습에서 영감을 받되 기존 서점은 절대 할 수 없고 온라인이라는 새로운 매체만이 할 수 있는 일을 찾기로 했습니다."

킨들을 출시할 때도 물리적인 책의 모든 특징을 복제하기보다 이를 바탕으로 기능을 개선한다는 목표를 세웠다. 절대 쉬운 일이 아니었지만, 베이조스는 킨들 디자인팀에 "장기적으로 소비될 수 있는 매체만이 제공할 수 있는 유용한 기능들"에 집중하라고 지시했다. 그는 스스로 도발적인 질문들을 하며 순응하려는 유혹과 싸웠고 성공할 때까지, 적어도 파이어폰처럼 그의 대담한 시도에 시장이 어떤 반응을 보이는지 확인할 때까지는 계속 밀어붙였다.[159]

대담함은 그것이 부재할 때 존재감을 더 크게 발휘한다. 사업은 요동치는데 대담한 조치로 시장을 되찾으려는 야심이 부족한 회사는 역경을 외부 탓으로 돌린다. 스타트업 사고방식을 다룬 전략에서 설명했던 블록버스터의 몰락은, 리더들이 용기를 내기보다 안주하기를 택할 때 기업이 실패에 대응하는 전형적인 모습을 보여준다. 블록버스터의 CFO였던 톰 케이시는 회사가 붕괴한 원인이 그들의 전략적 결정(2007년에 넷플릭스 인수를 거부한 일 등) 때문이 아니라 회사가 바이어컴Viacom에서 분사하면서 부채로 허덕일 때 설상가상으로 폭락한 주식시장 등 불운한 타이밍 때문이었다고 반복해서 탓했다. 그는 블록버스터와 넷플릭스를 같은 선상에서 비교했지만 시점을 고려하면 그의 주장에는 설득력이 없었다. 블록버스터가 파산을 신청한 2010년에 그들은 사실상 10년째 똑같은 상품서비스를 제공하고 있었다. 반면에 넷플릭스는 혁신 중이었다. 케이시의 분석을 들여다보면 블록버스터의 몰락은 불운해서가 아니라 그들의 전체 비즈니스 모델이 넷플릭스의 모델에 비하면 부차적이었기 때문이다. 그들이 2004년에 우편 방식의 블록버스터 온라인을 출시했을 때도 회사는 서비스를 일반 매장 사업과 계속 결합하면서 별다른 개선을 하지 않았다. 그러나 넷플릭스는 그 10년 동안 디지털 메일, 스트리밍, 오리지널 콘텐츠 등 다양한 서비스를 개발했다.

노키아 역시 대담함이 부족해서 실패했다. 앞서 언급했던 것처럼 노키아에는 고객들이 사랑할 만한 대담하고 혁신적인 제품이 없었다. 세상은 변했는데 노키아는 그에 맞춰 적응하지도 혁신하지도 않았다. 블록버스터와 노키아는 대담하지 못했고 매 순간 주저했다. 하지만 회사 리더들은 사업 실패에 대해 그럴듯한 변명을 둘러댔다.

사업이 너무 복잡하면 언제든 탓할 무언가를 찾을 수 있다. 그것이 안주의 힘이다. 안주는 당신의 관점을 무디게 하고 외부 세력에 취약하게 만든다. 하지만 대담함은 당신에게 자유와 조직을 마비시키는 장벽들을 극복할 활력을 준다.

경쟁우위와
인재를 점하는 법

2000년이 되자 아마존은 '모든 것을 파는 상점'이 되고 있었다. 이들은 판매 품목을 빠르게 확대하면서 많은 업종에서 기존 브랜드 및 소매점들과 경쟁을 벌였다. 아마존은 또한 창고 네트워크 규모를 키워서 재고 대부분을 자체적으로 관리하는 방향으로 나아갔다. 이들은 급성장하는 온라인 마켓플레이스와 물류 작업을 처리하기 위해 몇몇 대형 기업의 컴퓨터 서버에 의존했다.

하지만 외부 업체들의 서버가 속도와 안정성 면에서 삐걱대기 시작했다. 서버가 아마존의 성장 속도를 감당할 수 없었기 때문이다. 아마존은 더 나은 공급업체를 찾거나 그 수를 늘리는 대신에 한 걸음 물러서서 더 대담한 대책을 내놓았다. 외부 업체의 서버가 자사의 사업 성장 규모를 따라잡지 못한다면 성장일로에 있는 다른 기업들의 상황도 마찬가지일 게 분명했다. 아마존은 외부에서 방법을 모색하는 대신 자체적으로 해법을 마련하기로 했다. 당시 일반 기업들의 혜안은 주력 사업에 집중하고 나머지는 모두 아웃소싱하는 것이었다.

그때 벤저민 블랙Benjamin Black은 웹사이트 엔지니어링팀을 총괄하고 있었고, 이제 이들은 새로운 가능성을 탐색해야 했다. 타이밍은 완벽했다. 계속 지연되는 소프트웨어 프로젝트들로 답답했던 아마존은 표준 API가 필요한 새로운 소프트웨어 애플리케이션을 개발해서 특정 문제들에 대한 해법을 확대하는 어려운 작업을 막 마친 상태였다.

벤저민 블랙이 기억하길 당시 팀원들은 문제의 해답을 얻는 확실한 방법은 몰랐지만 적어도 그 답을 찾아내면 아마존뿐 아니라 다른 기업에도 엄청난 가치가 될 수 있다는 사실만은 알았다. 그런 인식은 경영진이 이미 논의하고 있던 생각과도 방향이 맞았고 그것만으로 충분했다. 제프 베이조스는 2003년에 프로젝트를 승인했고, 블랙이 이끄는 팀은 이제는 아마존웹서비스라고 알려진 것을 구축하기 시작했다. 벤저민 블랙은 "일이 떨어지자마자 다들 일이 재미있어진다고 생각했습니다. 우리가 하는 일로 사업의 판도가 완전히 바뀔 수 있다고 깨닫기까지는 시간이 좀 걸렸지만요"라고 말했다.

온라인 판매 및 배송 전문기업으로서 더 나은 서버를 스스로 구축하는 결정은 야심 차지만 위험하고 쓸모없는 자원만 만들 가능성이 높았다. 게다가 온라인 소매업체가 서버 전문기업보다 더 나은 서버를 만들 수 있을지도 미지수였다. 하지만 그 프로젝트는 기술업계에 아마존의 입지를 재정립하는 결과로 이어졌다. 그로부터 10년 뒤 AWS는 46억 달러의 매출을 내며 아마존 수익의 대부분을 책임지게 되었다. 이후로도 세계에서 가장 인기 있는 클라우드 컴퓨팅서비스 자리를 유지하고 있다. 최근 베이조스의 후임자 자리를 꿰찬 앤디 재시Andy Jassy는 AWS 출신으로 벤저민 블랙의 상사였다.[160]

아마존 정도면 그저 그들이 거느리는 전자상거래 왕국에 머물면서 클라우드 컴퓨팅이든 또 다른 솔루션이든 다른 기업이 해결하기를 기다릴 수도 있었다. 하지만 그들은 막연히 기다리지 않고 문제를 스스로 해결하겠다는 대담한 결심을 했다. 그 결과 완전히 새로운 산업의 선도자가 되었다.

게다가 쇄신을 거치는 와중에도 회사의 주력 사업인 전자상거래 사업은 전혀 위축되지 않았다. 아마존의 모든 사업 분야는 조화롭게 성장했다. 여러 산업에서 지배력이 확대되면서 아마존은 대담한 위험을 또다시 감수할 안정을 얻었고, 비슷한 개발을 이어 갔다. 예컨대 2007년에는 킨들 전자책 리더기로 소비자 전자제품 분야에 진출했다. 파이어폰은 비록 실패했지만 이를 통해 2014년에 소프트웨어 기술이 집약된 알렉사와 에코를 출시해 또 다른 돌파구를 찾았다.[161]

우리는 이 책에서 영원한 혁신 기업에는 함께 다짐한 약속을 지키고 정진하는 문화를 확립하고 세상과 고객을 위해 가치를 더하는 실존적 비전이 있음을 살펴봤다. 그다음에는 기업이 당면한 기회와 위협에 신중하지만 야심을 가지고 대응해야 하는 이유를 다뤘다. 이를 위해 스타트업 사고방식, 다양한 템포 조절, 문제해결을 위한 이중모드 접근법이 필요하다고 역설했다. 하지만 이것만으로는 미흡하다. 기업이 지속적으로 변화하려면 용감해야 한다. 제품과 서비스에 대한 미온적이고 조심스러운 접근법은 대담함에서 발생하는 감정적 에너지를 끌어내지 못해 효과를 내지 못한다.

벤저민 블랙과 제프 베이조스가 깨달은 것처럼, 험난한 문제를 극복했을 때 얻는 가치는 엄청나다. 테슬라와 스페이스X 등 여러 사업을 지휘하는 일론 머스크는 사실상 이 접근법을 전략으로 전환했다. 그는 다른 유능한 인재들이 계속 난제에 도전하도록 자극하는 뛰어난 엔지니어로서, 해결하기 벅차지만 일단 해결책만 찾으면 시장에서 엄청난 수익을 낼 문제들에 눈독을 들인다. 대담함은 위험하지만, 성공은 궁극적인 차별화 요소가 되고, 그런 기업은 경쟁자들 사이에서 빛을 발한다. 결국 대담함을 억제해 계속 경쟁사들과 앞서거니 뒤서거니 하면 절대 투자자들의 존경을 받을 수 없다.

자동차업계의 전통적인 제조사들 사이에서 이런 상황이 벌어졌다. 제너럴모터스GM는 1990년대에 이미 전기차를 출시했는데

이는 기술에 대한 믿음 때문이 아니라 자동차업계에 적용되는 규제상의 이유가 더 컸다. GM의 전기차는 시장에서 별로 주목받지 못했고 규제까지 변경되면서 회사는 전기차 사업을 모두 접었다. 하지만 테슬라가 전기차로 자동차 산업을 뒤엎겠다는 야심 찬 목표를 세웠을 때는 시장이 활짝 열려 있었고, 현재 테슬라의 시장 가치는 그보다 훨씬 많은 차량을 생산하는 경쟁사의 가치를 훌쩍 뛰어넘는다.

스페이스X의 성공도 마찬가지다. 머스크가 이 회사를 설립했던 2002년만 해도 재사용 로켓은 그야말로 엉뚱한 발상이었다. 스페이스X는 파산 직전까지 갔지만 다행히 시험 발사에 성공하면서 사업 명맥을 유지했고, 기술을 보완해서 결국 굴지의 기존 경쟁사들을 따돌렸다. 머스크가 세운 뇌신경과학 스타트업인 뉴럴링크Neuralink와 보링 컴퍼니The Boring Company도 그랬다. 머스크는 엔지니어링 능력과 자원만 충분하다면 스스로 해결할 수 있다고 믿는 까다로운 문제들을 찾고, 결국 그 해법을 만들어낸다.[162]

대담함이라는 전략은 투자자들을 감동하게 하는 것 외에도 두 가지 중요한 이점이 있다. 먼저 선도자 관점에서 주요 혁신 과제에 계속 투자하면 지속적으로 경쟁우위를 점할 수 있다. 테슬라는 지금도 내연기관 기술을 기반으로 하는 자동차 회사들이 따라잡지 못하는 기능들을 선보인다. 기성 자동차 제조사들은 10년 뒤에 부랴부랴 전기차를 팔기 시작했지만, 테슬라의 기술력을 상징적으로 보여주는 정기적인 소프트웨어 업데이트 기능은 아직 완수하지 못했다.

두 번째는 이런 대담함이 뛰어난 인재를 끌어당긴다는 점이다. 야심 가득한 사람들이 야심 가득한 회사에서 일하려는 이유는 그곳에서 세상을 바꿀 만한 중대한 혁신 작업에 동참할 수 있기 때문이다. 뛰어난 인재들을 영입한 대담한 회사들은 직원 기량이 부족한 기업보다 더 유리한 위치에서 목표 달성을 추구할 수 있다. 대담함을 이 책에서 논의한 다른 요소들과 함께 촉진하면 그 자체로 긍정적인 피드백 루프를 확립할 수 있다.

대담함은
리더와 직원의 시너지다

이번 전략은 대담함이 가진 창조적인 힘을 역설하는 괴테의 말로 시작한다. 영감을 주는 명언인데, 그 안에 담긴 진짜 의미는 무엇일까? 그 말에는 결단력 있는 리더가 가진 에너지 그 이상이 담겨 있다.

대담함을 실존적 비전과 연결하면 기업의 움직임을 둔화하는 사소한 마찰과 분쟁을 극복하는 명료함을 얻을 수 있다. 테슬라의 전 임원은 넷플릭스처럼 테슬라 직원에게도 직업 안전성이 없다고 지적했다. 적당히 일을 잘해서는 해고될 확률만 높아진다. 이미 언급했지만, 테슬라의 대표인 일론 머스크는 조직 위계나 프로토콜에는 별로 관심이 없다. 그는 중대한 문제나 큰 장애물을 확인하면 대담한 비전을 바탕으로 바로 문제의 본질을 찾아 직원들과 공격적이고 집중적으로 해결에 나선다.[163]

머스크는 기본 원칙에 따라 사업을 운영하며 그에게 문제를 해결하는 가장 빠른 길은 그 일을 담당하는 관리자에게 직접 가서 해결하게 하는 것이다. 임원 조직을 통해 접근해봤자 여러모로 문제가 지연될 뿐 아니라 본질이 흐려지면서 명확하게 정의했던 문제가 오히려 변질될 수 있기 때문이다.

이렇게 파격적인 접근법에도 불구하고 테슬라에서는 업무가 상당히 원활하게 진행된다. 직원 참여도는 높지만 정치적 갈등은 놀라울 정도로 드문데, 테슬라의 전 임원은 이런 문화가 대담함 덕분이라고 설명한다.

많은 테슬라 직원이 회사 미션을 믿습니다. 목표를 달성하려는 야심 있는 직원들은 놀라운 일들을 해낼 권한을 얻고 탁월한 성과 중심의 조직 환경에서 일하게 됩니다. 그런 문화와 기대 덕분에 사실상 불가능해 보이지만 세상을 위해 목표를 달성해야 한다는 사명감을 느끼게 됩니다. 게다가 테슬라 직원 모두가 자기 직무는 끔찍이도 잘하는 데다 서로에게 피해를 주고 싶지 않으니까 맡은 일을 잘 해냅니다.

대담함으로 문제를 해결하는 일은 군대와 정치에서도 일어날 수 있다. 러시아가 우크라이나를 침공했을 때 서방 관측통은 우크라이나가 순식간에 붕괴할 것으로 예측했다. 우크라이나는 군사적으로도 크게 열세였을 뿐 아니라 국토의 삼면이 침략자들로 둘러싸여 있었기 때문이다. 게다가 우크라이나 국민 다수가 러시아어를 유창하게 하거나 국가에 만연한 부정부패를 해결하려면 러시아가 개입해야 한다는 생각에 동조했다. 나토NATO는 우크라이나의 볼로디미르 젤렌스키Volodymyr Zelensky 대통령이 수도에서 안전하게 대피하도록 전용 비행기를 보내주기로 했다.

하지만 젤렌스키 대통령은 "제게는 탈출용 비행기 대신 탄약이 필요합니다"라는 유명한 말로 답했다. 그는 시민들에게 러시아 침공에 맞서 싸우자고 절박하게 호소했다. 물론 나토가 제공한 군사 장비와 러시아의 실수 및 무능력도 도움이 됐지만, 결정적으로 전세를 바꾼 것은 우크라이나인들의 용기와 결단력이었다. 전쟁 발발 전만 해도 우크라이나인들은 애매한 국가 정체성을 갖고 있었지만, 젤렌스키 대통령의 대담한 행동과 태도는 그들에게서 상대적으로 느긋한 적들에게는 불가능한 에너지를 끌어냈다.

마하트마 간디Mahatma Gandhi 역시 인도를 대영 제국으로부터 독립시키기 위해 대담하게 싸웠다. 그는 대영 제국의 약점을 확인했지만, 제국에 맞서려면 무엇보다 비범한 용기가 필요하다는 것을 깨달았다. 그래서 추종자들을 비폭력 시위 형태로 훈련했고 제국주의자들을 극도로 불안하게 만들면서 궁극적으로 자신의 목표를 달성했다. 마틴 루터 킹 주니어Martin Luther King Jr.는 간디의 성공에서 얻은 교훈으로 1960년대 미국 시민권 운동을 이끌며 그에 상응하는 업적을 남겼다. 이들의 대담함은 도덕적 명료성을 이끌면서 추종자들을 결집하고 조직 대부분을 둔화시키는 갈등과 마찰을 줄였다.

모든 변화에는 용기가 필요하지만, 대다수 기업은 일반적인 기준에 부합할 정도의 속도로 변한다. 사실 집단 규범을 거부한다는 일 자체가 드문 데다 그에 따르는 대가도 크기 때문이다. 대부분 조직에 부족하기 때문에 더욱 용기가 필요하다. 회사가 번창하고 있을 때 용기를 내기는 특히 어려운데, 아마존은 클라우드 컴퓨팅 기술을 개발하면서 그 어려운 일을 해냈다. 기업이 여러 위기에 처했을 때도 대담한 시도를 하기 어렵다. 2014년의 마이크로소프트가 그랬다. 그들에게는 매몰비용을 포기하고 미래의 먹거리에 투자할 새로운 CEO가 필요했다. 블록버스터 사례는 그보다 더 전형적이다. 그들은 사업 초기 탁월한 업적을 냈지만, 이후 현실에 안주하며 별다른 혁신 없이 동일한 서비스만 제공했다.

대담하기 위해 후퇴가 필요한 때도 있다. 단지 제품의 수익성이 좋다고 계속 물량을 늘리면 재무제표에서는 좋아 보이지만 지속 가능성은 떨어지기 쉽다. 앞으로 잠재력이 큰 분야에 노력을 재분배하는 일련의 대담한 행동이 필요하다. 애플과 AMD가 다시 성장 궤도로 들어서기 전에 사업을 정리한 것도 그 때문이었다.

결국, 리더가 대담해지려면 조직의 대담한 뒷받침이 필요하다. 이는 직원들이 조직에 참여하고 솔선수범하도록 독려하고 현실에 안주하지 못하게 자극하는 조직 문화와 구조에 달려있다. 정보를 전달하는 상황이든 신제품을 개발하는 상황이든 계층을 아울러 직원 전체가 그저 리더의 지시만 기다리지 않고 대담하게 행동해야 한다.

다시 말하지만, 리더 혼자 대담해서는 역부족하다. 대담함을 장려하는 조직과 문화를 만들어야 한다. 요즘은 심리적 안전감도 주목받고 있는데, 이는 분명 중요한 덕목이다. 연구에 따르면 직원들은 조직 안에서 안전감을 느끼고 지원받을 때 가장 편안한 마음으로 위험을 감수할 수 있다. 자신이 낸 아이디어가 성공하지 못하면 질책을 받거나 더 나아가 해고될 수 있다고 느낀다면 그 누구도 대담한 행보를 취하지 않을 것이다.

동기부여도 그만큼 중요하지만, 조직에서 쉽게 간과된다. 개인이 어려운 임무에 착수할 때 소속된 팀의 사기가 탄탄하면 최선을 다할 수 있다. 자기 자신에 대한 확신과 팀이 자신을 믿고 있다는 확신 모두가 필요하다.

하지만 안타깝게도 직장인들은 전반적으로 조직에 참여하지 않고 관심도 잃은 것으로 보인다. 위험을 감수할 만큼 조직의 지원을 받고 있다고 느끼는 사람들도 대부분 회사를 개선하고 싶다고 느낄 만큼 조직을 염려하지 않는다.

블록버스터의 상황도 비슷했을 것으로 예상된다. 10년 동안 똑같은 비즈니스 모델로 운영된 회사라면 그곳에 새로 합류한 사람들도 새롭고 거대한 아이디어를 제안할 가능성이 작다. 안주하는 회사들은 대부분 새로운 관점을 찾거나 거기에 귀를 기울이고 통찰력을 공유하도록 자극하지 않는다. 설사 블록버스터에 합류한 직원들 머릿속에 갖가지 아이디어가 가득했더라도 그 아이디어를 적극적으로 개진하고 추진할 신호를 받지 못했을 것이다.

직원들의 적극적인 참여는 그들이 창의성을 분출하고 아이디어를 공유할 수 있는 일관적인 출구가 있느냐에 달려있다. 자라에서는 안주하는 태도 따위는 볼 수 없으며 직원 피드백은 비즈니스 모델의 일부이다. 스타트업 사고방식을 다룬 전략에서 설명했듯 자라는 고객과 함께 패스트패션을 만들며 브랜드를 차별화한다. 자라는 1975년부터 고객이 지속적으로 의견을 낼 수 있는 공간이 포함된 공급망을 개발했다. 기술이 발전하면서 매장에서 디자이너에게 제공하는 데이터 전달 속도도 빨라졌다. 회사 설립자인 아만시오 오르테가는 자신이 고객보다 패션을 더 잘 안다고 믿지 않으며 그렇게 생각하는 디자이너도 절대 뽑지 않는다. 대신 그는 고객의 피드백에 대응할 수 있는 제조 시스템을 구축하면 혁신적인 디자인 중심의 경쟁사들을 능가할 수 있다고 믿는다. 위험도가 있는 이 비즈니스 모델이 제대로 작동하려면 직원들의 높은 참여도가 꼭 필요하다.

결과적으로 자라의 매장 직원들은 고객 피드백을 수집하고 소통하는 일까지 추가로 책임진다. 회사는 이 과정을 기술적으로 간단하게 만들어서 매장 직원들이 이 일에 적극적으로 참여하게 한다. 핑크 스카프와 관련된 사례는 이 모델이 실제로 어떻게 작동하는지 잘 보여준다.

2015년에 이틀간 여성 고객 세 명이 도쿄, 샌프란시스코, 토론토에 있는 각각의 자라 매장에서 핑크 스카프에 대해 문의했다. 세 사람 중 그날 매장에서 제품을 구매할 수 있는 여성은 아무도 없었다.

업무에 적극적인 판매 직원들은 기민하게 이 사실을 보고했고, 그로부터 일주일이 채 지나지 않아 2,000개에 달하는 자라 매장에는 총 50만 개의 핑크 스카프가 입고되었다. 그리고 이 상품은 단 3일 만에 모든 매장에서 완판되었다. 특유의 빠른 생산력에 대응력과 관여도 높은 직원들까지 힘을 합쳐 회사는 고객 중심의 디자인을 단 일주일 만에 선보였다. 자라는 직원들의 의견을 고마워할 뿐만 아니라 이에 의존함으로써 직원 참여를 업무의 필수 요건으로 만들었다.

일부 기업들은 자율적인 문화로 직원 참여를 이끈다. 넷플릭스에서는 직원들이 항상 기민한 자세로 자신의 업무를 직접 결정해야 하는데 이는 신뢰가 형성돼 있어야 가능한 모험적인 접근법이다. 넷플릭스의 대표이자 공동 창업자인 리드 헤이스팅스는 이러한 자율성이 창의적인 회사에는 꼭 필요하며, 혁신이 필요할 때 이룰 수 없는 게 훨씬 더 위험하다고 말한다.

넷플릭스는 직원들에게 딱 두 가지만 요구한다. 첫째는 업무 성과를 낼 것, 두 번째는 지속적으로 성과를 향상할 것. 그 외에는 전부 자유다. 복장 규율도 없고, 정해진 근무시간도 없으며, 언제든지 휴가를 쓸 수 있고, 비용을 청구하면 자동으로 지급된다. 다만 안정적인 일자리가 보장되지 않는다. 헤이스팅스는 이를 인정하며 "우리의 기업문화 지침서에는 '적당한 성과는 두둑한 퇴직금으로 이어진다'라는 항목이 있습니다"라고 말했다.

느긋하면서도 경쟁이 치열한 넷플릭스의 조직 환경은 솔직하면서 가혹한 피드백을 중시하는 회사 전략과 부합한다. 그들의 쇼나 상품, 직원 모두가 계속 가치를 내야만 존속할 수 있기 때문이다. 이런 투명한 문화 때문에 신입 직원들도 자신이 어떤 세상에 발을 들이는지 알 수 있다. 또 기존 직장에서 답답함을 느끼면서 속도가 빠르고 개인의 적극적인 참여와 도전을 원하는 사람들을 채용하는 데 도움이 된다.

자라와 넷플릭스는 모두 비즈니스 모델의 일환으로 직원들의 적극적인 참여를 촉진한다. 자라는 매장 직원들을 통해 고객 피드백을 본사에 전달하고, 넷플릭스는 매력적인 콘텐츠 상품을 꾸준히 제공하기 위해 창의적인 사람들을 영입한다. 새로운 인력을 유인하고 그들의 적극적인 참여를 이끌려면 직원들이 안전함을 느끼고 회사 업무를 대담하게 생각할 수 있는 환경을 확립해야 한다. 이는 리더들의 몫이다.

조직의 대담함을 키우는
세 가지 전략

조직은 모든 수준에서 대담해질 수 있다. 이 책에서 설명한 다른 특징들처럼 사람들은 지위 고하를 막론하고 적어도 어느 정도는 리더의 지시와 상관없이 독립적으로 행동해야 한다.

나부터 시작하기

대담함은 어느 지점에서든 시작해야만 하는데, 보통은 최상부에서 시작할 때 가장 효과적이다. 그리고 회사의 리더들은 조직의 변화를 이끌 때 명심해야 할 원칙이 있다. 알고, 되고, 이끌라는 것이다. 더 구체적으로 설명하면 첫째, 조직을 위한 당신의 위대한 꿈을 명확히 설명해야 한다. 그리고 자신이 누구이며 강점과 약점은 무엇인지, 자신이 궁극적으로 무엇을 바라는지 알아야 한다. 또 타협할 수 있는 것과 절대 양보할 수 없는 것이 무엇인지도 확인해야 한다.

그런 다음 내적, 외적으로 실제로 대담한 사람이 돼야 한다. 자신의 강점을 활용하고 약점은 개선하면서 당신의 내면에 있는 가치를 모든 변화에 반영시켜야 한다. 마지막으로 다른 사람들도 당신과 똑같이 하게 만들고 당신이 정한 모범사례를 따라 그들이 대담해질 수 있다고 믿어라. 당신이 자신의 꿈을 추구하면서 발산하는 에너지는 다른 이들 안에서 에너지를 만드는 촉매제가 될 것이다.

대담한 프로젝트에 착수하면 그것을 이루는 모든 단계가 도전적일 수 있다. 주력 사업에 특별한 문제가 없는데 자원을 새로운 용도에 쓴다는 것 자체가 불편한 일이기 때문이다. 그래서 재정적, 심리적, 감정적으로 시달릴 수 있다. 대담하게 움직이는 것은 한 번의 결정으로 끝나지 않고 순응하고 모방하려는 마음과 계속 싸우는 과정이다.

아마존에서 알렉사를 개발할 때도 그랬다. 담당 엔지니어들은 알렉사를 주로 음악감상 용도로 조심스럽게 예측했기 때문에 사람들을 깨우고 음성 명령에 반응하는 스피커를 만들면 된다고 생각했다. 하지만 베이조스는 더 많은 것을 원했다. 아마존이 야심이 지나쳤다는 비판과 함께 실망스럽게 끝난 파이어폰의 아픔에서 회복 중인 와중에도 베이조스는 자신의 뜻을 그대로 밀어붙였다. 알렉사팀은 파이어폰의 교훈을 가슴에 새겼지만, 베이조스는 달랐다. 그는 다시 시도하고 싶었다.

알렉사 프로젝트에 관여했던 임원 그레그 하트Greg Hart는 "그 냥 일반적인 컴퓨터 형태로는 절대 내보내지 않았을 겁니다. 베이 조스가 이렇게 말하더군요. '여러분은 잘못 접근하고 있어요. 일단 마법 같은 제품이란 어떤 것인지 제게 말해보세요. 그다음 어떻게 그런 제품을 만들 수 있을지 말하고요.'"라고 당시를 회상했다.

베이조스의 의지는 상당히 단호했다. 알렉사팀이 그가 원하는 것을 일정 안에 만들지 못하자 애플의 시리와 비슷한 앱인 에비Evi 를 인수했다. 이 앱은 당시 아마존 담당자들이 개발에 난항을 겪 던 응답 기능을 이미 구현한 상태였다. 베이조스는 2,600만 달러 로 제품에 대한 자신의 신념을 재확인했고 개발팀의 초점을 다시 지금까지 존재하지 않았던 혁신적인 기능이라는 가치 있는 도전 으로 돌렸다.

베이조스가 알렉사에 원했던 또 한 가지는 당시 시장에는 없 었던 대화가 가능한 스피커였다. 알렉사를 개발 중이던 엔지니어 들은 "기계가 인간의 '안녕' 같은 인사에 반응할 수 있도록 프로그 래밍한다는 게 굉장히 부담스러웠어요"라고 말했다. 딥러닝 기술 을 활용하면 가능했지만, 그러려면 필요한 데이터를 얻는 데만 수 십 년이 필요했다. 베이조스가 대담한 지름길을 생각해냈다. 그는 데이터 수집 회사와 파트너십을 맺고 가정집 몇 개를 빌렸다. 그 곳에 아마존 기기들을 배치한 다음 직원들을 보내 하루에 8시간씩 스크립트를 읽게 해서 아마존 데이터베이스에 모든 단어를 입력하는 방법이었다. 이 프로그램을 돌리려면 수백만 달러가 추가로 필요했지만, 알렉사 개발에 투입된 시간과 돈에 비하면 일부일 뿐이었고 결국 이 투자는 제값을 해냈다. 그리고 아마존은 2년 만에 에코 기기로 구동되는 알렉사를 백만 대 이상 판매했다.

이 혁신적인 사업에서 가장 두드러진 점은 담당자들의 모든 노력이 완전히 자발적이었다는 점이다. 알렉사 개발 당시 아마존의 사업이 벼랑 끝에 서있거나 고객들이 빠져나가는 상황도 아니었다. 굳이 문제를 찾자면 아마존웹서비스 사업부가 작은 서버 이슈를 처리한 정도였다. 주력 제품이 여전히 가파르게 성장하며 다양한 기회를 부여하는 상황이면 대다수 기업은 새로운 분야에 인력과 자본을 투자하지 않을 것이다. 다른 기업이 알렉사를 가지고 새로운 것을 만들려고 했다면 단순히 음악을 제공하는 스피커 정도를 목표로 삼았을 것이다. 그러나 베이조스는 엄청난 비용과 위험에도 불구하고 더 나아가기 위해 거칠게 밀어붙였다. 그는 거대한 리스크를 순순히 감수했고 원하는 것을 구현하기 위해 사람들을 동원하고 진두지휘했다.

머스크는 사업 규모가 작을 때도 대담한 프로젝트들을 과감히 추진했는데, 그들의 혁신은 성공한 이후에도 멈추지 않았다. 테슬라는 대중 시장과 트럭 분야로 사업을 확대했고, 스페이스X는 달 착륙선을 개발했다.

매몰비용의 함정 피하기

대다수 기업은 처음에 성공했던 제품이 더 이상 회사를 지탱할 정도로 충분히 성장하지 않을 때 큰 변화를 취하려 한다. 하지만 그런 때도 원래 제품에 대한 감정적 애착을 잘 극복하지 못한다. 이미 투자한 매몰비용에 이끌려 기존 제품에 또 다른 기회를 주려고 한다. 결국 저무는 사업에 시간과 노력과 자본을 쏟아붓고, 그러면서 더 나은 쪽으로 방향을 전환하는 시간은 점점 늦어진다. 위험회피 성향과 함께 매몰비용의 함정은 곤경에 처한 회사들조차 변화하지 않고 제자리에 머물게 한다.

강단 있는 리더들은 강력한 메시지로 조직원들이 이런 편견에 맞서게 한다. 과거의 성과가 어떻든 현재 가진 자원으로 또 다른 성공을 불러올 수 있는 제품과 사람들에게 투입해야 한다는 것이다. 앞서 우리는 2014년에 마이크로소프트가 사티아 나델라라는 신임 CEO 아래서 어떻게 케케묵은 전략을 버리고 극적 방향 전환에 성공했는지 확인했다. 한때는 높은 수익성을 자랑했던 제품들이 이제 혁신과 괴리감을 보이고 있었다. 윈도 운영체제는 구글이 무료로 배포하는 크롬에 밀렸고, 오피스 제품들은 우후죽순 등장하는 더 저렴한 생산성 도구들에 입지를 잃고 있었다. 게다가 차세대 제품을 위한 투자, 그중에서도 노키아를 인수하면서 시작된 스마트폰 사업은 오히려 마이크로소프트의 역량으로 성공할 수 있는 다른 기회들에 투입될 자원을 갉아먹고 있었다.

나델라는 가망 없는 사업은 접어야 한다는 판단에 따라 바로 윈도 업데이트 작업을 중단했다. 윈도는 마이크로소프트의 가장 영예로운 훈장이었다. 1985년에 출시된 이래로 MS 엔지니어들은 매년 윈도 업데이트 버전을 내보내는 데 상당한 노력과 시간을 할애했다. 이런 역사와 상관없이 나델라는 윈도 사업모델이 더 이상 회사도, 고객도 제대로 지원하지 못할 것이라 판단했다. 그는 내부에서 눈을 돌리고, 한발 더 나아가 제품을 무료 배포하는 파격적인 결정을 내렸다.

아마존의 앤디 제시처럼 나델라도 급성장하는 클라우드 컴퓨팅 부문에서 발돋움한 인물이었기 때문에 윈도의 잠재력을 다른 자원의 활용도와 비교해 더 객관적으로 평가할 수 있었을 것이다. 그렇다 할지라도 윈도에 대한 그의 결정은 용감했고, 이는 마이크로소프트의 디지털 혁신 및 전면적인 사업 재편을 알리는 신호탄이 되었다.

나델라는 노키아에 지급했던 72억 달러라는 손해를 감수하고 스마트폰 사업에서 철수했지만, 그 대신 더 나은 기회를 찾아 함께 떠날 수 있는 인력을 얻었다. 그는 윈도와 노키아 등 쇠락하는 사업에 들어간 돈과 시간이 무용지물이 되었음을 인정했고 업계 선도주자들을 따라잡는 것이 사실상 불가능하다고 주장했다. 그는 동료들에게 "우리는 경쟁자들의 뒤꽁무니만 쫓고 있었다"라고 솔직히 시인했다.

기존 하드웨어와 소프트웨어 라인업은 정체되었고 혁신적인 무언가를 바닥에서부터 시작하기에는 너무 뒤처졌기 때문에 나델라는 마이크로소프트의 자본으로 수요가 높은 제품과 서비스를 추가하는 방향을 모색했다. 그런 새로운 기회가 어디에 있으며, 회사는 어떻게 그곳에 도달할 수 있을까? 나델라는 비디오 게임, 소셜 미디어, 클라우드 개발, 인공지능 등 마이크로소프트가 어느 정도 자산을 갖고 있지만 뒤처져 있고, 그러면서도 본격적으로 사업을 구축하지 않은 분야들을 중심으로 새 전략을 짰다. 그는 회사에 여전히 성장 기회가 있다고 믿었다. 그래서 리스크는 있지만 대담하게 일련의 사업을 인수했다. 마이크로소프트는 100여 개의 사업체와 하드웨어 및 소프트웨어를 인수했는데, 그중 대부분은 마이크로소프트가 이미 보유한 서비스를 확장하기 위해서였다.

그중 최대 규모는 나델라가 "메타버스를 구축하는 몸체가 될 것"이라며 2022년에 687억 달러를 주고 인수한 비디오 게임 개발사인 액티비전블리자드Activision Blizzard였다. 2021년에 게임 개발사인 제니맥스ZeniMax를 75억 달러에, 또 2016년에 소셜 미디어 플랫폼인 링크드인LinkedIn을 262억 달러에 인수한 것도 중요한 결단이었다. 다른 인수들도 마이크로소프트가 클라우드 서비스를 확충해서 오늘날 애저Azure를 아마존 AWS의 최대 경쟁자로 육성하는 발판이 되었다.

이 모든 인수 활동을 통해 투자자들은 전통적인 하드웨어, 소프트웨어 사업에서 성장 사업으로 방향을 바꾸는 회사의 쇄신 과정을 목격했고, 회사의 대담한 행보를 계속 지원했다. 2014년에 3억 4,000만 달러였던 마이크로소프트의 시가총액은 2022년

12월 기준 1조 8,000억 달러로 불어났다.

　나델라를 보면 대담함에는 지속적인 불안이 필요하다는 말을 실감하게 된다. 새로운 영역들과 오래된 제품 영역들을 시시각각 드나들며 지휘해야만 그처럼 거대한 회사가 효과적인 제품은 유지하면서 뒤처진 제품으로 인한 손실을 최소화할 수 있다. 만약 메타버스나 인공지능 사업이 기대에 못 미친다면, 마이크로소프트에 또 다른 방향 전환이 필요할 수도 있다.

구조 단순화하기

위에서 (혹은 아래에서) 무언가를 의욕적으로 추진하려고 해도 중간에 떡하니 자리 잡은 거대한 관리자 집단이 의욕을 꺾거나 희석하면 조직은 대담하게 움직일 수 없다. 대담함에는 일반적으로 군살 없는 린 조직구조가 필요하다.

　폴 폴먼Paul Polman이 유니레버Unilever의 CEO가 되었을 때 12층으로 겹겹이 쌓인 조직구조를 린 조직으로 해결하려 했다. 그는 조직을 다섯 개 직급으로 축소하고 단순화한 다음 사회적 목적과 이해관계자 중심의 대담한 사업전략을 제시했다. 이런 결단은 수년간 잘 작동했다. 그러다 폴먼의 후임으로 앨런 조프Alan Jope가 지휘봉을 잡으면서 주춤했지만 이후 유니레버가 차와 아이스크림 품목 등 주요 브랜드를 매각하면서 다시 사업 단순화에 박차를 가했다.[164]

대담하게 나아가기,
그리고 물러서기

대담하게 움직이고 싶은데 그 속도가 너무 빨라서, 너무 멀리 갈까 봐 걱정된다면? 평소보다 범위를 넓혀 정보를 구하면 리스크를 줄일 수 있다. 물론 이 세상 어떤 데이터도 확답을 줄 수는 없다. 결국 리더 스스로 판단해야 한다. 그러기 위해서는 많은 리더에게 부족한 성숙함, 위험감수 능력, 창의성이 필요하다. 기업 대표들에게 오랫동안 자문해온 램 차란Ram Charan은 "정보로부터 의미 있는 추론을 엮고 새로운 옵션을 생각할 수 있는 정신력과 끈기, 상상력이 필요합니다"라고 말한다.[165]

이 말은 대부분의 CEO가 실패의 두려움으로 인해 잠 못 드는 밤을 이어간다는 의미다. 두려움은 종종 계획을 정확하게 실행해야만 한다는 완벽주의에서 기인하는데, 이는 비합리적인 태도다. 제아무리 성과가 뛰어난 기업도 사업 내부는 엉망인 경우가 많고, 항상 발등에 붙은 불부터 끄느라 정신없는 리더들도 많다. 실패에 대한 두려움이 사실은 개인적 굴욕에 대한 두려움은 아닌지 되짚어봐야 한다.

감정을 극복하는 유일한 방법은 또 다른 감정으로 맞서는 것이다. 작가인 아서 브룩스는 평소에 용기의 저장소를 만들어놔야 한다고 말한다. 이를 위해서 현재에 집중하고 용감한 행동을 마음속에 그려보고 두려움을 극복하겠다는 바람을 직접 말로 다짐하라고 권한다. 이런 단계를 밟으면 두려움을 극복하고 대담하게 행동할 수 있는 에너지를 얻는 데 도움이 된다.[166]

이런 훈련도 좋지만, 비즈니스 상황에서 대담한 결정들은 대부분 더 체계적으로 진행된다. 대담한 리더들도 주저했다는 대담한 결정에 관한 이야기가 흔치 않은 데는 다 이유가 있다. 학자인 캐슬린 리어던에 따르면 용감한 기업 리더들은 성공 확률이 아주 낮거나 그 과정에서 얻을 것이 거의 없는 사업 활동을 자제한다. 또 용감한 리더들은 그들의 정치적, 경제적 자본을 우선순위가 낮은 분야에 낭비하지 않고 리스크가 더 낮은 목표 달성 방법을 마련한다. 그들에게 대담한 선택 말고는 다른 대안이 없을 때 비로소 그 일을 해낼 용기가 생긴다.[167]

여기서 내가 덧붙일 내용은 조직의 리더들은 회사의 목표를 향해 실존적으로 전념할 때 용기를 얻는다는 점이다. 신념이 리스크를 없앨 수는 없지만, 그들의 일상을 뒤덮는 불안을 이기고 갈망하는 결과를 얻을 감정적 에너지를 줄 순 있다. 그리고 특히 지금처럼 너무 불확실하고 변동성이 커서 단순히 이성만으로는 지탱할 수 없는 상황에서는 어느 정도 감정적이어야, 궁극적으로 대담해야 한다.

대담함이란 양이나 속도보다 질을 추구하는 것과 관련 깊다. 즉 회사가 지속 가능한 사업을 효과적으로 구축하고 있는지에 초점을 맞춰 대담함을 추구해야 한다. 급변하는 세상에서 규모를 따라잡기 위해서 허둥대는 기업은 기본을 놓칠 수 있다. 품질이 점점 기준에 못 미친다는 생각이 들 때, 기업이 속도를 늦추고 규모를 축소하면서 다시 기본을 다지려면 용기가 필요하다. 이런 일시적인 퇴보에 분개하는 고객도 있겠지만, 좋은 품질을 유지하는 것만큼 중요한 일은 없다.

애플의 공동 창업자인 스티브 잡스와 스티브 워즈니악은 사업의 초점을 혁신과 품질에 맞췄다. 고객은 후순위였다. 이들은 1984년에 매킨토시 개인용 컴퓨터를 출시했다. 판매 실적이 너무 실망스러워서 두 사람 모두 회사에서 쫓겨났지만 매킨토시의 품질은 탁월했기에 결국 세상을 바꿨다. 앞서 이미 설명했지만 스티브 잡스는 판매량을 신경 쓰지 않았다.

그러면 잡스는 무엇을 신경 썼을까? 사실 매킨토시는 기술적으로 너무 진보한 제품이라 설사 수백 가지 요소를 타협해도 고객 대부분을 만족시켰을 것이다. 하지만 잡스는 그 무엇이든 애플의 이름을 단 제품의 품질이 떨어지는 것만은 참을 수 없었다.

> 당신이 아름다운 서랍장을 만드는 목수라면 서랍장 뒷면은 벽을 향하
> 고 있어서 아무도 볼 수 없겠지만 거기에 합판을 사용하지는 않을 것이
> 다. 당신은 거기에 뒷면이 있다는 것을 알고 있기에 근사한 목판을
> 사용할 것이다. 밤에 잠을 잘 자려면 미적인 요소와 품질이 빈틈없이
> 충족돼야 한다.

1985년부터 1997년까지 잡스가 애플을 떠나 있는 동안에 회사는
품질이 아닌 수익에만 치중했다. 당시 마케팅 전문가인 존 스컬리
John Sculley가 이끌던 애플은 혁신에는 관심이 없었고, 결국 휘청
거렸다. 다시 대담함이 필요한 시점이었다. 잡스는 복귀한 후 그
가 없는 동안 회사가 만든 제품들을 상당 부분 정리했다. 일부 제
품들은 수익을 내고 있었지만, 그는 사업 초기에 애플의 명성을
높인 혁신적인 제품을 원했다. 그 결과가 어땠는지는 당신도 알고
있을 것이다. 아이폰부터 앱스토어, 아이패드까지 혁명적인 제품
들이 잇따라 탄생했고 애플은 세계에서 가장 가치 있는 회사가 되
었다. 수익 또한 스컬리 시절을 훌쩍 뛰어넘었다. 잡스는 자신의
철학을 이렇게 공유했다.

> 저는 사람들이 위대한 제품을 의욕적으로 만들어내는 지속 가능한 회
> 사를 만들겠다는 열정을 품었습니다. 그 외에는 전부 부차적이었습

니다. 물론 이익을 내는 것은 좋은 일입니다. 그래야 여러분이 위대한 제품을 만들 수 있으니까요. 하지만 이익이 아닌 제품이 동기를 부여해야 합니다. 스컬리는 그 우선순위를 돈을 버는 것으로 바꿔놓았습니다. 미묘한 차이겠지만 그 차이가 결국은 누구를 고용할지, 누구를 승진시킬지, 또 회의에서 무엇을 논의할지 등 모든 걸 결정합니다.

잡스는 새로운 판매 채널을 개발하는 데도 대담했다. 애플은 전통적인 형태의 매장을 만들어 잘 운영할 수도 있었지만, 잡스는 고객이 실제 사는 삶을 중심에 둔 판매 채널을 원했다. 애플의 소매 부문 수석부사장이었던 론 존슨Ron Johnson은 당시 상황을 이렇게 말했다.[168]

스티브 잡스와 함께 매장 디자인 담당자들을 만나러 가는 차 안에서 제가 매장 구성이 완전히 잘못된 것 같다고 말했습니다. 우리가 만든 매장은 그저 제품 중심의 소매점 형태인데 애플 매장은 음악이나 영화 혹은 사람들의 일상이 주제여야 한다고요. 그랬더니 스티브가 저를 보고 "그게 얼마나 큰 변화인지 아나? 내게는 매장을 다시 디자인할 시간이 없어. 자네 말이 맞을 수도 있지만 다른 사람에게는 한마디도 하지 말게"라고 말하더군요. 하지만 스티브가 디자인팀을 만나자마자 한 말은 "론의 말로는 우리 매장이 완전히 잘못됐다는데 그의 생각이 옳아요. 나는 이제 떠날 테니 론, 자네가 팀원들과 함께 작업을 하게나"였어요. 그날 저녁에 스티브는 전화로 이렇게 말하더군요. "자네 말을 들으니 내가 픽사에서 영화를 제작하면서 배운 게 떠오르더군. 영화를 개봉할 때가 되면 늘 스크립트를 좀 더 잘 쓸 수 있었다거나, 결말이 완벽하지 않다거나, 캐릭터의 개연성이 떨어진다는 생각이 들거든. 근데 픽사에서 우리는 영화 개봉일 따위는 하등 신경쓰지 않고 무조건 제대로 된 영화를 만들기로 했다네. 그 영화를 만들 기회는 단 한 번뿐이니까 말이야. 근데 매장을 출시할 기회도 딱 한 번뿐 아닌가. 그러니 중요한 건 그 일을 얼마나 빨리하느냐가 아니고 자네가 할 수 있는 최선을 다하는 거라네."

AMD도 기본에 집중하기 위해 물러난 적이 있다. 이 회사는 1970년대부터 90년대까지 반도체 시장을 이끌었지만 벤처 사업의 실패로 인한 부채, 단절된 내부 문화, PC 매출의 급락 등으로 2015년에 거의 파산 국면에 이르렀다. AMD는 2000년대 초반에 제조시설에 2억 달러를 투자했는데, 그럼에도 주요 경쟁사인 인텔은 중앙 처리 장치CPU 컴퓨터 칩 시장을 선점하며 입지를 다졌다.

AMD의 일부 임원들과 엔지니어들은 회사가 그래픽 처리 장치 분야로 전략을 선회해 집중하고 인텔은 그들 분야에서 독주하도록 내버려두자는 입장이었다. 반면 다른 사람들은 매몰비용의 함정 때문인지 아직 AMD의 CPU가 경쟁력이 있다고 주장하며 기존 사업을 강화해야 한다고 고집했다. 이런 갈등은 '제품 품질의 결함'으로 이어졌고 리사 수가 CEO 자리에 오르는 계기가 되었다.

피그말리온 효과와 이중모드를 다룬 전략에서 언급했지만, 수

사장은 반도체 기술 분야에서 수십 년간 경력을 쌓은 베테랑이었다. 수 사장 또한 다른 전문가들만큼 반도체 칩에 무한한 가능성이 있다는 사실을 잘 알고 있었다. 하지만 그가 CEO로 처음 내린 중대한 결정은 삭감이었다.

수는 업계에 전문지식이 너무 몰려 과포화 상태가 되었다고 지적했다. 결국 모든 회사가 기술적으로 뛰어나다면, 결국 자원을 적절히 배분하는 곳이 성공한다는 논리였다.

> 기술 회사는 자사가 진짜, 진짜 잘하는 게 무엇인지 판단하는 것이 중요합니다. 왜냐하면 기술업계에서는 1위나 적어도 2위가 돼야만 하거든요. 그래서 어디에 집중하느냐가 관건입니다. "그래, 이게 우리 회사의 DNA야. 그러니 이걸 최대한 뛰어나게 만들어서 시장에 제대로 선보여야지"라는 측면으로 접근해야 합니다.

수 사장은 AMD의 최대 강점이 급성장 중인 게임과 데이터센터 분야에 적용할 고성능 칩에 있다고 판단했다. 이듬해 수 사장은 그동안 회사를 지탱했던 CPU 시장을 인텔에 양보하고 AMD의 엔지니어링 역량을 총동원해 가장 진보한 칩 개발에 몰두했다.

이런 후퇴 전략은 적중했다. AMD는 게임업계에서 신규 영역을 발굴하면서 2014년에 60억 달러였던 매출이 2021년 140억 달러로 성장했다. 비슷한 기업들이 힘겹게 경쟁할 때는 실행력이 창의성보다 효과적일 수 있다. 물러설 줄 아는 용기가 결국에는 회사를 전진하게 만든다.

대담하려면 전략에 대한 날카로운 감각이 필요하다. 범블은 CEO인 휘트니 울프 허드의 지휘 아래 사업 초기에는 온라인 데이팅 앱에만 전력해서 조기에 성공할 수 있었다. 경쟁사들은 사용자 관계, 새로운 기능, 구독서비스 등에도 공을 들였지만 울프 허드(앞서 피그말리온 효과 전략에서 소개했던)는 사용자의 안전에 방점을 찍고 범블을 설계했다. 이런 가치를 뒷받침하기 위해 범블 앱에서는 부적절한 행동을 할 것으로 예측되는 사용자를 차단하는 AI 알고리즘이 작동한다. 울프 허드는 "범블이 실제로 판매하는 것은 인간관계라는 신비로운 연금술에 대한 통제감입니다"라고 설명했다.

범블은 이런 틈새전략으로 경쟁 앱보다 여성 사용자 비율을 급격히 높이면서 미국 시장에서 엄청난 점유율을 차지하는 동시에 해외 시장으로 사업을 확대할 수 있었다. 2018년에는 인도에도 과감하게 진출했다. 인도는 성폭력과 일관성 없는 법 집행으로 많은 여성이 스토킹 불안감에 시달리며 데이팅 앱 사용에 거부감을 가진 곳이다. 울프 허드와 직원들은 수개월에 걸쳐 인도 여성들이 편안한 마음으로 온라인 데이팅서비스를 사용하려면 무엇이 필요한지 파악하고 고민했다. 그 결과 미국에서는 당연시했던 몇몇 기능을 인도용 앱에서 뺐다. 범블의 이런 전략에는 가치가 있었다. 대담함에는 더하는 것뿐 아니라 뺄 수 있는 용기가 필요하다는 가치 말이다.[169]

· 전략 8 ·

조직구조

'급진적으로'
협업하라

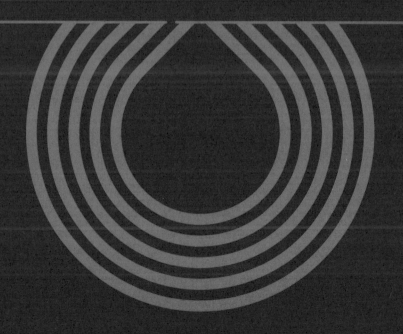

우리는 어떻게 소아마비와 천연두를 치료하고
인간을 달에 보낼 수 있었을까?
또 어떻게 인간 게놈을 단 13년 만에 해독했을까?
바로 협업 덕분이었다.

- 마거릿 쿠오모Margaret Cuomo, 미국의 의사이자 사회적 활동가

단절된 사일로는
혁신의 적이다

1906년 어느 날, 영국의 통계학자이자 다방면에 능통했던 프랜시스 골턴Francis Galton이 한 시골 박람회에 참석했다. 마침 거기 모인 방문객들이 소 한 마리의 무게를 가늠하고 있었다. 박람회가 끝난 후 골턴은 사람들이 소의 몸무게를 추정해 적은 카드 787개를 보았는데, 놀랍게도 그 숫자들의 평균이 소의 실제 무게와 거의 일치했다. 그 값은 눈썰미 있기로 유명한 정육점 주인이나 농부들이 판단한 것보다 더 정확했다.

골턴의 이 발견은 '군중의 지혜'라는 원칙으로, 일반인 집단이 가장 전문적인 개인보다 더 똑똑할 수 있다는 것을 의미한다. 다양한 판단을 결합하면 개별 오류들이 상쇄돼 정확성을 크게 높일 수 있다는 것은 여러 분야에서 연구결과로 확인되었다. 군중의 판단은 의료 진단, 과학 연구, 경제 예측을 개선했다.

다양한 판단은 꼭 필요하다. 생각이 같은 사람들로 이뤄진 집단은 주식시장의 거품처럼 조직을 벼랑 끝까지 몰고 갈 수 있으므로 어떤 형태의 집단 지능에서든 다양한 시각이 필요하다. 가장 현명한 군중은 의견이 다른 개인들도 포함한다. 그들까지 아울러 조직 전체에서 협업해야 하지만 현실에서는 말처럼 쉽지 않다.[170]

지금까지 우리는 애자일 혁신에서 공동 목적을 바탕으로 활력을 얻는 인재들의 역할을 부각해왔다. 하지만 개인의 재능만으로는 미흡하다. 기업이 개인의 능력으로 이룰 수 있는 것보다 더 거대한 무언가를 창조하려면 사람들이 한데 뭉쳐 노력해야 한다. 보통은 머리 두 개가 하나보다 낫다. 직장, 학교, 가정 구분할 것 없이 크나큰 도전에 직면하면 항상 혼자보다 팀일 때 더 쉽게 극복할 수 있다. 하지만 현실 속 협력은 상당히 까다롭고 오직 용기 있는 기업만이 조직 전체의 협력을 장기간 유지할 수 있다. 또한 조직이 클수록 도전은 복잡한데 이런 상황과 상관없이 유독 협력에 뛰어난 조직이 있는 이유는 무엇일까?

모든 회사가 협업이 유용하다고 말하지만, 몇몇 뛰어난 기업을 제외하면 공식적인 팀을 초월해 진정으로 협력이 일어나는 경우는 매우 드물다.[171] 그 원인을 이해하려면 단절된 사일로가 갖는 힘을 알아야 한다. 회사가 작으면 구성원 모두가 서로를 잘 알게 돼 협력하기에 쉽다. 작은 조직은 생존 자체가 문제이기 때문에 모두가 서로를 돕는 데 발 벗고 나선다. 하지만 기업이 성공하면 으레 규모가 커지고 제품 및 서비스가 확장된다. 조직원이 많아지고 사업 활동이 복잡해지면서 각각의 기능이 하나의 세상이 되고 다른 부서에 관한 관심이 식는다.

이렇게 상황이 변하면 리더들은 더 이상 생존을 걱정하지 않고 자신의 지휘권 아래 작은 왕국을 구축하기 시작한다. 조직의 폭넓은 협업은 이론상 고위 임원들 사이에서도 이뤄져야 하지만 임원들은 협업으로 가진 것을 잃을 위험을 감수하기보다는 가진 것을 사수하는 데 관심이 많다. 그들은 혹여나 협업했다가 자원을 잃거나 CEO의 신망을 잃을까 봐 걱정한다. 이제 조직원들 모두 안정을 추구하고, 안정에 도달하는 최선의 길은 견고한 조직을 자신들의 통제 아래 두는 것이다. 특히 성공한 기업들은 상당한 성장과 다각화를 이루다 보니 기능별로 독립 운영 조직을 만드는 수준에 이른다. 이렇게 생긴 사일로는 복잡성을 다루기에는 좋지만, 사람들이 기능과 부문을 뛰어넘어 함께 일하기에는 어렵다는 부작용을 발생시킨다.

사일로는 복잡한 프로세스를 확장하는 데 필수적이다. 20세기 중후반에는 사일로 방식으로 고품질 제품과 서비스를 대량생산할 수 있었다. 사일로는 우리에게 현대적 풍요로움을 선사했다. 하지만 사일로는 20세기처럼 시장이 비교적 안정적일 때 의미가 있다. 지금은 기술의 발전으로 대부분의 기업들이 격변 속에 있으므로 사일로 방식은 위험하다. 격변은 매끄럽게 일어나지 않는다. 조직 곳곳에 영향을 주기 때문에 위기를 넘기려면 서둘러 정보를 수집하고 새로운 아이디어를 발굴하고 그것을 활용하기 위한 방향 전환이 필요하다. 그래서 급진적 협업이 필요하다. 즉 구조적이거나 문화적으로 제약받지 않고 조직을 위한 해법을 찾을 수 있는 환경이 필요하다. 말단 직원이 전문가라면 고위 임원이라도 언제든지 자문을 구하고, 재기발랄한 엔지니어가 여러 직무 담당자와 함께 문제를 논의해서 새로운 솔루션을 개발하는 곳 말이다. 급진적 협업은 다양한 형태로 구현될 수 있으며, 어떤 방식이든 조직의 민첩성을 높이는 데 확실히 유용하다.

기능이나 부서 구조가 문제는 아니다. 그 구조를 단절된 사일로로 만드는 태도가 문제다. 기업이 영원히 혁신하려면 사업 활동들을 체계화하고, 그런 구조가 역효과를 내지 않도록 방책을 마련해야 한다. 중요한 것은 회사가 어떤 구조이든 광범위한 협업의 혜택을 누릴 준비가 되어야 한다는 것이다. 그런 준비는 다음과 같은 요소로 할 수 있다.

1. 문제의 해법이 어디서 나왔든, 또 얼마나 생소하든 새로운 해법에 열린 마음 갖기
2. 협업을 장려하고 소권주의를 자제하는 회사의 기풍
3. 폭넓은 협업이 가능하도록 침투성 높은 조직구조 확립

이런 협업이 얼마나 어려운지 실감하려면 이렇게 생각해보자. 만

약 기업들이 말하는 대로 협업의 가치를 진짜 인정한다면 그들 다수는 조직 위계보다 협업의 가치에 더 치중해야 할 것이다. 실제로 협업에 우선순위를 두는 기업 중에 테슬라가 있다. 이들은 그 사람의 직급보다 관련 주제에 전문성이 있는지를 따진다. 테슬라에서는 어떤 팀이 도전에 직면하면 지휘체계를 건너뛰거나 사일로를 넘나들 수 있다. 문제가 생기면 팀의 리더는 그것을 해결할 지식이 있는 사람에게 곧장 가서 가능한 한 빨리 문제를 해결하게 한다. 일론 머스크도 이를 몸소 실천하면서 강조한다.

> 테슬라 직원은 누구나 문제에 직면하면 회사 전체의 이익 측면에서 가장 빠르게 해결 가능한 방법을 타진한 후 다른 사람에게 이메일을 보내거나 문제를 논의할 수 있고, 그렇게 해야만 한다. 무엇보다 일이 올바르게 해결될 때까지 그렇게 해야 할 책임이 당신에게 있다는 사실을 명심해야 한다.

테슬라에서는 급진적 협업이 워낙 일상적이기 때문에 직원들은 자기 분야에서 전문가가 되기 위해 한층 더 의욕적으로 정진한다. 자신이 속한 안전한 사일로에 기대서는 도전을 피할 수 없기 때문이다. 테슬라에서는 오직 개인이 가진 전문지식에 따라 상대를 존중하며, 이런 다양한 직무 담당자들과 편안하게 협력할 줄 알아야 한다. 이들에게는 다른 무엇보다 결과가 중요하기 때문에 좋은 결과를 가로막는 사일로와 위계를 기꺼이 무시한다.

이것이 급진적 협력의 본질이다. 급진적 협력은 복잡한 문제에 당면한 사람들이 도움을 구하는 일반적인 협력을 넘어선다. 영원한 혁신 기업은 공격적인 협력을 통해서만 급변하는 시장에 발맞춰나갈 수 있다고 믿는다. 급진적 협력이 활성화되려면 조직 문화만큼 구조도 중요하다.

신제품 중심의 사업부 조직 vs.
돌파구 중심의 기능별 조직

협력적인 조직은 여러 형태를 취할 수 있다. 영원한 혁신 기업 중에는 극단적으로 분산된 조직도 있다. 전략 1에서 실존적 비전을 다루면서 설명했지만, 하이얼은 저마다 특징이 다른 전 세계 수많은 시장에 고품질 가전제품을 제공하는 데 총력을 다했다. 이 회사는 다양한 신제품을 대량생산하기 위해 하나의 그룹 생태계 안에서 사업을 여러 소규모 기업 형태로 분산시켰다. 애플은 이와 완전히 반대되는 경우로, 혁명적이고 사용자 친화적인 혁신 제품을 만들기 위해 기능 중심으로 상당히 중앙집권화된 구조를 갖는다. 하이얼과 애플 모두 그들의 비즈니스 모델에 적합한 혁신을 이루기 위해 조직 전체에 걸쳐 탁월한 협업 능력을 확보했다.

하이얼 임직원 대부분은 특정 상품과 시장에 초점을 맞춘 수천 개의 개별 마이크로 사업부에 속해 일한다. 각 마이크로 사업부는 자체적인 손익과 더불어 탄탄한 사업을 창출할 책임을 진다. 이에 실패하면 그 사업부의 자원과 책임 영역들이 다른 사업부에 흡수되고 조직이 해체된다. 마이크로 사업부의 대부분은 성공을 위해 관련 기술 및 생산에 관한 전문지식을 습득해야 하며 이를 위해서는 다른 조직의 동료들과 협력해야 한다. 그래서 하이얼은 지역별 소비자가 필요로 하는 상품을 만드는 데 필요한 폭넓은 협업 원칙들을 마련했다.

가전제품이 기술적으로 복잡해지고 특히 사물인터넷IoT이 접목되면서 조직 간 협업이 더 많아졌다. 제품이든 지역이든 하이얼에서 각각의 '마이크로 공동체 생태계'를 지원하는 조정 구조는 두 가지이다. 그중 하나는 공동체가 진화하는 사용자 니즈에 계속 맞춰갈 수 있도록 일조하는 경험 EMCExperience EMC이고, 다른 하나는 사용자의 고충을 해결하는 제품과 서비스를 개발하는 데 일조하는 솔루션 EMCSolution EMC이다.

이 둘은 급진적 협업을 이루는 동전의 양면과 같다. 하이얼은 마이크로 사업부가 필요하면 조직 전체에 도움을 구한다는 것을 알기 때문에 그들에게 사업을 책임질 자율권을 부여한다. 예를 들어 한 시장에서 냉장고 생산을 책임지는 사업부는 소비자들이 식품을 구매하고 조리하고 저장하는 데 도움을 줄 수 있는 '스마트' 냉장고에 시장 기회가 있다는 것을 발견했다. 그래서 기회를 더 정확히 확인하기 위해 다른 사업부 전문가들과 협력해서 제품을 더 구체적으로 발전시켰다. 그들은 제품의 수익성만 확인되면 다른 지역 담당자들이 먼저 그들에게 도움을 청할 것을 알고 있었다. 하이얼 직원들은 지식과 자원의 공유가 성공으로 가는 유일한 길이라는 사실을 알고 있으므로 적극적으로 서로를 돕는다.

반면에 애플은 하이얼과 조직 성격이 완전히 달라서 소비자 전자제품 분야에서 혁신적 돌파구를 찾는 데 초점을 맞춘다. 애플은 인간이 기술과 상호작용 하는 다양한 측면들을 탈바꿈시켰다. 이 모든 결과는 우리의 일상생활을 위한 혁신 제품을 만들겠다는 그들의 실존적 약속을 섬긴 덕분이었다. 애플은 새로운 제품을 발명할 뿐 아니라 기존 제품들을 지속적으로 개선하기 위해 애쓴다.

스티브 잡스가 1997년에 애플로 복귀했을 당시 애플은 오늘날의 모습과 사뭇 달랐다. 잡스의 공백을 메웠던 CEO들은 회사를 여러 사업부로 나누고 각각을 MBA 출신의 일반 관리자들에게 맡겨 사업부의 수익성에 초점을 맞추게 했다. 이런 관습적인 조직 구조는 서로 단절된 사일로를 낳았고, 각 사일로는 다른 조직들과 협력할 이유를 찾지 못했다.

복귀한 잡스는 극단적인 조치로 이 문제를 바로잡았다. 일단 일반 관리자들을 거의 해고하고 사업부도 모두 해체한 다음, 임원선에서 문제를 논의하고 조정하는 직무 기능 중심의 조직으로 대체했다. 애플은 지금도 아이패드, 아이폰, 맥 같은 제품 그룹이 아닌 디자인, 마케팅, 엔지니어 등 기능 부서 단위로 일을 진행한다.

기능별로 조직을 꾸리면 상품 그룹별로 조직을 꾸릴 때보다 영역별 주요 사안에 대한 기능 담당자들의 전문성을 대규모로 집약할 수 있어서 통찰력을 더 키울 수 있다. 하이얼은 애플만큼 첨단 기술을 다루지 않으므로 전문성을 집약할 필요성이 상대적으로 떨어진다.

제품별로 사업부를 따로 두면 서로 경쟁하게 되고, 이런 분위기가 과열되면 서로를 잠식할 수 있다. 그래서 애플은 기능별 최고 인재들을 한곳에 모으고, 그들이 다른 기능 소속 동료들과 협력할 수 있게 자극한다. 회사는 이러한 방식으로 실용적이면서 눈부신 혁신 제품을 거듭 선보였다.

이후 잡스는 중간 관리자들 일부를 복귀시켰지만, 그 의도는 남달랐다. 애플의 관리자들은 구성원을 감독하지 않는다. 그들은 그저 관리에 능한 개인들을 육성할 뿐이다. 대신 전문가들이 전문가들을 이끈다. 하드웨어 전문가들은 하드웨어팀을 관리하고, 소프트웨어 전문가들은 소프트웨어팀을 관리하는 식이다. 애플은 분야별로 가장 뛰어난 사람들을 원하는데, 그런 인재들은 전문지식이 없는 누군가가 자신에게 이래라저래라하는 것을 용납하지 않는다. 애플 안에 모인 인재들은 함께 일하면서 서로에게서 배우고, 그러면서 다음번의 거대한 혁신 과제를 성공적으로 해낸다.

하지만 이런 전문화 방식으로 실제 제품을 만들려면 폭넓은 협업이 필요하다. 기능 부서 조직에서는 수백 개의 수평적 의존성이 발생한다. 가령 카메라 엔지니어링을 담당하는 팀장은 카메라가 포함된 제품을 담당하는 디자이너들과 긴밀히 공조해야 한다. 이런 압박 때문에 회사는 기술적 전문성에 협업 능력까지 겸비한 사람들에게 승진 혜택을 준다. 따라서 애플 같은 기능 중심의 구조에서는 급진적 협업이 중대한 기술로 드러나면서 민첩한 혁신의 원동력이 된다.

애플이 자사의 제품 카메라에 셀카 모드를 도입하려 했을 때, 카메라 담당 엔지니어들(소프트웨어와 하드웨어 모두)은 혼자 일하지 않았다. 셀카 모드를 개발하는 과정에서 예기치 못한 이슈와 난관들이 불거지자 사용자 경험, 펌웨어, 알고리즘 등 각 기능에 대한 긴 토론들이 이어졌다. 팀은 같이 협력하면서 수많은 이슈를 발견하고 해결했다. 결국 셀카 모드라는 새로운 기능이 탄생했고, 애플은 이전까지 다들 불가능하다고 여겼던 휴대전화의 혁신적인 카메라 기능을 완성하는 쾌거를 이루었다.

잡스는 제품 부문이라는 사일로를 기능 부문이라는 또 다른 사일로로 교체했을 뿐이지만, 후자에서 제품에 가치를 더하려면 협력이 필수 조건이었다. 하이얼의 마이크로 사업부 체제는 비교적 상호 의존성이 약하지만, 각 사업부가 수익과 매출에 대한 엄청난 압박을 받으므로 필요한 역량을 손에 넣기 위해서는 폭넓은 협업을 모색할 수밖에 없다. 여기서 우리가 얻을 교훈은 대다수 대기업에는 어떤 형태로든 사일로가 버티고 있다는 것이다. 문제의 핵심은 그런 조직구조에서 어느 정도의 협업이 필요하고, 어떻게 하면 사일로를 침투성 강한 조직으로 바꾸느냐는 것이다.

구성원 모두가
책임감 넘치는 팀의 비밀

또 다른 접근법은 일반적인 조직구조를 채택하되 그 위에 혁신 업무를 주로 하는 협력 기반의 팀을 두는 것이다. 아마존이 그런 예다. 아마존은 전자상거래 분야를 호령하는 회사지만, 방심과 사일로를 피하고 새로운 사업 라인을 조직하고 상위 전략을 조정하는 데도 발 빠르게 움직이는 것으로 잘 알려져 있다. 아마존은 혁신을 위해 조직된 다기능팀을 바탕으로 성공에 필요한 내부 협업을 추진한다.

앞서 템포를 다루면서 설명했지만, 아마존은 원래 개발 프로젝트를 추진할 때면 대부분 '피자 두 판 규칙'을 근거로 팀을 조직했다. 절대 피자 두 판을 나눠 먹지 못할 정도로 큰 팀은 만들지 않는다. 팀 규모를 6~8명 정도로 작게 유지하면 상황에 따라 민첩하게 움직일 수 있다. 그 정도 팀 규모로도 여러 부서 출신의 엔지니어와 비엔지니어 직원들이 서로 역량을 보완하며 잠재적 솔루션을 고안할 수 있다.

아마존 개발팀들은 사일로를 초월해 협력하면서 조직이 아닌 고객에 초점을 맞추었다. 또 팀마다 자유롭게 선택한 모듈에 따라 일할 수 있으므로 작업 환경이 경직되지 않고 중간 관리자가 있을 때보다 훨씬 더 빨리 의사결정을 할 수 있다. 팀의 성공 여부가 솔루션과 관련된 다른 이들의 성공에 달려있기에 문제의 빠른 해결이 모두에게 이득이 된다. 한 팀이 일정에서 뒤처지면 그와 관련된 모든 팀의 업무가 지연된다.

일단 팀이 결성되면 모두가 효과적으로 함께 일하는 방법부터 배워야 하므로 팀원들의 의욕이 커지고 팀 내 조정도 더 잘 이뤄진다. 팀 규모가 작으면 구성원들은 해결하려는 문제에 대한 책임감을 더 잘 느낀다. 또 팀이 작으면 새로운 정보에 따라 빠르게 작업 방향을 바꿀 수 있다.

하지만 협업만으로 팀의 성공이 보장되지는 않는다. 팀의 업무를 효율적으로 조정할 수 있는 강한 리더가 필요하다. 피자 두 판 규모의 팀은 보통 제품 개발에만 효과적인데, 이는 혁신 작업을 종종 방해하는 얽히고설킨 의존성을 피하려면 작은 조직 규모와 자율성이 중요하기 때문이다. 다른 유형의 프로젝트, 특히 조직 전반에 영향을 주는 대담한 사업의 경우에 아마존은 팀 리더가 프로젝트 관리에만 전념하게 한다. 리더가 다수의 프로젝트에 동시에 관여하다 보면 아무래도 책임감이 약해지기 때문이다. 혁신에는 완전한 헌신이 필요하다.

가령 아마존은 온라인 상인들에게 물류서비스를 제공하고자 했다(아마존이 관련 업무를 모두 처리하는). 다들 좋은 아이디어라고 생각했지만 어쩐지 일이 잘 진척되지 않았다. 그래서 부사장 한 명을 지정해 다른 일은 다 내려놓고 그 일에만 집중하라고 지시하자 비로소 성과가 보이기 시작했다. 그 부사장에게는 다른 팀과 조율할 필요도 없이 본인이 원하는 대로 팀원을 뽑고 구성해서 서비스를 개발할 수 있는 전권을 부여했다.[172]

이런 현상은 아마존뿐 아니라 다른 조직에서도 나타난다. 맥킨지 연구에 따르면(전략 5의 템포 참조) 보통 애자일팀 구조는 부서 단위로 된 전통적인 구조보다 새로운 아이디어를 더 빠르게 검증하고 데이터를 수집할 수 있으므로 문제해결 가능성이 커진다. 다양한 시각이 모인 팀들은 회사와 고객이 필요로 하는 것을 더 폭넓게 이해할 수 있으므로 제품 업데이트와 개선을 신속하게 반복할 수 있다. 특히 애자일팀에는 본질적으로 협업 성향이 있어서 팀원들이 자신의 강점과 잠재적 기회에 훨씬 더 집중할 수 있는 것으로 보고되었다. 팀들이 지속적으로 서로 조율하고 소통하면 의사결정을 가로막는 요소들과 불필요한 의존성이 확연히 드러나므로 더 쉽게 처리할 수 있다.

아마존은 조직 네트워크 분석으로 자사의 팀 구조를 분석했다.

자체 평가 결과 사내 팀들이 업무상 문제해결을 위해 협업할 뿐 아니라 단절된 조직들을 잇는 가교 구실도 하는 것으로 나타났다. 게다가 팀 규모가 작을수록 회의와 결재 체계나 우선순위에 대한 의견 차이가 줄었다. 아마존은 이를 바탕으로 피자 두 판 팀 구조를 더욱 강화하고, 팀장 대상의 주간 사업 검토 회의를 도입해서 궁극적으로 단일 리더 전권 체제로 전환하기 전에 팀들 간에 사업적 우선순위가 일치하도록 도모했다.

급진적 협업의 결실은 예상치 못한 곳에서 종종 나타난다. 직원들이 조직 내 특정 업무 그룹이나 일상적으로 대면하는 협력 부서처럼 편안한 채널에 의존하는 경향이 뿌리내리면 새로운 아이디어를 얻을 수 있는 다른 소스들을 간과하게 된다. 가끔은 그런 소스가 조직 바깥이나 큰 조직이 접근하기 힘든 강점을 가진 작고 민첩한 회사들, 더 나아가 파트너십을 통해 보완 관계로 발전할 수 있는 직접적인 경쟁자일지도 모른다.

조직 밖에서
협업할 용기

효과적인 조직구조가 있다고, 또 성과평가를 잘한다고 협업이 저절로 이뤄지는 것은 아니다. 애플처럼 협업 의지가 있는 유능한 인재가 필요하다. 협업형 인재가 일정 수준 모이면 조직의 사고방식과 문화에 영향을 미쳐서 협업이 일반화되고 심지어 예측 가능해진다.

모든 조직에는 당연히 일하고자 하는 사람들이 있지만, 대다수 기업이 협업에 있어서는 한정된 몇 개 그룹에 의존하는 경향이 있다. 한 연구에 따르면 협업에서 발생한 부가 가치의 3분의 1은 전체의 5%에 해당하는 직원들로부터 창출된다고 한다.[173] 그렇다면 협업 의지를 가진 직원이 많아지려면 기업에는 어떤 식의 채용과 승진 전략이 필요할까?

이에 대한 통찰력은 직장 관리 플랫폼인 래티스Lattice의 창업자이자 대표인 잭 올트먼Jack Altman의 사례에서 얻을 수 있다. 올트먼은 직원들을 두 그룹으로 나눈다. 첫 번째 그룹은 주변 동료들에게 긍정적인 에너지를 주는 사람들이고, 두 번째 그룹은 타인으로부터 에너지를 받아야 긍정적일 수 있는 사람들이다. 또 다른 말로 주변 사람들에게 에너지는 나눠주는 그룹을 '배터리가 장착된' 사람들, 그리고 타인에게 의존해서 에너지를 얻는 그룹을 '배터리가 미장착된' 사람들이라 부를 수 있다.[174]

대부분 조직에서 협업은 엄청난 에너지와 긍정적 사고, 용기가 필요하므로 이는 아주 중요한 구분법이다. 직원들에게는 정해진 업무가 있고, 그들 모두 때때로 도전에 직면하므로 협업은 그들에게 거부할 수 없는 선택지이다. 하지만 자기가 속한 그룹이나 부문을 벗어난 누군가와 협력하기 위해 기꺼이 노력을 기울이는 이는 드물다. 그러려면 자신감과 야심, 활력이 필요하다. 외부 동료들의 신뢰를 얻어 그들과 협력하려면 내적으로 동기가 충만하고 규율이 잡혀 있으며, 일관성과 책임감이 있어야 한다.

물론 모든 조직이 '배터리가 장착된' 사람들을 원한다. 특히 협업을 강화하려는 회사에는 이런 인재의 중요성이 더욱 드러나는데, 과연 협업이 필요 없는 회사가 몇이나 되겠는가?

조직구조만 제대로 갖췄다고 협업이 보장되지 않는 것처럼, 사람들의 활력도 마찬가지이다. 급진적 협업에는 용기도 필요하다.

협업을 원하는 사람들에게는 새로운 아이디어를 추구하려는 의지 뿐 아니라 전혀 안면이 없는, 심지어 조직 외부 사람들에게도 기꺼이 접근할 수 있는 배짱이 필요하다.

보통 협업을 도모하는 기업들은 내부에 초점을 맞춘다. 여러 조직에서 모인 사람들보다 같은 조직원들이 더 빠르고 효과적으로 일하는 것은 자연스러운 이치이다. 내부 중심 협업은 그 성과가 그대로 조직에 남기 때문에 수익 면에서도 더 유리하다. 마이크로소프트 또한 수년간 이 전략을 유지했다. 애플과 삼성이 스마트폰 사업으로 유례없이 성공을 만끽하고 있을 때 마이크로소프트는 윈도폰Windows Phone을 출시했지만, 결과는 참담했다. 또 애플의 운영체제OS와 맞붙을 만한 제품을 계획했지만, 출시가 지연되었고 그러는 동안 애플 OS는 나날이 인기가 높아졌다. 마이크로소프트는 그저 윈도, 오피스, 인터넷 익스플로러 같은 제품 장악력을 원했고, 그런 플랫폼들을 강력하게 만든 따라 하기식 전략으로 종종 성공을 거뒀다.

그런 접근법은 2015년에 사티아 나델라(전략 1 참조)가 새로운 CEO로 취임하면서 마침내 변화를 맞았다. 세일즈포스가 주최하는 대형 행사의 연단에 오른 나델라는 아무도 예상하지 못한 행동을 했다. 자사 제품 데모에 아이폰을 사용한 것이다. 그는 자신이 들고 있는 아이폰에는 워드, 엑셀, 파워포인트 같은 자사의 주력 제품부터 최근 출시된 원노트와 원드라이브까지, 마이크로소프트의 iOS버전 소프트웨어가 가득하다고 덧붙였다. 그로부터 얼마 후에는 마이크로소프트의 오피스 제품 책임자가 애플이 주최한 신규 아이패드 프로 출시 이벤트에 참석했다.

극적인 시연 장면은 마이크로소프트가 실존적으로 변했을 뿐 아니라 협업에 우선순위를 두게 됐다는 사실을 강조했다. 그들은 이제 플랫폼과 상관없이 고객들이 MS 제품에 접근할 수 있게 할 것이고, 그러려면 이전에는 거리를 둔 기업들과 교류할 수밖에 없었다. 마이크로소프트는 '자사 제품 영역들의 연합'보다 고객들에게 정말 중요한 것에 집중해야 했고, 이는 대개 기존 안전지대를 벗어나야 한다는 것을 의미한다.

이에 따라 마이크로소프트는 '파트너에 긍정적인' 전략을 새롭게 도입했고, 이는 2018년에 구글을 제치고 오픈 소스 플랫폼인 깃허브GitHub를 인수했다. 2019년에 마이크로소프트 파트너 네트워크(현재의 마이크로소프트 클라우드 파트너 프로그램)를 세우면서 정점을 찍었다. 이 두 가지 결단을 통해 마이크로소프트와 공급업체들은 자원을 공유하고, 솔루션을 개발하고, 사업을 창조했다. 회사는 참여를 독려하기 위해 공급업체들에 자사의 개발 프로그램 및 비즈니스 도구들을 다수 제공한다. 협력업체들은 반대로 마이크로소프트에 민첩성과 전문지식을 제공한다. 마이크로소프트는 이 네트워크를 통해 기존에는 직접 처리하기에 너무 소소했던 틈새 시장 문제들을 해결하게 되었다.

예를 들어 사이언스소프트ScienceSoft에는 더 빠른 검색 기능과 문서를 통한 협업을 개선하는 기술이 있었지만, 그런 역량을 부각할 만한 강력한 인터넷 플랫폼이 없었다. 이들은 마이크로소프트 파트너 네트워크에 합류한 이후 마이크로소프트 쉐어포인트 SharePoint 소프트웨어를 기반으로 맞춤형 비즈니스 인트라넷에서 자사 제품을 시연할 수 있었다. 두 기업의 협업은 계속 이어졌고 사이언스소프트는 마이크로소프트의 365 소프트웨어를 개선하는 작업에도 참여했다.

마이크로소프트는 하이얼이나 애플과 달리 협업을 촉진하기 위해 조직구조를 전면 개편하지는 않았다. 대신 하향식 소통과, 앞서 소개한 세일즈포스 행사 같은 극적인 이벤트를 적극적으로 활용하였다. 2015년에 접어들자, 회사가 기존에 추구했던 '철저한 내재화' 전략이 실패했다는 사실이 자명했고, 나델라는 자기 영향력을 극대화하길 갈망하는 실력 있는 소프트웨어 엔지니어 부대에 의존할 수밖에 없었다. 그는 격려와 승인만 하면 됐다. 마이크로소프트는 애플에 비해 최첨단 기술 의존도는 약했지만, 그래도 MS 소프트웨어가 협력사 제품 안에서 완벽히 작동해야 했으므로 효과적인 협업은 꼭 필요했다.

급진적 협업을 하려면 모든 기회에, 심지어 경쟁사에 유리한 기회에도 문을 열어야 한다. 애플 같은 경쟁사와 협업을 진행하면 이제껏 접근하지 못했던 고객들에게 닿을 수 있고, 사이언스소프트같이 작고 민첩한 기업들과 협력하면서 관련 분야에 대한 깊은 전문지식을 얻을 수 있다.

경영진의 협업이
조직의 투명성을 높인다

개방성은 저절로 생기지 않는다. 별다른 장치가 없는 한 직원들은 일반적인 파라미터 안에서만 일을 진행하려 하고, 유관 부서와만 협력하려 하며, 그 외 사람들과의 교류는 주저한다. 그에 따라 당연히 조직 외부로 협력의 폭을 넓힌다는 발상에는 이르지 못한다.

가끔 상부에서 지시가 내려올 때만 협업을 진행하거나, 조직에서 저절로 협업 움직임이 일어나기를 기대하는 기업도 있다. 협업을 촉진하는 데 정답은 없지만 협업 의지를 꺾는 방법은 있다. 바로 내부 경쟁이다. 직원들을 서로 경쟁하게 하는 것이 개인의 성과를 높이는 효과적인 동기부여 방법으로 보일 수도 있다. 하지만 개인 간 경쟁을 부추기면 개인의 생산성을 감시할 때만큼 신뢰가 깨진다. 사람들이 동료를 경쟁자로 인식하기 시작하면 각각의 사일로는 더욱 단단해지고 진정한 협력은 끝난다.

사티아 나델라가 CEO가 되기 전에 마이크로소프트 경영진은 중간 관리자들에게 직원들의 실적과 관계없이 일정 비율은 하위 고과를 받게 했다. 이 정책은 자연스레 팀원들 사이에 경쟁을 부추겼고 그만큼 협업 의지도 꺾었다. 반면에 테슬라는 앞서 설명했듯이 전기차라는 치열한 경쟁 산업에서 번성하기 위한 중추적 전략으로 강력한 협업 문화를 갖는다. 테슬라 직원들은 위계질서를 거의 신경 쓰지 않아도 된다. 그들의 조직에서는 지위가 아닌 전문성이 중요하기 때문이다.

하지만 협업 문화라고 해서 반드시 구성원 모두가 동일한 권한을 갖고 합의해 의사결정 해야 한다는 뜻은 아니다. 나델라는 하위 고과 제도를 폐지한 후에도 조직을 하나로 모으고 한 방향으로 나아가게 하는 강력한 리더십이 필요하다고 인식했다. 이는 협업의 토대를 마련하는 필수 조건이기도 했다. 나델라는 말했다.

제가 인도 정부의 고위 관리였던 부친에게서 하나 배운 게 있다면 조직이 지속될 수 있는 체계를 확립하는 것만큼 어려운 일은 없다는 겁니다. 합의에 따른 리더십과 지시에 의한 리더십 중 하나를 선택한다는 생각은 잘못됐습니다. 어떤 조직을 만들든 발전하려는 의욕을 높이는 명확한 비전과 문화부터 바로잡아야 합니다. 작업이 하향식으로 내려오는지, 상향식으로 올라오는지는 중요하지 않습니다.

나델라 체제의 마이크로소프트는 극도로 개방된 구조 대신 이제는 세계 최대의 민간 해커톤이 된 방법론을 통해 협업을 강조했다. 이 행사의 명시적 목적은 마이크로소프트 직원들이 사일로와 직무 유형을 아울러 빠른 협업으로 문제를 해결하는 것이다.

이 프로그램은 엄청난 성공을 거두었다. 2년 후에 열린 연례 행사에는 75개국 400개 도시에서 참가한 1만 8,000명이 협업 작업으로 아이디어를 공유하고 발전시켰다. 마이크로소프트는 이후 고객사 팀들도 행사에 초대했다. 비록 코로나 팬데믹 기간에는 가상 공간에서 진행했지만, 마이크로소프트의 해커톤은 처음 정했던 미션을 계속 이어 나갔다.

마이크로소프트 직원들은 이 행사를 통해 평소에는 절대 접할 일 없는 조직 전반의 사람들과 연결되어 익숙하지 않은 도전과제들을 함께 수행한다. 해커톤은 억지로라도 창조적 협력을 하게 해서 참여자들이 새롭게 맺은 네트워크와 신선한 아이디어를 소속 부서로 가져가서 일반적인 사업 운영 전체에 영향을 미치게 한다. 해커톤을 통해 여러 혁신 상품이 탄생했는데 그중에는 시각 장애가 있는 사용자에게 주변 세상을 설명해주는 앱인 씨잉 AI^{Seeing} ^{AI}, 난독증처럼 독서 장애가 있는 학생들을 위한 학습용 원노트^{OneNote} 확장 툴, 신체가 마비돼 시선 트래킹으로 컴퓨터와 상호 작용하는 사용자들을 위한 아이게이즈^{EyeGaze} 등이 있다.[175]

나델라 회장은 협업을 촉진하기 위해 단순한 상명하달식 소통 외에 훨씬 많은 방법을 활용했다. 협력적 리더십팀을 결성한 것도 그런 노력 중 하나였다. 급진적 협업은 조직의 몸통이 중요한 만큼 머리도 중요하다. 위에서 내려오는 지시가 중구난방이면 일반 직원들 사이의 협업은 의미가 없어진다. 따라서 임원진은 급진적 협업 정신을 몸소 보여줘야 한다. 조직은 고위 임원들이 배터리 장착형 인재들로 최고의 팀을 결성해서 어떻게든 해결책을 구하겠다는 의지를 다지게 만들어야 한다.

나델라는 취임 초기에 경영진이 마치 성공으로 장식된 각자의 사일로 안에서 일하는 개인들의 집단 같다고 느꼈다. 또 경영진 회의는 마치 임원마다 다른 사람의 아이디어에 흠집을 내기로 작정한 자리 같았다. 개개인을 보면 다들 엄청난 능력자였지만, 그들에게는 협력하려는 자세가 없었다. 나델라는 이렇게 말했다.

> 영국의 시인 존 돈John Donne은 "그 누구도 섬이 아니다"라고 했지만, 시인도 우리 회의에 와 보면 생각이 달라졌을 겁니다. 각 그룹의 수장 모두가 개별적으로 사업하는 대표 같았으니까요. 모두가 각자의 사일로 안에 갇혀서 사업을 지시하고, 대부분이 아주 오랫동안 그렇게 해온 거죠. 우리 회사 포트폴리오에는 중력의 중심이 없었습니다.

여러 팀이 함께 일하려면 일종의 원칙이 필요하므로 이 중력의 중심은 협업을 시작하는 데 필수적이다. 나델라는 이를 염두에 두고 경영진을 새로 편성했다. 일단 사업개발책임자를 뽑아 새롭고 인상적인 제품과 서비스를 인수하거나 파트너십을 맺을 수 있는 거래를 체결했다. 또 최고인재책임자를 교체해서 외부 협업을 중심으로 조직문화 혁신을 지원하게 했다. 나델라는 이 밖에도 최고전략책임자, 최고마케팅책임자, 그리고 가장 빠르게 성장하는 클라우드와 엔터프라이즈 사업의 책임자들도 교체했다.

이런 경영진 물갈이는 마이크로소프트가 전략을 전환했다는 사실을 분명히 드러냈고, 신규 임원들은 다 같이 협업 정신을 다잡았다. 이런 쇄신을 바탕으로 임원들은 재능을 생산적으로 보완하고 중요한 사안들에 대해 훌륭한 합의를 끌어냈다. 회사가 대담한 전략을 추진하려면 고위 임원들도 협업에 마음을 활짝 열고 그런 협업을 조직 안으로 견인해야 했다.

이는 현실에서 머리를 맞대고 여러 의견을 논의하는 것뿐만 아니라 브레인스토밍을 통해 아이디어를 내고 질적으로 우수한 합의에 이르는 것을 말한다. 임원들에게는 개인이 가진 동기와 일치하면서 회사의 우선순위 및 실행 방향과도 맞는 협업 정신이 필요하다. 나델라는 이를 두고 "경영진 사이에 전략에 대한 이견이 1인치 있으면, 제품 담당자들이 그것을 실행에 옮길 때는 몇 마일의 괴리가 생긴다"라고 표현했다.

고위 임원들이 서로 협력적이고 생산적으로 일할 의지가 있어야만 서로의 문제에 공감하고 해결책을 찾기 위해 협조할 수 있다. 임원들은 또 조직이 추진하는 급진적 협업의 모범이 되고 하나의 팀을 이뤄 일련의 역량들로 까다로운 문제를 해결해야 한다. CFO는 조직이 지적으로 정직하고 행동에 책임질 수 있게 하고,

최고전략책임자는 사업 계획을 철저히 관리하며, 최고인사책임자는 직원들을 대변해야 한다. 또 제품을 책임지는 임원들은 담당 제품 및 서비스가 일관된 방향으로 관리될 수 있게 해야 한다.

나델라 휘하의 새로운 마이크로소프트는 더 이상 '소권주의의 연합체'가 아니었다. 더군다나 IT업계 전체적으로 조직에 경계를 긋지 않는 현상이 득세하면서 그는 동료들이 사일로를 뛰어넘도록 한층 더 촉구한다. 그들의 목표는 고객에게 중요한 일을 하는 것이고, 이는 자신들의 안전지대를 벗어나는 것을 의미한다. 심지어 나델라는 오픈 소스 정신을 장려한다.

누군가 코드와 지적 재산을 만들었다 하더라도, 회사 안팎의 다른 그룹들이 그것을 검사하고 개선할 수 있도록 개방하고 접근을 허락해야 한다. 나는 동료들에게 그들이 소유할 것은 코드가 아니라 고객 시나리오라고 말한다. 영세 사업자를 위한 방식과 공공 부문 고객을 위한 방식이 다르듯 우리의 코드는 고객에 따라 맞춤화돼야 한다. 결국 우리의 꿈을 믿을 수 있고, 궁극적으로 달성할 수 있게 하는 것은 함께 일하는 능력이다. 다른 사람들의 아이디어를 더 발전시키고, 경계를 넘어 협업하는 방법을 배우고, 그렇게 우리 고객에게 마이크로소프트가 할 수 있는 최선을, 즉 하나의 마이크로소프트를 선사해야 한다.

협력적 리더가 없는 기업은 종종 큰 난관에 봉착한다. 일례로 위워크WeWork는 원래 카리스마 넘치는 창업자이자 대표인 애덤 노이만Adam Neumann의 목적 지향적이고 일념에 찬 리더십으로 유명했다. 이 회사는 400억 달러 이상의 가치로 기업 공개IPO를 준비 중이었고, 기업 중심의 미국 사회에서 단절됐던 개인 업무 공간의 벽을 허물면서 매체들의 집중 조명을 받았다. 노이만은 협업을 촉진하는 비공식 업무 공간의 잠재력을 알리는 전도사 역할을 했다.

문제는 노이만이 회사 경영진을 나머지 조직으로부터 고립시켰다는 점이다. 협업은 단지 문제만 해결하는 게 아니라 투명성과 소통을 촉진해 회사가 문제를 조기에 확인할 수 있게 한다. 하지만 경영진 사이에 협업 정신이 없으면 그 동인을 잃는다. 또 회사의 이익과 상관없이 방만하게 행동하는 고립된 리더십 구조가 형성될 위험에 처한다. 그 일이 노이만이 독주했던 위워크에 벌어졌다. 그는 자기가 소유한 건물을 회사에 임대하고 회사 지분을 담보로 대출을 받는 등 개인 잇속을 챙겼고 회사의 상장이 폐지되는 재앙을 맞이했다. 만약 위워크 경영진이 협력적이었다면 그들은 암묵적 책임감으로 노이만의 행동에 제동을 걸었을 것이다.

물론 협력적인 경영진이 있어도 그 구성원들은 같은 비전을 공유할 가능성이 크기 때문에 일반적인 경영 방식에서 벗어나는 파격적인 리더십 형태가 나올 가능성은 여전히 존재한다. 하지만 협력적인 접근법에서는 동료들이 전략을 분석하고 교차 검증하도록 자극하기 때문에 무책임한 경영 관행이 더 확대되지는 않는다. 정말 협력적인 조직에서는 사업이 투명하게 운영되기 때문에 배를 산으로 갈 가능성이 작다.

일상적 협조와 급진적 협업을 가르는 조직의 원칙

개방적인 조직의 장점이 분명한데도 왜 계층 구조는 사라지지 않는 걸까? 경영 분야 사상가 중에는 관리 자체를 없애는 극단적인 버전의 협업을 옹호하는 사람도 여럿 있다. 특정 프로젝트나 이니셔티브를 위해 자율 관리팀을 결성한 다음 목표를 달성하면 해체하는 식이다. 조직원 누구든 자신의 사고 과정을 타인들이 검토하고 비판할 수 있게 열어놓는 한 작업 경로를 스스로 정할 수 있다.

조직 안에서 직무 박람회를 열어 동료들에게 새로운 프로젝트 기회를 공개, 제공하는 방법도 있다. 이때 참여자들의 책임감을 높이려면 각자에게 가상 회사 하나를 맡기는 식으로 대차대조표와 손익 결과를 투명하게 공개하고 가치 창출 기여도와 초과 이익

을 근거로 개인의 급여를 정할 수도 있다.[176]

이런 방향으로 사업을 움직인 기업 중 대표적인 예로 토니 셰이Tony Hsieh의 자포스Zappos를 들 수 있는데, 이 접근법을 자포스만큼 바람직하게 접근한 조직은 없을 것이다. 이유는 간단하다. 극단적 협업의 성공은 독립적인 정신을 가진 사람들에 달려있는데, 사실 이런 사람들은 대형 조직에서 일하기보다는 프리랜서 계약을 선호할 가능성이 높다. 하지만 조직이 없으면 투자자를 만족시킬 만큼 대규모 자본을 조성하기 어렵다. 다행히 이런 극단적인 협업 디자인에 관심이 증가하고 있고, 이는 전통적인 계층 구조와 부족한 협업에 불만이 존재한다는 증거다.

실제로 대부분의 회사가, 심지어 크게 성공한 기업들도 강도 높은 협업 문화를 거부하는 경향이 있는데, 이는 장기적으로 해가 된다. 협업에 대한 긴박감이 없는 회사는 아무리 시장 입지가 탄탄해도 성공을 지속할 수 없다. 일례로 소셜 미디어를 선도한 플랫폼 마이스페이스Myspace는 2006년까지 인터넷에서 트래픽이 가장 많은 웹사이트였다. 이들은 구글과 야후를 뛰어넘고 신규 사용자들을 겨냥한 지속적인 마케팅으로 효과를 냈다. 하지만 그때 이미 쇠퇴의 징후가 나타나고 있었다. 일단 웹사이트의 기술적인 기능성이 페이스북 같은 신출내기 경쟁사들에 비해 떨어졌다. 마이스페이스도 엔터테인먼트와 음악에 관심을 가진 사람들을 중심으로 한 커뮤니티를 구축했지만 뉴스 피드와 상태 업데이트 같은 주요 소셜 기능이 없다 보니 경쟁우위가 점점 떨어졌다.

새로운 기능이 나오지 못한 원인은 강도 높은 협업에 맞지 않는 마이스페이스의 조직구조 때문이었다. 기능 부서들로 구분된 이 조직은 고객에 초점을 맞춘 그룹들과 기능을 구현하는 기술 그룹을 분리하는 여러 사일로를 만들었다. 억지로라도 그룹 간 소통을 유도하는 정책이나 작은 팀들이 없다 보니 사일로 사이의 소통과 협업이 극히 제한적으로만 이뤄졌다. 사용자 경험을 진단하는 팀은 사용자 요구에 대응하는 팀과 거의 무관하게 일했다. 상황이 이런데도 직원들은 소셜 미디어에서 존재감을 가지려면 마이스페이스를 할 수밖에 없다는 네트워크 효과만 믿고 자사의 경쟁우위가 지속될 것으로 여기며 무사태평했다.

결국 엔지니어팀은 사람들이 관심도 없는 기능에 시간과 에너지를 쏟아부었고 마이스페이스와 그들이 제공하는 온라인 경험은 점점 정체되었다. 마이스페이스는 사용자 요구에 맞춰 계속 진화해야 하는 기업에 서로 단절된 조직구조가 얼마나 치명적인 약점이 되는지를 여실히 보여줬다. 반면 성공에 목말랐던 페이스북은 기능 부서 간 적극적인 협업을 바탕으로 계속 서비스를 수정하고 신규 기능을 추가했다. 후발주자라는 위치는 관리자들이 절대 안주하지 않고 내부 갈등을 피하는 원동력이 되었고, 야심 가득하면서 협력적인 설립자 역시 자신의 비전을 강력히 밀어붙였다.

최고경영자는 구조, 전략 변화, 임원 채용 같은 방법으로 협업을 촉진할 수 있지만, 그보다 더 직접적인 방법으로 직급을 막론한 직원 모두가 그들의 안전지대를 벗어나 동료들과 교류할 수 있도록 보조할 수 있다. 기업의 리더들은 협업을 촉진하는 다양한 방법을 발견했는데, 특히 AMD의 CEO인 리사 수(전략 3, 7 참조)는 이 방면으로 가장 돋보이는 인물이다.

수 사장은 직급과 상관없이 누구나 그에게 의견과 피드백을 보낼 수 있도록 강력한 개방 정책을 유지한다. 정책만으로는 부족하다는 것을 알기 때문에, 일상에서 대표에게 의견이나 아이디어를 낼 엄두조차 내지 못하는 직원들로부터 피드백을 얻기 위해 애쓴다. 이는 그가 IBM에서 열 명 정도 되는 팀을 관리했을 때부터 노력해온 것이다. 그는 원래 당면한 프로젝트만 완벽히 해내자는 주의였다. 그래서 상사가 팀원들과 함께 논의했는지 물었을 땐 당황할 수밖에 없었다. 그후 그는 팀원들과 말을 해봐야 그들이 어떤 식으로 동기를 찾는지 알 수 있고, 그래야 적극적으로 프로젝트에 동참할 수 있도록 지도할 수 있다는 사실을 깨달았다.

AMD에서 그는 말단 직원뿐 아니라 외부 사람들을 통해서도 무엇이 효과적이고 효과적이지 않은지 통찰력을 얻었다. 리사 수는 직급과 위계 등 협업에 방해가 되는 요소들을 억제했다. 또 회사 업무에 대한 피드백을 강조하고 피드백 문화를 최대한 쉽게 만드는 급진적 협업 방식을 채택했다.

범블의 설립자이자 대표인 휘트니 울프 허드는 여기서 한발 더 나아갔다. 그는 내부 조직 사이의 경쟁을 억제하기 위해 한 임원이 여러 직무를 한꺼번에 관리하는 이중 리더십 체제를 만들었다. "한 사람만 부서를 이끌어야 한다거나 팀의 성공을 정의해야 한다는 법이라도 있나요? 우리 회사는 몇몇 중요한 기능 영역들에 대해서는 그 꼭대기에 파트너십을 구축했습니다. 그래야 'XYZ 팀의 임원'이 되기 위해 서로 경쟁하는 대신에 창조적 사고를 전략적 사고로 보완하고, 운영 수완이 뛰어난 사람 옆에 비전 제시가 뛰어난 사람이 앉아 서로 도울 수 있으니까요."

반쪽짜리 마음으로는 급진적 협업을 이뤄낼 수 없다. 급진적 협업은 조직이 살아 숨 쉬게 하는 기본 요건으로 만들어야 직원들이 비로소 따를 수 있을 만큼 어려운 관행이다. 어떤 기업도 한 가지 전략으로는 급진적 협업에 성공할 수 없지만, 그럼에도 몇 가지 염두에 둘 원칙들이 있다.

첫째는 모든 협업 기회에 문을 열어 두는 것이다. 그렇게 하면 일반적으로는 택하기 힘든 아마존의 '피자 두 판짜리' 팀 같은 대담한 정책으로 이어질 수 있다. 그런 작은 그룹들은 개별 문제를 집중적으로 다루고 협력하면서 일관성 있는 최종 제품을 만들어낸다. 팀 규모가 크면 내부 정치에 휘둘리거나 내부 자원을 두고 싸우기 쉽고, 기회를 발견해도 방향을 쉽게 바꾸지 못한다.

둘째, 조직 외부의 기관 및 개인과 협업할 때 얻는 이점을 기억하라. 작은 기업들은 특정 분야에 대한 깊은 지식을 갖고 있을 때가 많은데, 대기업이 이를 복제할 수는 없지만 풍부한 자원으로 충분히 보완할 수는 있다. 마이크로소프트가 파트너 네트워크를 통해 한 것처럼 말이다.

셋째, 협업을 전략적 목표에 따라 조정하라. 하이얼은 제품 시장에 따라 마이크로 사업부 체제로 조직을 분산시킨 반면에 애플은 전문가 중심의 기능 조직에 의존한다. 두 회사 모두 협업을 강요하지만, 운영 방식과 구조는 완전히 다르다.

넷째, 테슬라가 내세우는 공식 정책이나 마이크로소프트가 시행하는 세계적 규모의 해커톤처럼 협업 구조뿐 아니라 협업 정신을 북돋는 장치를 마련하라. 두 회사 모두 문제해결을 위해 직원들이 조직 위계와 상관없이 편안히 일할 수 있는 환경을 마련했다. 직원들은 보통 평소에 알고 지내던 사람들과 계속 일하고 싶어 한다는 사실을 기억하라. 대담한 사람들도 협업에 대해서는 어색할 수 있으므로 문화적이고 구조적인 자극이 필요하다.

결국 급진적 협업은 조직의 사고방식에 달려있다. 영원한 혁신이라는 목표를 달성하려면 회사 정책과 전략이 그런 사고방식에 뿌리를 두어야 한다. 급진적 협업은 삶의 방식이다. 따라서 일상적 협조와 급진적 협업 사이에는 차이점이 있다. 하지만 결국 핵심은 어떤 형태든 협업을 수용하고, 협업을 중심으로 회사를 조직해야 한다는 점이다. 협업을 필요가 아니라 삶의 한 가지 방식으로 취하는 회사만이 실로 급진적인 협업을 이룰 수 있다. 그렇게 꾸준히 협업을 수용하는 기업은 놀라운 성과를 얻게 될 것이다.

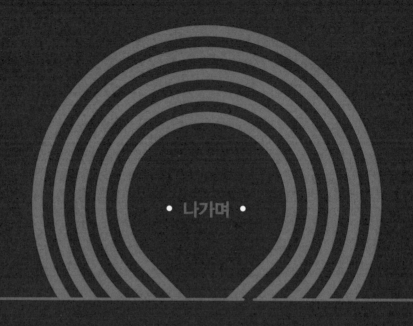

• 나가며 •

8가지 전략은
유기적이다

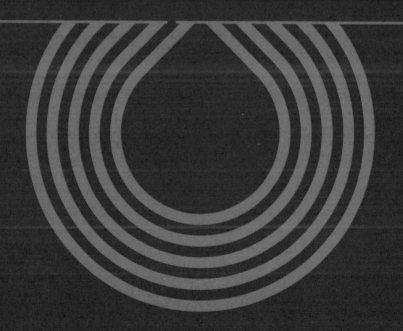

세 번째 혁신을 꿈꾸며_
스타벅스의 이야기

이 책을 읽으면서 이것만은 꼭 확인하길 바란다. 바로 영원한 혁신을 이끄는 여덟 가지 중요한 전략들이 서로 연결돼 있다는 것이다. 당신의 조직을 장기적으로 성공하는 조직으로 탈바꿈하기 위해서는 이 여덟 가지 전략이 모두 어느 정도는 필요하다. 하지만 무엇보다 깊은 헌신이 필요하다. 혁신은 하루짜리 이벤트나 계획이 아니라 지속적이고 자생적인 노력이 필요하다.

기세가 떨어지는 기업일지라도 중대한 혁신을 이룰 기회는 여전히 있다. 목표에 다다르기 위해서는 리더 자리에 있는 사람만이 제시할 수 있는 강력한 방향성과 조율된 노력이 필요하다. 그 사람이 CEO라면 당연히 더 좋겠지만, 임원이나 중간 관리자라도 이 책에서 소개한 개념들을 팀과 부서에 충분히 적용할 수 있다.

관료주의는 이런 노력에 큰 걸림돌이 될 수 있으며 중간 규모의 조직도 예외는 아니다. 대규모의 혁신 작업 대부분이 시간 낭비와 컨설팅 비용으로 수십억 달러를 소모하고도 수익성이나 성장 증대에는 실패한다. 새로운 책임자가 집권할 때가 조직을 쇄신하는 적기일 수도 있지만 무조건 그런 것도 아니다.

우리는 이 책에서 애플, 마이크로소프트, 아마존, 테슬라 같은 회사들이 8개의 전략을 어떻게 잘 결합해서 영원한 혁신의 길에 들어섰는지 확인했다. 이번에는 하워드 슐츠Howard Schultz라는 창립자이자 리더 아래 성장한 스타벅스의 사례를 들여다볼 것이다. 스타벅스는 다른 여러 혁신 기업처럼 고도의 디지털 제품을 제공하는 대신 전통적인 오프라인 소매점을 바탕으로 서비스 대부분을 제공하기 때문에 우리에게 또 다른 강력한 모범사례가 된다. 이 회사는 이미 두 번의 혁신 과정을 거쳤고, 이제 다시 변화하는 시장 환경 속에서 세 번째 쇄신을 꾀하고 있는 것으로 보인다. 혁신을 향한 사티아 나델라와 하워드 슐츠의 노력이 우리에게 일깨워주는 것이 있다. 기업이 지속 가능한 혁신의 궤도에서 벗어나면 때때로 다른 수준의 자극이나 변화가 필요하다는 점이다.

스타벅스의 실존적 비전

1983년, 하워드 슐츠는 당시 시애틀에서 커피 원두를 판매하는 작은 체인에 불과했던 스타벅스의 운영 책임자였다. 그러던 중 그는 이탈리아 밀라노로 여행을 갔는데, 거기서 일종의 계시를 받았다. 그곳의 활기 넘치는 카페들의 모습에서 영감을 받아, 집과 일터 사이의 '제3의 공간'을 만들겠다는 결심을 한 것이다. 그는 스타벅스를 그만두고 유럽의 에스프레소와 다른 스페셜티 커피를 판매하는 카페를 열기 위해 자금을 모았다. 이 아이디어는 통했고, 그는 곧 스타벅스 체인을 인수해 사람들을 위한 만남의 장을 열고 동시에 뛰어난 커피를 제공하겠다는 비전에 동력을 달았다. 그는 기존의 스타벅스를 탈바꿈했고 이후 매장을 미국 전역으로, 또 전 세계로 확장했다.

나중에 슐츠는 사업 초기를 떠올리면서 그렇게 불타던 의욕은 자신이 일곱 살이었던 1970년부터 시작됐다고 술회했다. 그의 가족은 브루클린의 한 공공주택에서 살았는데, 어느 날 아버지가 빙판에서 미끄러져 몇 달 동안 일을 할 수 없었다. 슐츠의 가족에게는 건강보험이 없었고 근로자 보상금도 지급되지 않았다. 그는 자신의 아버지를 '세상에 의해 짓밟힌' 사람으로 묘사했다.[177]

슐츠는 그때 겪은 절망적인 상황을 피하고자 언제나 근면하게 일했고, 직원들에게는 넉넉한 복지혜택을 제공했다. 이는 스타벅스를 시작할 때부터 회사 비전의 밑바탕이었다. 슐츠의 불우했던 어린 시절은 좋은 음료를 찾는 사람들이 한데 모이는 공간이라는 비전과 함께 세상을 더 나은 곳으로 바꾸려는 용기를 부여했다. 이처럼 창업자가 인생 초기에 어떤 사건으로 인해 깊은 깨달음을 얻으면 이익에만 치중하려는 유혹을 이기고 고객의 삶에 변화를 만들고 더 깊은 가치에 헌신하는 원동력을 얻는다. 슐츠는 그런 실존적 신념을 바탕으로 단순히 돈만 바라는 용병이 아닌 사명감이 투철한 선교사로서 사업을 시작했다. 설사 회사가 단기적으로는 손해를 입더라도 스타벅스의 비전을 굳건히 밀고 나아가는 것이 그에게는 당연했다.

스타벅스가 1990년에 정한 최초의 미션 선언문은 '스타벅스를 세계에서 가장 우수한 커피를 제공하는 제1의 공급자로 자리매김하고, 회사가 성장해도 그 원칙들을 유지하고 타협하지 않는 것'[178]을 목표로 한다. 슐츠는 2000년에 스타벅스의 CEO 자리에서 물러났을 때나 2008년에 회사에 복귀한 후에도 한결같이 이 약속을 고수했다. 2018년에 세 번째로 회사를 떠나면서 직원들에게 보낸 편지에서 그는 스타벅스의 원칙들에 있어서는 '수익과 사회적 양심' 사이에서 균형을 이루고자 최선을 다했다고 말했다. 사실 오늘날에도 '사회적 양심'을 거론하는 CEO는 상당히 드물다. 스타벅스는 고객 일부가 이탈할 것이 분명한 상황에서도 이민, 동성 결혼, 총기 통제, 인종 차별 등에 대한 회사 입장을 표명했다.[179]

스타벅스가 가장 큰 시험에 든 것은 2008년에 금융위기가 절정에 치달으면서 전반적인 경제 하락으로 회사 주가가 곤두박질치던 때였다. 빠른 사업확장이 회사에 오히려 아킬레스건이 되었다. 신규 매장들이 속속 문을 열었지만, 회사가 표방하는 강력한 개념은 그만큼 빨리 신규 지점에 흡수되지 못하면서 마이크로소프트와 마찬가지로 관료주의가 싹트기 시작했다. 시간이 흐르면서 관료주의의 병폐는 고객의 요구에 대한 감을 잃고 조직의 본질을 간과하는 결과로 이어졌다.

가령 직원들의 전언에 따르면 당시 경영진은 사업 둔화의 원인으로 유제품 가격과 물류 상황을 들면서 경기침체 와중에 제품 가격을 인상했다. 이런 문제해결 방식은 분명 고객경험과 윤리적 사업을 강조하던 회사의 가치에 어긋났다. 스타벅스는 그들이 차지했던 틈새시장에서 강력한 입지를 잃고 한때는 그들과 완전히 다른 매장 경험을 제공했던 맥도날드 및 던킨 도넛과 경쟁하는 (그리고 사실상 그들에게 열세인) 지경에 이르렀다.

하워드 슐츠의 말에 따르면 스타벅스가 경쟁력을 되찾는 유일한 열쇠는 "영혼을 지키는 것"이었다. 이사회는 슐츠를 CEO로 복귀시켰고 그는 스타벅스를 자신의 비전에 걸맞은 곳으로 되돌렸다. 그런 노력 중 하나가 뉴올리언스에서 스타벅스 매니저 1만 명을 집결시킨 3일간의 콘퍼런스였다. 당시 스타벅스는 자금 부족에 시달리고 있어서 이사회는 3,000만 달러나 드는 이 행사를 반대했지만, 슐츠는 밀어붙였다.[180]

콘퍼런스 참가자들은 일반 워크숍 세션에 참여하는 것은 물론이고 당시 허리케인 카트리나의 피해를 복구 중이던 현지 주민들을 돕는 데도 힘을 보탰다. 그들은 스타벅스의 가치와 '한 번에 한 사람, 한 컵, 한 동네씩 인간 정신에 영감을 주고 육성한다'는 새로운 비전을 강화하는 훈련에 참여했다.[181] 슐츠는 휴일 판매액을 아프리카 지역의 에이즈 퇴치 프로그램에 지원하는 파트너십도 발표했다.

스타벅스는 윤리적·환경적 영향력에 관심 증대, 기술적 파트너십과 혁신적 성장 플랫폼 도입을 골자로 사업 우선순위에 큰 변화를 단행했다. 변화의 내용을 좀 더 자세히 들여다보면 이런 혁신 의제들이 여전히 '커피 분야의 권위자'와 '동네의 중심'이라는 스타벅스의 핵심가치와 통한다는 것을 알 수 있다.

슐츠는 격변의 시기에도 조직의 가치를 지키는 것이 사업전략을 성공시키는 데 결정적인 영향을 미친다고 믿었다. 그런 태도 덕분에 회사 경영진부터 매장 직원들까지 모두 새로운 비전에 동화되었다. 직원들은 비전을 통해 연속성을 느꼈다. 그리고 이는 효과가 있었다. 많은 대기업이 금융위기의 여파로 허덕이던 시기에 스타벅스는 연이어 기록적인 매출과 수익성 있는 성장을 기록했다.[182]

고객경험에 대한 집착

하워드 슐츠는 커피 품질에도 관심이 지대했지만, 그보다 더 고심한 것은 '고객이 현재 필요로 하는 것에 어떻게 대응하느냐'였다. 고급 음료를 기반으로 한 '제3의 공간' 컨셉으로 스타벅스가 출범한 지 20년이 지난 2009년에도 슐츠는 여전히 요즘 사람들이 무엇을 원하는지에 마음을 열고 귀를 기울였다. 다른 대기업이라면 시장조사로 매장의 특정 요소에 대한 소비자 반응을 파악했겠지만(물론 이런 조사도 임원의 의도에 따라 조작될 여지는 있다), 슐츠는 단순한 방식을 선호했기 때문에 일부러 브랜드를 표시하지 않은 시애틀 중심부에 있는 매장 두 곳에 가서 고객을 직접 만났다.

그렇다고 스타벅스가 일반적인 고객 데이터를 무시한 건 아니었다. 스타벅스에는 3만 개의 매장과 매주 1억 건의 거래에서 발생하는 정보를 수집하고 분석하는 고위 임원 직속의 데이터사이언스팀이 있었다. 데이터 대부분이 스타벅스 모바일 앱에서 나오는데, 앱을 통해 고객의 브라우징 특징 및 구매 습관을 추적할 수 있다. 이런 고객 데이터는 프로모션 대상 품목을 정하는 데도 도움이 된다.[183]

피그말리온 격려하기

뉴올리언스에서 직원 콘퍼런스를 개최했을 무렵은 슐츠가 이미 회사 임원 다수를 교체한 상태였다. 하지만 그는 자신과 일부 임원들만의 힘으로는 회사를 쇄신할 수 없다고 생각했다. 그래서 콘퍼런스에 참석한 관리자들과 시간을 들여 이야기 나누는 데 특별히 노력했다. 이는 직원들에게도 회사 대표에게 직접 회사에 대해 듣고 배우고 영감을 받는 귀한 시간이었다. 또 슐츠는 콘퍼런스에 스타벅스 가치를 강화하는 훈련도 포함했다.

슐츠는 피그말리온의 영향력을 높여서 직원 모두가 고객과 주변 공동체에 서비스한다는 회사의 가치를 따르도록 다시 활력을 불어넣어야 했다. 그런 맥락에서 콘퍼런스에서는 '한 번에 한 사

람, 한 컵, 한 동네씩 인간 정신에 영감을 주고 육성한다'는 새로운
비전을 공유하는 데 중점을 두었다.[184] 하워드 슐츠의 혁신 의제
에는 다음 일곱 가지 원칙이 포함되었다.[185]

1. 무적의 커피 권위자가 돼라.
2. 파트너(매장 직원)들과 교류하고 영감을 불러일으켜라.
3. 고객과 감정적 애착을 형성하라.
4. 각 매장을 그 동네의 심장으로 만들면서
   전 세계에 매장을 확장하라.
5. 윤리적 소싱과 환경적 영향력 방면으로 리더가 되라.
6. 스타벅스 커피에 걸맞은 혁신적인
   성장 플랫폼을 만들어라.
7. 지속 가능한 경제 모델을 제시하라.

이 원칙 중 다수가 현재는 스타벅스의 사업전략에서 빠져있다. 하
지만 아직도 회사의 핵심가치에는 녹아 있다.[186]

스타트업 사고방식 되찾기

하워드 슐츠는 스타벅스를 창립하지는 않았지만 조직을 완전히
새롭게 변모시킨 장본인이었다. 그는 스타트업 정신으로 스타벅
스를 바라봤고 이는 회사 설립자가 지향하는 작은 목표들이나 사
업 손익에 치중하는 전문 기업인들의 계산과는 완전히 달랐다. 그

는 '작은 비즈니스'로는 성이 차지 않았다. 그는 거인이 되고 싶었다. 그는 자신의 목적을 끈질기게 추구하는 동시에 조직원들이 회사 비전에 발맞추고 고객도 유인하는 적절한 방법을 찾을 때까지 제품 및 서비스를 조금씩 변경하고 효과적인 것들은 반복했다.

그의 보잘것없던 어린 시절은 오히려 개인의 성공이 아닌 자신의 비전을 바라보며 뚝심 있게 나아가는 힘이 되었다. 슐츠는 사무실 안에 앉아 자신만의 제국을 구축하는 대신 시시때때로 세계 곳곳을 돌며 스타벅스의 문화를 지속적으로 발전시켰다.

스타벅스만의 고유한 서비스를 확립하기 위한 그의 집념은 2008년에 그가 CEO로 복귀했을 때 더 확연히 드러났다. 당시 스타벅스는 뚜렷한 목적의식 없이 사업을 공격적으로 확장하는 데만 정신이 팔린 상태였다. 그리고 스타트업 정신은 유물이 돼 있었다. 본래의 스타트업 정신을 되찾고 회사를 탈바꿈할 때였고, 이를 위해 뉴올리언스에서 3일간의 콘퍼런스가 열렸다.[187]

하버드 경영대학원의 낸시 코언Nancy Koehn 교수는 슐츠가 콘퍼런스를 열기로 결심한 이유를 '슐츠는 회사의 존망을 결정하는 데에는 현금보다 훨씬 더 많은 요인이 작용한다는 것을 알고 있었다. 거대한 돌풍에 휩싸이면 사람들은 너무 단순히 자금이나 물류 같은 손쉬운 방법으로 해결하려 든다. 하지만 조직원들에게 말하고 집중하고 그들의 정신에 호소하지 않으면 사업을 구하고 변모시킬 수 없다'라고 설명한다. 슐츠는 굼뜬 거인이 된 조직에 다시 활력을 불어넣어야만 했다.

템포 조절

슐츠는 템포를 조절하는 법도 알고 있었다. 즉 참을 때와 서두를 때를 알았다. 2007년 초반에 그가 스타벅스에서 계약직전략책임자로 일했을 때 그는 회사에 활력이 필요하다는 것을 깨달았다. 당시 회사 경영진은 스타벅스 브랜드로 인스턴트커피 출시를 고려하려고 있었는데 연구개발 책임자들은 완벽한 레시피 조합을 찾는 데 적어도 32개월이 걸릴 것으로 보고했다.[188]

슐츠가 그의 저서인 《온워드Onward》에서 밝혔듯이, 그는 연구개발 작업에 그렇게 오랜 시간이 걸린다는 것을 이해할 수 없었다. 인스턴트커피가 몇 년 후에나 출시되면 그사이 스타벅스는 시장점유율을 꽤 많이 뺏길 수밖에 없었다. 그는 템포 조절이 핵심이라는 사실을 누구보다 잘 아는 사람이었다.

결국 슐츠는 R&D 책임자였던 톰 존스에게 폭발했다. "왜 그렇게 오래 걸리죠? 애플이 아이팟을 개발하는 데도 1년이 채 안 걸렸는데, 우리라고 안 된다는 법이 있나요?" 스타벅스의 소위 '아이팟 회의'는 인스턴트커피 사업에 관여돼 있던 모든 팀을 뒤흔들었다. 그로부터 32개월 후, 그들은 스타벅스 품질 기준에 부합하는 강력한 인스턴트커피 레시피를 개발했을 뿐 아니라 그 상품을 출시해 미국 전역에 있는 스타벅스 매장에서 판매하고 있었다.

스타벅스는 사냥감을 응시하며 끈기 있게 기다리는 사자 무리처럼 인스턴트커피 사업에 바로 큰 투자를 감행하지 않았다. 대신 시장 수요와 활용 가능성을 확인하자 즉시 뛰어들었다. 조직 내 템포 조절은 최상단에서 시작해 아래로 물 흐르듯 퍼졌다.

슐츠는 속도를 늦추고 투자를 철회할 줄도 알았다. 성공하는 기업은 부진한 제품에 할당된 자원을 다른 쪽에 유용하거나 아예 사업을 중단한다. 슐츠 또한 스타벅스의 매장 문화를 되살리려고 애쓰고 있을 무렵, 실적이 부진한 매장들을 어떻게든 유지하는 데 소모할 시간이 없다는 것을 알았다. 그래서 수백 개를 폐점했는데 그중 다수가 미국 매장이었다.

한편 남은 7,000개의 매장에는 기존 에스프레소 기계를 전부 빠르고 품질 좋기로 유명한 스위스산 마스트레나 제품으로 교체했다. 그러고는 같은 날 미국 내 모든 스타벅스 매장을 일시에 세 시간 동안 닫았다. 이로 인해 600만 달러의 매출 손실이 발생할 것을 그도 잘 알고 있었다. 슐츠는 브랜드와 미션의 핵심인 에스프레소가 품질에서 아직 미흡하다고 여겼다. 매장을 닫은 세 시간 동안, 바리스타들은 슐츠가 직접 제작한 동영상을 시청하며 맛이 강렬하고 풍미가 뛰어난 동시에 쓰지 않은 에스프레소 제조법을 배웠다. 정해진 세 시간이 지나자, 매장들은 다시 문을 열었고 직원들 모두 원래의 직무로 돌아갔다.

스타벅스의 이 같은 조치는 미국 전체에 반향을 일으켰고 슐츠는 "다들 우리의 '세 시간'을 마치 한여름에 눈이라도 내린 것처럼 별난 경외심을 갖고 다뤘더군요"라고 지적했다. 사실 이는 브랜드의 또 다른 핵심가치인 신뢰성과 편리함에 반기를 드는 결정이었다. 고객들은 원하면 언제든 동네 스타벅스 매장에 가서 가장 좋아하는 음료를 주문하고 몇 분 만에 가져올 수 있다는 것을 안다. 스타벅스 매장들이 세 시간 동안 문을 닫은 일은 슐츠의 예상보다 더 큰 반발을 낳았지만, 그는 품질을 자신의 사명처럼 중시했기 때문에 그 결정을 후회하지 않았다.

매체의 관심이 집중되자 슐츠는 "회사 사람들에게 투자하는 게 뭐가 어떻게 잘못이라는 겁니까?"라고 물었다. 그의 조치가 옳았다는 것은 이윽고 입증되었다. 에스프레소 매출이 상승했고, 바리스타들의 입으로 고객의 긍정적인 반응이 올라왔다. 잠시 느리게 가기로 한 결정이 결국 보상으로 이어졌다.

하워드 슐츠는 일종의 금융서비스 분야로도 진출했다. 2008년에 스타벅스는 자사 상품을 구매하는 고객에게 보상을 제공하는 로열티 프로그램을 도입하고 이를 실물 기프트 카드와 연계했다. 고객이 스타벅스 카드를 구매해서 충전하고 그 카드로 제품을 자주 구매하면 무료 리필 쿠폰 및 각종 혜택을 주는 것이다. 또 2010년에는 휴대전화용 스타벅스 앱을 도입해서 고객이 실물 카드 없이도 상품을 구매하면서 로열티 프로그램 사용량이 증대했다. 그로부터 4년 후에는 휴대전화로 제품을 주문하고 매장에서 픽업하는 서비스를 추가했고, 이내 스타벅스의 전체 구매량의 4분의 1이 모바일 주문을 통해 이뤄졌다.

단계별로 이행된 점진적인 조치 덕분에 삐걱댈 수도 있었던 서비스가 시장에 순조롭게 안착했고 고객들도 서비스에 더 자연스럽게 스며들 수 있었다. 2021년 기준으로 스타벅스 리워드 프로그램의 활성 회원 수는 2,500만 명이며 이들이 카드에 예치한 금액은 총 16억 달러에 이른다. 스타벅스는 '제3의 공간'이라는 비전에 계속 초점을 맞추는 한편, 이제는 '핀테크'라 불리는 분야의 최대 관계사 중 하나가 되었다.[189]

이중모드 개시

슐츠는 매장 문화의 변신이 본사의 끊임없는 소통과 지원으로 단행되는 몇 개의 대형 이벤트를 통해 점진적으로 이뤄지기를 바랐다. 인스턴트커피를 출시할 때는 속도를 올리려고 담당자들을 심하게 몰아세웠지만, 그도 새로운 아이디어를 탐색할 때는 여유 있는 일정을 할애하며 개방적인 태도를 보였다. 그는 불확실성이 강한 프로젝트는 인내심을 가지고 고민했고, 그런 만큼 성격이 다른 회사 조직들이 서로 다른 속도로 움직여도 불안해하지 않았다.

2017년에 슐츠가 스타벅스 의장이 되면서 후임 CEO로 임명된 케빈 존슨Kevin Johnson은 그의 전략을 이어받아 애자일 혁신을 위한 연구소인 트라이어센터Tryer Center를 세웠다. 이 연구소는 새로운 아이디어를 꾸준히 시도하는데 그중 다수가 매장에 실제로 도입된다. 아이디어가 나오면 직원들은 재빨리 그것을 시각화하고 테스트해서 프로젝트를 실행에 옮긴다. 그런 다음 각각의 새로운 아이디어를 100일 내 매장에 도입하는 것을 목표로 삼는다. 트라이어센터는 생긴 지 6개월 만에 이미 133개의 프로젝트를 테스트하고 그중 40개를 매장에 도입했다. 스타벅스의 직원 중

1,500명은 로테이션 프로그램을 통해 단기간이지만 트라이어센터가 담당하는 업무를 경험한다.[190]

대담해지기

슐츠는 회사에 대한 실존적 신념이 매우 강했기에 그만큼 대담한 행보를 보일 수 있었다. 앞서 언급했지만, 그런 모습은 그가 2008년 2월 26일에 회사 CEO로 복귀하고 7,100개의 스타벅스 매장을 세 시간 동안 일시에 닫았을 때 가장 두드러졌다. 그는 세 시간 동안 영업을 중단하면 수백만 달러의 매출 손실이 발생한다는 것을 알면서도 회사 비전을 지키려면 그 정도의 손해는 감수할 가치가 있다고 판단했다. 그리고 슐츠 본인이 제작한 짧은 동영상으로 최상의 에스프레소 만드는 법을 보여줬는데, 이는 직원들에게 제대로 된 에스프레소가 품질로 자부하는 스타벅스의 명성에 얼마나 중요한지를 생생하게 전하는 계기가 되었다. 슐츠에게 품질은 타협 불가능한 대상이었다.

매장 폐쇄로 뉴스 매체와 일부 고객들의 원성을 샀지만, 그것도 며칠 흐르자 슐츠의 결단이 옳았던 것으로 증명되었다. 에스프레소 판매가 증가했고 매장 바리스타들은 긍정적인 고객반응을 다수 공유했다. 결점을 바로잡기 위해 일시적으로 후퇴하려면 용기가 필요하다. 후퇴가 결국 사업 개선으로 이어질 수 있다는 충분한 확신이 있다면 그런 대담한 행동을 피해서는 안 된다.

마찬가지로 슐츠는 새로운 매장 위치, 디자인, 제품에 대해서는 거리낌 없이 위험을 감수했다. 다른 회사들은 매장 위치를 정하거나 특정 분위기로 디자인하기 전에 고객의 잠재적 반응을 파악하기 위해 소비자조사를 철저히 하지만 스타벅스는 신규 매장을 열고 시장의 반응을 직접 배우기를 두려워하지 않는다.

2009년 여름, 하워드 슐츠는 시애틀 중심부에 스타벅스 브랜드를 표시하지 않은 매장 두 곳을 오픈했다. 그가 이렇게 간판 없는 매장을 의도적으로, 또 '조용히' 연 까닭은 고객이 브랜드 인식에 따른 편향 없이 변경된 매장 디자인에 어떻게 반응하는지를 확인하고 싶었기 때문이었다. 그는 저서를 통해 '우리는 무엇인가를 숨기려던 게 아니라 단순히 탐구하고 배우고 싶었을 뿐이다. 스타벅스가 커피 분야에서 가진 권위를 더 높일 수 있는 새로운 리테일 개념을 실험하는 아이디어는 사실 사업을 혁신하기 위한 초기 브레인스토밍 자리에서 언급되었다'라고 밝혔다.[191]

스타벅스가 어떤 유형의 제품과 디자인을 테스트했던가? 생각해보면 그들은 무엇이 됐든 완전히 새로운 것을 시도했다. 스타벅스같이 입지가 확고한 회사들은 자기들의 원칙에 함몰되는 함정에 빠져 이전에 성공한 제품과 동일한 방식으로 사업을 유지하려는 경향이 높다. 하지만 이런 일관성은 오히려 발전을 저해한다. 슐츠는 은밀하게 새로운 매장을 도입하면서 "내게는 '규칙을 깨는 것'이 유일한 나침반"이라고 말했다.[192]

제아무리 슐츠라도 갑작스러운 매장 개점과 폐점에 소비자, 경쟁사, 매체가 어떤 반응을 보일지 예측할 수 없었다. 하지만 매번

결정을 내릴 때마다 그런 조치를 통해 스타벅스가 더 나은 제품에 할 걸음 더 가까워질 것이라 확신했다. 용단으로 이끄는 회사에는 그런 확신만으로 충분하다.

슐츠는 2008년에 제품 품질에 대한 고집으로 무리한 결단을 하고, 또 2022년에는 스타벅스 고객 다수가 친노조 성향임에도 불구하고 그에 반하는 결정을 하는 등 대기업 특유의 소극적인 태도를 거부했다. 몇몇 조직은 스타벅스가 세 시간 동안 영업을 중단한 결과로 맞은 역풍을 보면서 기업은 더 신중해야 한다는 교훈을 얻었을지도 모른다. 소비자와 직접 대면하는 기업이라면, 그것도 사업 반경을 전 세계로 확장한 대기업이라면 위기의 파장이 더 커질 수 있다는 인식에 따라 더 신중하게 행동하는 것이 어찌 보면 당연할 것이다. 하지만 슐츠는 그와 완전히 반대되는 결정을 내렸고 그런 대담함은 결국 통했다.

조직 규모가 어떻든, 또 매체가 얼마나 주목하든, 그런 요인 때문에 궁극적으로 품질과 고객경험과 매출에 도움이 될 조치를 외면하면 안 된다. 약점을 집중적으로 바로잡기 위한 일시적 후퇴는 합당하다. 또 그런 결정에는 용기가 필요하다. 그 일로 회사가 나아질 수 있다는 확신만 있다면 후퇴를 피해서는 안 된다.

슐츠가 한 말은 이 책의 내용과 상당히 맞닿아 있으면서 지금 같은 대혼란의 시기에 성공하려면 무엇이 필요한지 드러낸다.

살다 보면 이성, 상식, 그리고 우리가 신뢰하는 사람들의 현명한 조언에 반하는 선택을 할 용기가 필요한 순간들이 있다. 그것이 틀렸다는 모든 논리적인 주장들과 위험에도 불구하고, 우리가 선택한 길이 옳고 최선이라는 믿음이 있어야 앞으로 나아갈 수 있다. 우리의 행동이 우리를 정확히 어디로 이끌지 모르더라도 방관자가 돼서는 안 된다.

협업 추진하기

슐츠가 2008년에 경영권을 되찾았을 때 그는 자신이 앞으로 어떤 문제들을 해결해야 하는지 완전히 파악하지 못했다. 스타벅스에는 극적인 반전이 필요했지만, 과연 어떤 형태의 변화가 가장 옳은지 알 수 없었다. 그 또한 많은 것을 배워야 했다. 슐츠는 컨설턴트들을 고용하는 대신에 직원들을 직접 찾아갔다. 그는 전 세계 스타벅스 매장들을 돌아봤고, 직원들에게는 자신에게 직접 이메일을 보내라고 지시했으며, 그 결과 우려와 아이디어와 사견이 담긴 5,000건의 메시지를 받았다. 그는 매장 매니저들에게 직접 전화해서 매장 운영 상황이 어떤지, 또 무엇이 효과적이고 효과적이지 않은지 확인했다.[193]

직원들과 나눈 대화는 슐츠가 조직에 진짜 필요한 것이 무엇인지 판단하는 데 결정적인 역할을 했다. 조직혁신을 위해 어떤 변화가 얼마나 필요한지, 또 어떤 계획을 세워야 하는지 판단하기 위해서 매장 운영을 실제로 담당하는 이들로부터 비즈니스가 현재 어떤지 확인하는 과정이 필요하다. 슐츠는 동료들의 말에 진심으로 귀를 기울여서 그들이 본사의 계획에 더 잘 동참하게 했다.

종종 고위 임원보다 일반 직원들이 CEO의 조직쇄신에 최고 지지자 역할을 한다. 그들이야말로 사업의 최전선에 있으므로 조직에 현재 무엇이 필요한지 누구보다 더 구체적으로 안다.

2008년에 스타벅스 직원 대부분은 혁신을 지지하고 그 움직임에 동참했다. 하지만 2022년에 슐츠가 세 번째로 CEO로 취임했을 때는 상황이 완전히 달랐다. 그는 2016년에 이사회 의장으로 직을 옮긴 다음 2018년에는 완전히 사임했다. 하지만 코로나 팬데믹이 터지고 성장이 둔화하면서 이사회는 다시 그를 임시 CEO로 소환했다. 슐츠는 정식 CEO에게 임무를 넘기기 전까지 스타벅스라는 거대 소매 기업을 다시 목적 중심의 혁신 기업으로 돌리기 위해 애썼다.

하지만 이 무렵에는 수천 명의 바리스타와 많은 일선 직원이 그와 다른 시각을 갖고 있었다. 특히 슐츠가 현 사회의 큰 병폐라 칭하는 노숙자 문제나 불온 행위가 악화하면서 매장 직원들은 완전히 지쳐있었다. 그들로서는 '제3의 공간'이라는 회사의 웅장한 비전을 점점 받아들이기 힘들었다.

2012년에 슐츠는 '내가 계속 리더십을 발휘한다면 직원들도 언젠가는 내가 그들의 우려와 관심사에 귀를 기울이고 있다는 것을 깨닫게 되리라 확신했다. 그들이 나와 내 동기를 믿는 한 노조는 필요치 않을 것이다'라고 썼다. 그러나 직원들 사이에는 스타벅스 또한 그저 영리를 목적으로 움직이는 거대 기업일 뿐이라고 여기는 사람들 수가 점점 늘어갔다. 그들은 더 높은 임금과 더 많은 혜택을 요구했고, 수백 개의 매장이 노조 인증을 따냈지만, 회사는 노조와 협상하기를 거부했다.[194]

하워드 슐츠는 결국 노조 문제를 해결하지 못하고 임시 리더로 취임한 지 1년 만인 2023년 초반에 라크만 나라시만Laxman Narasimhan에게 CEO 자리를 넘겼고, 그들의 협업이 앞으로 어떻게 전개될지는 미지수다. 하지만 그가 CEO로 복귀한 두 번의 재임 기간은 분명 성공적이었다.

세 번째, 네 번째, N번째…
혁신이 필요할 때마다 기억할 것

스타벅스는 이 책에서 조명한 기업, 특히 애플과 테슬라 같은 게임체인저만큼 눈부신 도약을 하지는 못했다. 스타벅스는 여러모로 일반 대기업과 비슷하며 하워드 슐츠가 부재했을 때의 조직은 더더욱 그랬다. 그가 세 번째로 조직혁신의 지휘봉을 잡았을 때는 이사회의 부름에 따라 갑자기 사임한 리더를 대체할 때까지만 임시 CEO 임무를 수행했으므로 그 성과를 지금 판단하기에는 섣부른 감이 있다.

슐츠가 퇴임 후 몇 번이고 복귀한 모습을 보면 회사의 실존적 비전을 고수하기 위해 도전하는 과정에서 직면하는 난관들을 알 수 있다. 리더와 경영진만 회사의 비전을 수용해서는 부족하다.

실존적 비전은 기업이 성장하고 그 제품들이 일상화되면서 영향력이 점점 약해지려 할 때도 다시 기세가 살아날 정도로 조직 깊숙이 파고들어야 한다. 하지만 이는 기대 이상으로 크게 성공한 기업에도 어려운 과제다. 그럼에도 만약 앞서 설명한 8가지 전략이 잘 이행되고 유지된다면 조직이 어쩔 수 없이 쇄신해야만 하는 상황은 줄어들 것이다.

여기서부터의 나머지 내용은 이 책에서 설명한 8가지 전략을 더 강화하는 다섯 가지 지지 블록을 설명하는 데 할애할 것이다. 본문에서 다뤘던 8가지 전략이 영원히 혁신하는 조직의 운영체제와 같다면, 지금부터 설명하는 단계들은 조직이 그것을 채택해서 영원히 혁신하는 데 도움이 될 것이다.[195]

1. 북극성 정하기: 혁신을 향한 비전과 전략 목표를 조직원들에게 영감을 줄 수 있는 형태로 명확하게 표현하기
2. 고객 통찰력 & 메가 트렌드: 현재의 고객과 향후 원하는 고객, 그리고 그들에게 영향을 미치는 메가 트렌드를 깊이 이해하고 그 내용을 조직이 꾀하는 모든 변화와 전 직원에게 흡수시키기
3. 직원들의 내면에서 시작되는 혁신: 조직의 변화를 직원 개개인의 변화와 연결하는 도구들. 즉 직원들의 열망을 조직의 북극성 및 회사 고객들과 연결하는 도구들
4. 혁신 운영체제: 지속 가능한 변화를 가능하게 하는 수평적이고, 조정할 수 있으며, 여러 기능 부서를 아우르는 조직구조. 이런 구조는 리더 및 자발적 옹호자들의 도움과 확대를 통해 실존적 약속과 고객에 대한 집착 같은 성공 요소들을 촉진
5. 자발적 옹호자: 조직 전체적으로 다수의 영향력자와 사상적 리더들을 동원해서 변화를 주도하는 메커니즘

다섯 가지 지지 블록을 설명하기 전에 명심해야 할 중요한 원칙도 있다.

우선, 혁신은 조직원들을 쇄신하지 못하면 실패한다. 혁신을 제대로 이행하면 기업이 재무 목표와 전략적 목적을 달성하면서

직원들의 업무 환경을 개선하는 데 도움이 된다. 하지만 우리는 혁신에 작용하는 사람과 관련된 측면들을 너무 쉽게 간과한다.

혁신을 외부 컨설턴트 부대에 맡기는 경우가 너무 많다. 하지만 혁신은 내부 인력이 주도해야 한다. 즉 조직 리더들이 이끌고 팀장 및 관리자와 직원들이 실행해야 한다. 외부인이 혁신을 처리하면 직급과 상관없이 모든 직원이 변화에 대한 주인의식을 잃으면서 사기가 저하되고, 변화된 프로세스에 동화되거나 일을 조정하려 하지 않으며, 심하면 변화의 노력을 노골적으로 방해할 수도 있다. 따라서 혁신 역량을 내부 직원들 손에 맡기고 그들이 당신의 혁신 전략을 구현하는 데 필요한 변화를 찾고 실행하도록 권한을 부여하는 것이 바람직하다.

동기부여도 중요하다. 임원부터 팀장, 중간 관리자는 물론이고 일선에서 일하는 직원들 또한 자신이 하는 일이 회사 내에서 중요하고, 어떤 차이를 만들 수 있길 바란다. 또 자기 조직이 성공하기를 원한다. 그들 모두가 본인 경력과 개인적 발전을 위해 올바른 일을 하고 싶어 한다. 성공적인 변화는 이렇게 안에서 밖으로 향하는 접근법을, 고객 중심과 트렌드 인식의 깊이 있는 접근법과 연결해서 역으로 밖에서 안으로 향하는 시각을 제시한다.

마지막으로, 지속 가능한 결과와 영구적인 혜택을 챙겨야 한다. 혁신이 제대로 이행되면 사업 성과와 민첩성에서 지속 가능한 큰 도약을 이끌 수 있다. 그러면서 매출과 이익이 단기는 물론이고 장기적으로 상승할 것이다. 사람들을 혁신 여정에 동참하게 함으로써 당신의 능력을 개발하고 미래의 리더들을 가려내서 외부 구조자들에게 의존하지 않고 일련의 혁신 기술을 체득할 수 있을 것이다. 또한 조직의 상하를 아울러 임직원들의 사고방식을 바꾸고 조직 참여도를 높여서 고객에게 집중하고 더 폭넓은 생태계를 인식하게 할 수 있다. 지금부터 다섯 가지 지지 블록을 더 자세히 살펴보자.

1. 북극성 정하기

북극성은 혁신을 위한 비전이자 기업의 모든 활동을 판단하는 장기적인 시험대이다. 리더는 이런 북극성을 제시하기 전에 조직원 모두와 솔직하게 대화해봐야 한다. 하워드 슐츠가 2008년에 그랬듯이 유능한 리더는 일단 듣는 것으로 변화의 노력을 시작한다. 고객의 니즈와 회사가 당면한 문제, 조직 변화의 지렛대가 무엇인지 리더가 제대로 이해하지 않으면 조직 차원의 변화를 이행할 수 없다. 임원들은 큰 그림만 볼 수 있지만, 그런 역학을 누구보다 더 잘 아는 이들은 대개 시장의 최전선에서 뛰는 일반 직원들이다.

사티아 나델라는 마이크로소프트 CEO로 취임한 첫 해 대부분을 직급별 직원들의 의견을 듣는 데 할애했다. 이런 면담은 익명으로 이뤄졌으며 개별적으로 또 그룹별로도 진행되었다. 그는 마이크로소프트의 기술 및 클라우드 컴퓨팅 부문에서 20년 이상 일하며 CEO 자리까지 오른 인물로 이미 꽤 많은 직원을 알고 있었다. 게다가 그는 남의 말을 잘 들어주는 사람으로 익히 알려져 있었다. 그는 직원들에게 회사문화를 개편하고 회사에 대한 그들의 시각을 듣고 싶다고 말했다.[196] 그런 대화 덕분에 이후 단행된 사업적 조치들은 단순히 직원들에게 위임된 것이 아니라 그들의 의견에 따라 추진된 사업이었다. 직원들의 지지가 없으면 리더는 조직을 변모시킬 수 없고 리더와 조직 간의 괴리감만 생긴다.

리더는 기존 방식이 왜 지속 가능하지 않은지, 또 어떤 영역이 향후 조직의 성공을 주도할 수 있는지 알아야 한다. 게다가 경청은 동료들을 존중한다는 의미이므로 지속적인 협업을 위한 밑바탕을 다지기 위해서도 꼭 필요하다.

리더는 혁신을 위한 전략 방향을 명료하고 직원들의 마음에 가닿게 제시해서 그들이 일상적인 업무 이외의 영역까지 의욕적이고 적극적으로 추진하게 할 수 있다. 예를 들어 아시아 지역의 한 글로벌 공급망 업체 리더는 최근 "차세대 리더를 육성하면서 지속 가능한 장기적 성장을 이끄는 세계 정상급 조직을 확립한다"는 목표를 세웠다. 이런 식의 선언은 아마존('우리의 비전은 사람들이 온라인에서 사고자 하는 것은 무엇이든 찾을 수 있는, 세상에서 가장 고객 중심적인 회사를 만드는 것이다')과 샌타클래라 밸리 메디컬센터('환자와 보호자들에게 사랑받고 직원들이 자긍심을 느낄 세계 최상의 진료 프로세스를 확립한다')의 비전처럼 이 책에서도 이미 여러 번 언급되었다.

다음으로 전략적 우선순위를 3~7개 정도의 세부 항목으로 만들어라. 이는 변화를 위한 점검표가 될 것이다. 이런 항목들은 다소 건조한 면이 있지만 구체적이라는 장점이 있다. 그리고 직원들에게 어디에서 기회를 찾고, 어떤 기회들을 선택하고, 어떻게 우선순위를 정하는지 명확한 지침을 준다.

우선순위를 정하면 이미 투자를 한 아이디어나 이니셔티브 중 버릴 것이 생긴다. 중요도가 높은 (그리고 값비쌀 가능성이 높은) 사업에 비용을 대려면 여유 자금과 시간과 에너지와 인재가 필요하다. 성공하면 좋지만, 조직의 미래에 결정적이지 않은 프로젝트를 과감히 포기할 때 오히려 변화의 여지가 생긴다.

혁신을 모색하는 회사들은 대개 자금 부족에 시달린다. 앞서 설명했지만 스티브 잡스가 1997년에 애플에 복귀했을 때 회사는 벼랑 끝에 서 있었다. 몇 개월을 못 버티고 파산할 것 같았다. 하지만 잡스는 "우리는 위대한 제품을 만들기 위해 이 세상에 존재한다고 믿으며 이는 변하지 않을 겁니다"라며 자신이 가진 실존적 비전을 재조명했다. 그래서 하드웨어, 소프트웨어 가릴 것 없이 애플 제품 70% 이상을 없앴다. 판매를 중단한 제품 중에는 뉴턴 PDA도 있었는데, 상당히 혁신적이고 잠재력도 컸지만 회사가 기우는 동안 이미 1억 달러를 잡아먹은 프로젝트였다. 스티브 잡스는 평범한 제품 수십 개에 힘을 분산하는 대신 잠재력이 가장 뛰어난 제품들에 집중하는 것으로 전략을 바꿨다.

하워드 슐츠도 2008년에 스타벅스 CEO직을 다시 맡았을 때 600개 매장을 영구 폐점했고 그 결과 전 세계 스타벅스 인력의 7%가 직장을 잃었다. 회사는 CD와 책 판매 사업도 축소했다. 그는 이 모든 조치로 10억 달러에 가까운 현금을 마련할 수 있었다.

슐츠는 스타벅스의 북극성을 바탕으로 경영진의 우선순위를 다음과 같이 정했다.

- 고객의 매장 경험에 다시 초점을 맞춰
  미국 내 사업 성과 개선하기
- 미국 매장들의 개점 속도를 늦추고
  성과가 저조한 지점 폐쇄하기
- 고객이 스타벅스 커피, 브랜드, 매장, 직원들에 갖는
  감정적 애착의 불꽃 살리기
- 고객 중심의 이니셔티브를 더 잘 지원하기 위해
  조직을 재정비하고 관리 간소화하기
- 미국 매장들의 육성을 위해 편성된 자본 일부를 미국
  이외의 시장에 재할당해서 매장 수익성을 높이는 동시에
  확장 가속하기

이러한 우선순위 덕분에 모두가 본인이 무엇을 위해 일하는지 알수 있었다. 직원들은 해야 할 것이 너무 많은 세상에서 헤쳐나갈 지침을 얻은 셈이었다. 명확한 비전과 우선순위로 활력을 되찾은 직원들은 이전보다 더 자신을 희생하고 위험을 감수하려 했다.

2. 고객 통찰력과 메가 트렌드
고객을 깊이 공감하고 사업 생태계 안의 메가 트렌드를 이해해서

통찰력을 내는 데는 어려움이 따른다. 고객과의 공동 창조라는 말에는 고객뿐 아니라 규제기관, 직원 같은 다른 이해관계자들도 포함할 수 있다. 물론 당신이 타깃으로 삼는 소비자의 니즈를 확인하는 것도 도움이 되지만, 당신이 일굴 변화가 경쟁자, 신규 진입자, 상류와 하류에서 활동하는 주체들로 이뤄진 더 넓은 생태계에 어떤 영향을 줄지도 이해해야 한다.

가령 사회적 약자들을 대상으로 하는 한 병원은 고객에 대한 지식을 넓히는 데 중점을 두었다. 그 병원은 이제 공공자금 지원 수준의 변화, 건강보험 개혁법 시행에 따른 환자 증가, 보험과 진단과 건강관리 분야에서 개발된 새로운 벤처 투자 비즈니스 모델에 주목했다.

그런 다음 병원 생태계에 영향을 미치는 메가 트렌드를 접목하는 데 집중했다. 예를 들어,

1. 기술: 고객들은 당신의 분야에서 어떤 것들을 기대하고 있으며 어떤 요인들이 그런 기대를 하게 하는가?
   예) 우버만큼 쉽고 간편한 서비스 기대
2. 문화: 고객 생태계에 어떤 일들이 벌어지고 있으며, 그런 일들이 고객의 니즈와 요구, 행동에 어떤 영향을 미칠까?
3. 행동: 고객이 당신과의 상호작용에서 언제 '진실의 순간'을 경험하는가?

가령 자동차 회사들은 판매 최적화의 주요 수단으로서 고객의 시승에 많은 신경을 기울인다. 하지만 한 판매사가 시장조사를 했더니 시승은 차 구매자 대부분에게 구매를 결정하는 중요 요인이 아니었다. 다수의 구매자가 그 차를 처음 봤을 때나 그 차에 대한 첫 리뷰를 읽었을 때 구매를 결정하는 것으로 나타났다.

핵심은 전사 수준에서, 또 혁신 프로그램을 이루는 모든 이니셔티브에서 고객에게 공감하는 것이다. 우리가 판매효율을 극대화하려는 '고객'이 누구인지 자문해보라. 고객에 대한 전통적 정의를 뛰어넘어 이해관계자와 당신이 꿈꾸는 고객을 포함하라. 그리고 고객의 미충족된 니즈나 잠재적인 니즈가 무엇일지 고민하라. 당신은 그런 내용을 전략 계획 및 실행 단계에서 잘 알고 있는가?

예를 들어 한 자산관리 회사는 고객이 높은 투자수익률을 얻도록 잘 보조하면 만족도를 높일 수 있다고 믿었다. 하지만 정작 고객들은 결혼, 출산, 은퇴같이 삶이 변화하는 중대한 일들을 계획하는 데 회사의 도움이 부족하다고 느꼈다.

마지막으로 고객과의 공동 창조는 어떻게 추진할 수 있을까? 성공적인 공동 창조를 위해서는 고객을 이해하는 것만으로는 부족하고 모든 혁신 단계에 그들이 동참하게 만들어야 한다.

고객과 공감대를 형성한다는 것은 쉬운 일이 아니며, 모든 상황에 들어맞는 하나의 접근법도 찾기 어렵다(물론 특정 접근법에 정통한 전문가들은 의견이 다르겠지만). 그런 접근법 중에는 고객의 일상에 직접 침투해서 그들이 당신의 제품이나 경쟁사 제품을 어떻게 사용하는지 직접 확인하는 에스노그라피 분석이 있다. 이는 시간과 비용이 많이 들고 고객의 사생활을 어느 정도 침해해야 하지만 고객의 잠재 니즈를 밝히는 가장 효과적인 방법의 하나로 입증됐다.

에스노그라피보다 부담이 낮은 접근법으로 특정 제품을 사용한 결과를 고객이 기록하는 행동 일기가 있다. 이 방식의 목표는 고객이 당신의 제품을 사용하려는 목적, 그것을 사용하면서 얻는 감정과 만족 수준, 그리고 제품이 그들의 니즈를 어느 정도 충족하는지 확인하는 것이다.

인터뷰와 포커스 그룹은 기업들이 가장 보편적으로 활용하는 방법으로, 조사원이 현재 고객과 잠재적 고객을 불러 준비된 질문을 하는 것이다. 이 접근법은 앞서 설명한 두 방법보다 훨씬 쉽게 수행할 수 있지만 이 또한 비용이 꽤 든다. 또 당신이 듣고 싶은 내용이 아니라 고객의 니즈를 유추할 수 있는 질문들을 제대로 구조화하고 개발하려면 일련의 새로운 기량이 필요하다. 설문조사도 보편적으로 활용되는 조사 방식 중 하나로 고객 다수로부터 데이터를 추출해서 정량적으로 정보를 얻는다.

데이터 분석은 고객과 제품의 상호작용에서 발생하는 데이터를 수집하는 것으로 업계의 관심이 점점 높아지고 있다. 예컨대 당신이 모바일 앱 개발자라면 고객에 대한 여러 궁금증이 있을 것이다. 고객은 보통 하루 중 언제 당신의 앱을 열까? 이를 통해 어떤 사실을 추론할 수 있을까? 고객은 얼마나 자주 당신의 앱과 상호작용 하고 보통 어떤 작업을 규칙적으로 수행할까?

고객과 공동 창조를 할 때 내가 추천하는 것은 스프린트이다. 공감하기, 아이디어 발굴하기, 프로토타입 만들기, 테스트하기, 개선하기라는 다섯 가지 단계를 빠르게 진행하는 방법론이다. 이 과정을 밟을 때 다음 세 가지 원칙들을 명심해야 한다.

먼저 실제 고객을 참여시키는 데 집중해야 한다. 이는 생각보다 쉽다. 물론 시간과 활용 가능성은 제한되지만, 많은 고객이 기업의 혁신 과정에 기꺼이 동참하기 때문이다. 오히려 이미 제품 사용자를 완전히 이해하고 있다고 여기거나(이는 대개 사실이 아니다) 새로운 아이디어를 달가워하지 않는 영업 담당자나 제품 관리자 등 내부에서 거부감이 발생할 수 있다. 드물지만 실제 사용자의 대리인을 써야 한다면 프로젝트팀 내부 대리인보다 외부 대리인(임원의 비서 등)을 찾아라.

두 번째로, 고객 중에서도 선도적 고객을 찾는 것이 좋다. 앞으로 등장할 위대한 상품을 고대하는 고객과 대중을 따르는 것만으로 행복한 고객이 있다. 당신이 원하는 영감의 원천은 후자보다 전자에서 얻을 가능성이 높다.

마지막으로 조사는 직접 수행해야 한다. 사람들은 보통 고객과의 대화는 외부 조사 대행사나 마케팅 부서만 할 수 있다고 생각한다. 하지만 혁신을 이끌려면 어느 시점에서는 혁신을 담당하는 팀원 모두가 실제 고객과 직접 접촉해야 한다.

3. 직원들의 내면에서 시작되는 혁신

직원 개개인의 쇄신은 (적어도) 조직의 쇄신만큼 중요하다. 피그말리온 효과가 작동하는 원리가 그렇다. 직원이 변하지 않으면 조직이 변할 가능성은 작다.

직원들은 보통 쇄신을 위협, 부담, 기회 중 하나로 여긴다. 리더들은 조직쇄신으로 자신의 자리가 교체되거나 축소될지 모른다는 직원들의 두려움을 인식하지 못하거나, 모호하거나 제한된 소통으로 오히려 그런 두려움을 조장한다. 사람들이 쇄신을 기회로 여기게 하려면 회사는 쇄신을 개인적 수준에서, 리더들을 위해, 자발적 옹호자들을 위해, 그리고 궁극적으로 전 직원을 위해 격려해야 한다.

이런 변화는 안에서 밖으로 진행될 때 최선의 결과를 낳는다. 먼저 개인의 강점과 고유한 기여 영역에 집중한 다음에 조직의 비전과 연결하는 방식으로 쇄신을 진행하는 것이다. 직원들은 조직의 노력에 자신이 어떻게 이바지할 수 있을지, 또 그런 쇄신이 개인의 발전과 성장에 어떤 도움이 될지 이해해야 한다.

이를 위해서는 먼저 자신이 도달하고자 하는 곳에 대한 열망을 정의해야 하는데, 이는 SEE 방법론(전략 1 참조)으로 개인의 비전 선언문을 만들면 된다. 그리고 자신에 대해 더 깊이 이해해야한다. 이를 위해 마이어스-브리그스Myers-Briggs, 에니어그램, GC인덱스, 강점 찾기 같이 개인의 성격과 강점을 파악하는 다양한 도구를 활용할 수 있다. 그런 다음 개인적인 쇄신 계획을 세우고 동료들과 공유해서 공개적으로 약속해야 한다.

정기적으로 (적어도 한 달에 한 번은) 자신이 세운 계획을 다시 들여다보면서 자신이 약속한 대로 쇄신에 기여하고 있는지, 또 성장의 기회를 제대로 제공받고 있는지 평가하는 단계가 포함돼야 한다. 이런 숙고 단계를 제도화하고 이에 적절히 반응하는 것은 성공적인 조직쇄신의 핵심이다.

4. 혁신 운영체제

성공적인 조직쇄신을 위해서는 빠르고 유동적인 의사결정이 이뤄져야 하는데, 대부분 조직에 그런 구조가 없다. 이에 관한 한 '실리콘밸리 문화'에서 통용되는 비계층적 구조가 효과적인데 이를 통해 대담하고 신속하고 권한을 위임하는 의사결정과 실험 및 지속적인 테스트와 학습을 할 수 있다.

비계층적 구조는 조직 전체에서 선발한 직원들로 주요 직무 영역을 구성하는 수평적인 다기능팀에서 가장 잘 구현된다. 나는 이를 '파일럿'이 이끄는 '신속대응팀'이라 부른다. 이런 팀이 아이디어 발굴과 논의, (그리고 이상적으로) 대담한 의사결정이 가능한 개방된 프로세스로 운영되려면 선임과 신입 직원 모두가 필요하다. 다시 말해 최근 대학을 졸업한 디지털 네이티브 세대가 경험 많은 임원들과 동등한 입장에서 조직에 이바지할 수 있도록 독려해야 한다. 그렇다고 팀원들이 파일럿에게 직접 보고하지는 않는다. 하지만 팀원들을 소속 '사업부'나 고객과 대면하는 '일선' 직원들로 제한하지 않고 인사, 재무, IT 등 다양한 부서 출신들로 구성해서 진정한 다기능 역량을 확보하는 것이 중요하다.

어떤 프로젝트든 거버넌스를 잘 확립하고 실행하는 것 또한 아주 중요하다. 하지만 거버넌스가 지원 메커니즘보다 짐이 되는 경우가 너무 많다. 신속대응팀에 대한 지원은 조직의 중심에 있는 혁신전담 리더가 이끄는 임원 조직이 수행해야 한다. 혁신전담 리더는 성공적인 조직쇄신을 책임지는 인물로 보통 부서장이나, 사장, 회장이 맡는다.

지원 활동은 신속대응팀에 영감을 주고, 비전을 더 명확히 제시하도록 몰아세우고, 과도한 문서 작업은 없애는 등 조직의 장애물을 제거하는 데 초점을 맞춰야 한다. 프로그램 관리자는 팀들을 가볍게 조율하면서 여러 이니셔티브 사이에서 시너지를 높여야 한다.

조직을 쇄신할 때는 평소와 다른 위험을 감수할 능력이 필요하므로 회사 또한 위험을 더 많이 감수하면서 협력적인 태도를 보여야 한다. 팀들은 통제된 위험을 감수하고, 대담한 결정을 내리고, 설계 및 실행 내용이 바뀌면 구성원들이 유연하게 대처할 수 있게끔 이끌어야 한다. 회사는 위험관리를 포기하지 않으면서 프로세스를 간소화하고 변화와 관련된 실질적인 위험들에 집중해야 한다. 더 나아가 법률, 컴플라이언스, 협력업체 관리 등 위험관리 능력은 신속대응팀의 게이트키퍼나 지원 담당만 갖출 게 아니라 전체 구성원의 역량으로 만들어야 한다.

어떤 혁신 작업이든 명확한 지표가 없으면 성공 여부를 판단할 수 없다. 그래서 모든 신속대응팀은 중앙이나 상부 팀과 합의된 기준들을 바탕으로 운영돼야 하며, 달성 가능하지만 쉽지는 않으면서 측정할 수 있는 목표를 정해야 한다. 또 보상이 이중으로 산정되는 것을 막으려면 신속대응팀과 중앙 조직이 목표를 달성하기 위해 활용할 수 있는 지렛대를 사전에 확인하고 정해야 한다.

마지막으로 조직쇄신에는 새로운 도구와 자원을 확보하고 훈련을 이행하기 위한 투자가 필요하다. 기업이 혁신을 추진할 때면 초기에 엄청난 투자를 했음에도 실망스럽거나 지지부진한 결과를 내는 경우가 많다. 신속대응팀에 백지수표를 제시해서도 안 되지만 그들에게 소위 '비즈니스 사례'라는 막연하고 창의적인 소설을 쓰라고 요구해서도 안 된다. 그보다는 벤처투자자의 접근법을 따라야 한다. 프로젝트마다 첫 마일스톤 및 적합성 입증 항목에 부합할 수 있도록 소량의 자금을 할애한다. 팀의 영향력이 입증됐다면 '시리즈 A' 라운드 수준의 투자금을 받을 수 있다. 그렇지 못한 프로젝트는 중단하고, 신속대응팀이 실패에서 교훈을 얻은 다음 이니셔티브로 넘어갈 수 있게 놓아줘야 한다.

5. 자발적 옹호자

신속대응팀에는 자신의 일상 업무를 계속하면서 전략을 적극적으로 추진하려는 자발적 지원군이 필요하다. 이들은 어느 직급에나 존재하지만, 회사가 이들의 의욕을 북돋아야만 쇄신 작업에 동참한다. 이들의 참여는 전 직원에게 조직혁신에 대한 책임감을 심어주고 변화에 헌신하게 한다. 이들은 많은 조직이 계획 단계에서 실행 단계로 나아갈 때 직면하는 지식의 격차와 오해를 방지한다. 무엇보다 이들은 조직이 발전하는 동안 그 구성원들의 발전도 도모하면서 그들의 노력이 정말 혁신적인 성과로 이어지게 한다.

대부분 기업 분야에는 이미 사상적 리더나 영향력을 행사하는 인물들이 있다. 문제는 그들 다수가 직원들 사이에 섞여 있는데, 설문조사에 따르면 그런 사람 중 85%가 조직이 그들의 가치를 인정하지 않거나 그들에게 권한을 부여하지 않기 때문에 일에 적극적으로 참여하지 않는다. 현재 조직에 불만이 있고 변화를 일으키고 싶어 하며 탁월한 아이디어가 있는 사람들을 파악하라. 그들이야말로 혁신의 기계를 원활하게 작동하는 기어와 같은 존재이므로 찾아서 훈련하고 격려해야 한다.

프로세스 전체가 개방돼 있고 진솔한 소통이 가능해야 이런 옹호자들을 끌어들일 수 있다. 특히 전략을 명확히 제시하는 것이 중요하다. 만약 거짓된 전제로 자발적 옹호자들을 끌어들이면 그들은 당신에게 필요한 쇄신을 제대로 규정할 수 없으므로 당신이 도입하려는 조직 변화에도 전념할 수 없을 것이다.

인사부서가 잠재적 옹호자를 찾는 간단한 공식은 없지만, 성과평가와 관리자 추천이 도움이 될 수는 있다. 그리고 최고의 자발적 옹호자들은 혁신을 시작할 때 이뤄지는 의욕적인 소통을 통해 자발적으로 나타나는 경우가 많다.

이들의 모집 여부는 두 가지에 달려있다. 하나는 당신의 북극성이 그들의 마음을 얼마나 움직이는지, 또 하나는 회사가 개인의 쇄신에 얼마나 진심인지이다. 그래야 혁신에 가담하는 것이 개인의 경력과 성장에 얼마나 보탬이 될지 판단할 수 있기 때문이다. 반대로 자발적 옹호자들은 신속대응팀의 수평적인 구조에 의욕을 얻어 조직의 미래를 좌우하는 결정들을 내릴 것이다. 이런 옹호자들은 회사 고위 임원들의 특별한 관심을 받는 동시에 그들과 직접 접촉하게 될 것이다.

쇄신 작업이 실행 단계에 접어들면 자발적 옹호자들은 팀을 떠나 원래 조직으로 완전히 복귀하게 된다. 회사는 이들에게 핵심 인플루언서 역할을 맡겨서 변화가 조직에 정착되는 데 일조하게 만들어야 한다. 그들은 쇄신 작업의 전도사 역할을 할 수 있다.

이렇게 글로 보면 모든 과정이 순조로워 보이지만 자발적 옹호자가 있어도 신속대응팀의 협력이 효과적으로 이뤄지지 않는 경우가 종종 있다. 이럴 때는 메시지 및 파일 공유 플랫폼, 현대적 프로젝트 관리 소프트웨어처럼 협업과 공동 창작을 돕는 디지털 솔루션이 도움이 된다. 특히 프로젝트 초기에 작업 리듬을 공식화하면 팀 내부는 물론 팀들 사이의 협력을 촉진할 수 있다.

신속대응팀 인력을 그들의 정규 조직에서 완전히 배제하고 싶은 마음이 굴뚝같겠지만 조직원들은 일상적인 사업 운영에서 발생하는 문제들에 대해서도 계속 관여하면서 기존 역할을 유지해야 한다. 이런 과정을 통해 팀원들은 나중에 관리자 직급에 올랐을 때 중요성이 드러나는 균형 감각과 우선순위 결정 능력을 키울 수 있기 때문이다. 또한 이들은 혁신의 메시지와 성공담을 조직과 직급을 아울러 비공식적으로 전파할 것이다. 올바른 인재를 선택하는 한, 회사는 이런 옹호자들을 육성하면서 차세대 리더들을 파악하고 보유하고 발전시킬 수 있다.

이 다섯 가지 지지 블록은 이 책에서 설명한 실존주의 및 고객에 대한 집착과 직접적으로 관련돼 있지만 그 효과를 끌어올리려면 나머지 6가지 전략, 즉 피그말리온 효과, 스타트업 사고방식, 다양한 템포, 이중모드, 대담한 움직임, 급진적 협업이 필요하다. 기업은 혁신을 저해하는 개인의 욕구와 불안 요소를 극복하면서 세상을 더 나은 곳으로 만드는 열정적인 사명을 강조해야 한다.

영원한 혁신의 밑바탕에는 매출이나 이익보다 더 거대한 무언가에 헌신하려는 마음이 있다. 일단 직원들이 조직의 명확한 목적과 전략을 수용하고 이 책에서 제시한 원칙들을 적용하면 그들은 전통적인 관료주의에서 벗어나 영원한 혁신가가 될 수 있다. 혁신을 향해 나아가는 당신의 여정이 성공하기를 진심으로 기원한다.

서문

1   Karen Christensen, "Thought Leader Interview: Behnam Tabrizi," *Rotman Management Magazine*, May 2022. https://store.hbr.org/product/thought-leader-interview-behnam-tabrizi/ROT455

들어가며. '공격 태세에 있다, 언제나 그렇다'

2   "Most Big Tech Companies Have Become Places Where Talent Goes to Die," *Webinar Stores*, October 21, 2021. https://webinarstores.net/site/news/news_details/420/most-big-tech-companies-have-become-places-where-talent-goes-to-die-musk

3   Rahul Gupta, "Nokia CEO's Speech," LinkedIn, May 8, 2016. https://www.linkedin.com/pulse/nokia-ceo-ended-his-speech-saying-we-didnt-doanything-rahul-gupta/

4   Steve Denning, "Why Agile Needs To Take Over Management Itself," *Forbes*, December 4, 2022. https://www.forbes.com/sites/stevedenning/2022/12/04/why-agile-needs-to-take-over-management-itself/?sh=360d27575b28

5   European Research Initiative Consortia ("ERIC") forum.

6   Matthew Kish, "Wild 1977 Nike Memo," *Business Insider*, January 27, 2023. https://www.businessinsider.com/wild-1970s-rob-strasser-memo-shows-ori-

gins-nike-competitive-culture-2023-1?op=1

7   Rosabeth Moss Kanter, "Managing Yourself: Zoom In, Zoom Out," *Harvard Business Review,* March 2011. https://hbr.org/2011/03/managing-yourself-zoom-in-zoom-out

8   James Clear, "First Principles: Elon Musk on the Power of Thinking for Yourself," *JC Newsletter,* undated. https://jamesclear.com/first-principles

9   Mark Bonchek, "Unlearning Mental Models," *Causeit Guide to Digital Fluency,* 2021. https://www.digitalfluency.guide/thinking-for-a-digital-era/unlearning-mental-models

10 E. Kumar Sharma, "Companies Need to Think of Continuous Reconfiguration," *Business Today,* February 15, 2014. https://www. businesstoday.in/opinion/interviews/story/rita-gunther-mcgrathon-companies-competition-133987-2014-02-15

11 Andrea Schneider, "Chocolate Cake vs. Fruit - Or Why Get Emotional During 'Rational' Negotiations," *Indisputably,* January 26, 2010. http://indisputably. org/2010/01/chocolate-cake-v-fruit-or-why-get-emotional-during-rational-negotiations/

12 Marc Andreesen's interview of Ken Griffin on Clubhouse, December 1, 2021. https://www.clubhouse.com/room/PGEX9zzd?s=09

13 Mark Schwartz, "Guts, Part Three: Having Backbone -Disagreeing and Committing," *AWS Cloud Strategy Blog,* July 28, 2020. https://aws.amazon.com/blogs/enterprise-strategy/guts-part-three-having-backbone-disagreeing-and-committing/

14 Amy Edmondson, *The Fearless Organization: Creating Psychological Safety in the Workplace for Learning, Innovation and Growth,* Wiley, 2018. https://www.hbs.edu/faculty/Pages/item.aspx?num=54851

15 Jeff Bezos tweet, Twitter.com, October 10, 2021. https://twitter.com/JeffBezos/status/1447403828505088011

전략 1. 비전 _ 지금, 당신의 회사는 왜 존재하는가?

16 For Microsoft's current market capitalization, go to https://companiesmarketcap.com/microsoft/marketcap/

17 Details on Microsoft come from Satya Nadella et al., *Hit Refresh: The Quest to Rediscover Microsoft's Soul and Imagine a Better Future for Everyone,* Harper

Business, 2017; and Steve Denning, "How Microsoft's Transformation Created a Billion-Dollar Gain," Forbes.com, June 20, 2021. https://www.forbes.com/sites/stevedenning/2021/06/20/how-microsoftsdigital- transformation-created-a-trillion-dollar-gain/?sh=3536aa0d625b

18 John Herman, "Inside Facebook's Political-Media Machine," *New York Times Magazine*, August 24, 2016. https://www.nytimes.com/2016/08/28/magazine/inside-facebooks-totally-insane-unintentionally-gigantic-hyperpartisan-political-media-machine.html

19 Siladitya Ray, "Rohingya Refugees Sue Facebook for $150 Billion," *Forbes.com*, December 7, 2021. https://www.forbes.com/sites/siladityaray/2021/12/07/rohingya-refugees-sue-facebook-for-150-billion-allegingplatform-failed-to-curb-hate-speech-that-was-followed-by-violence/?sh=24a352dae713

20 "FTC Settles with Facebook for $5 Billion," *Business Insider*, July 2019. https://www.businessinsider.com/facebook-settlement-ftc-billion-privacy-2019-7

21 Alexandra Ma, "Facebook and Cambridge Analytica," *Business Insider*, August 23, 2019. https://www.businessinsider.com/cambridge-analytica-a-guideto-the-trump-linked-data-firm-that-harvested-50-million-facebook-profiles-2018-3

22 Kari Paul, "Facebook's Very Bad Year," *The Guardian*, December 29, 2021. https://www.theguardian.com/technology/2021/dec/29/facebook-capitol-riot-frances-haugen-sophia-zhang-apple

23 "Who we are," Amazon. https://www.aboutamazon.com/about-us

24 "Haier ranks first in volume sales of major appliances brands in the world in 2018," Haier, January 10, 2019. https://www.haier.com/my/about-haier/news/20190604_74036.shtml

25 "Company Overview," Haier. https://www.haier.com/global/about-haier/intro/

26 Luke Lango, "Tesla Is the Next Trillion-Dollar Company," *Investor Place*, October 20, 2010. https://www.nasdaq.com/articles/tesla-is-the-next-trillion-dollar-company-2020-10-20

27 Dana Hull, "Tesla Is Plugging a Secret Mega Battery into the Texas Grid," *Bloomberg.com*, March 8, 2021. https://www.bloomberg.com/news/features/2021-03-08/tesla-is-plugging-a-secret-mega-battery-into-the-texas-grid

28 Carmine Gallo, "Steve Jobs Asked One Profound Question that Took Apple

from Near Bankruptcy to $1 Trillion," *Forbes.com,* August 5, 2018. https://www-forbes-com.cdn.ampproject.org/c/s/www.forbes.com/sites/carminegallo/2018/08/05/steve-jobs-asked-one-profound-question-that-took-apple-from-near-bankruptcy-to-1-trillion/amp/

29 "Market capitalization of Apple (AAPL)," Apple. https://companiesmarketcap.com/apple/marketcap/

30 "Steve Jobs talks about Core Values at D8 2010," video, *YouTube.com.* https://www.youtube.com/watch?v=5mKxekNhMqY

31 In reminiscing about Jobs in 2022, Cook said, "I think he would be happy that we're living up to the values that he talked about so much like privacy, like protecting the environment. These were core to him, while we're keeping up innovation, and trying to give people something that enables them to do something they couldn't do otherwise." He added that Jobs would be un-impressed with Apple's soaring stock price. Tim Higgins, "Tim Cook Advises Man Concerned About Green Text Bubbles," *Wall Street Journal,* September 8, 2022. https://www.wsj.com/articles/tim-cook-advises-man-concerneda-bout- green-text-bubbles-buy-your-mom-an-iphone-11662614342?mod=-Searchresults_pos1&page=1

32 Eric Engleman, "Amazon.com's 1-Click Patent Confirmed Following Re-exam," *Puget Sound Business Journal,* March 10, 2010. https://www.bizjournals.com/seattle/blog/techflash/2010/03/amazons_1-click_patent_confirmed_following_re-exam.html?page=all

33 Mike Masnick, "Jeff Bezos on Innovation: Stubborn on Vision, Flexible on Details," *Techdirt.com,* June 17, 2011. https://www.techdirt.com/2011/06/17/jeff-bezos-innovation-stubborn-vision-flexible-details/

34 I discussed personal callings in detail in *The Inside-Out Effect*(Evolve, 2013), which I coauthored with Michael Terrell.

35 "The Brightline Transformation Compass," Brightline Project Management Institute, October 24, 2019. https://www.brightline.org/resources/transformation-compass/#download

36 For in-depth discussion, please see *The Inside-Out Effect.*

37 Catherine Moore, "What Is Positive Psychology?" *Positive Psychology.com,* January 8, 2019. https://positivepsychology.com/what-is-flow/

386

전략 2. 고객 _ 관리가 아닌 집착의 대상이다

38   Brad Stone, *Amazon Unbounded: Jeff Bezos and the Invention of a Global Empire,* Simon & Schuster, 2021.

39   Gary Hamel and Michelle Zanini, "The End of Bureaucracy," *Harvard Business Review,* November-December, 2018. https://hbr.org/2018/11/the-end-of-bureaucracy

40   Eugenia Battaglia, "Beyond the Mechanics of Haier," *Medium.com,* October 5, 2020. https://stories.platformdesigntoolkit.com/beyond-the-mechanicsof-haier-leading-40-years-of-entrepreneurial-transformation-with-bill-fischer-2e791677b6e

41   "Shattering the status quo: A conversation with Haier's Zhang Ruimin," *McKinsey Quarterly,* July 27, 2021. https://www.mckinsey.com/capabilities/people-and-organizational-performance/our-insights/shattering-the-status-quo-a-conversation-with-haiers-zhang-ruimin

42   Hamel, "The End of Bureaucracy."

43   Covandongo O'Shea, *The Man From Zara: The Story of the Genius Behind the Inditex Group,* LID Publishing, 2012. Unless otherwise noted in this chapter, this book is my source for Zara.

44   "Lessons Learned from Working with Steve Jobs: Interview with Ken Segall," *Speaking.com,* n.d. https://speaking.com/blog-post/simplicity-and-other-lessons-from-working-with-steve-jobs-by-ken-segall/

45   Bezos, *2001 Letter to Shareholders, in Invent and Wander: The Collected Writings of Jeff Bezos,* HBR Press, 2020.

46   Stone, *Amazon Unbound.*

47   Rebecca Brown, "What You Need to Know About Amazon Prime: 2005-Today," *pattern blog,* August 20, 2020. https://pattern.com/blog/amazon-prime-a-timeline-from-2005-to-2020/

48   Annie Palmer, "Jeff Bezos Says Amazon Needs to Do a Better Job for Employees in His Final Shareholder Letter as CEO," *CNBC.com,* April 15, 2004. https://www.cnbc.com/2021/04/15/jeff-bezos-releases-final-letter-to-amazon-shareholders.html

49   Stone, *Amazon Unbound.*

50   Richard Halkett, "Using Customer Obsession to Drive Rapid Innovation,"

Forbes.com sponsored, November 7, 2022; and Colin Bryar and Bill Carr, *Working Backwards: Insights, Stories and Secrets from Inside Amazon,* St. Martin's Press, 2021.

51   Rebecca Brown, "What You Need to Know About Amazon Prime:2005-Today," *pattern blog,* August 20, 2020. https://pattern.com/blog/amazon-prime-a-timeline-from-2005-to-2020/

52   Steve Denning, "How an Obsession with Customers Made Microsoft a $2 Trillion Company," *Forbes.com,* June 6, 2021. https://www.forbes.com/sites/stevedenning/2021/06/25/how-customers-made-microsoft-a-two-trillion-dollar-company/?sh=d80d7b62cc02

53   Ashley Lobo, "A Case Study of Tesla: The World's Most Exciting Automobile Company," *Medium.com,* March 24, 2020. https://medium.com/@ashleylobo98/a-case-study-on-tesla-the-worlds-most-exciting-automobile-company-535fe9dafd30

54   Carmine Gallo, "How the Apple Store Creates Irresistible Customer Experiences," *Forbes.com,* April 10, 2015. https://www.forbes.com/sites/carminegallo/2015/04/10/how-the-apple-store-creates-irresistible-customer-experiences/?sh=5accd26a17a8

55   Author's interview with an ex-manager from an Amazon Fulfillment Center, January 2022.

56   David Segal, "Apple's Retail Army, Long on Loyalty but Short on Pay," *New York Times,* June 23, 2012. https://www.nytimes.com/2012/06/24/business/apple-store-workers-loyal-but-short-on-pay.html?_r=1&hp&pagewanted=all

57   Henry Blodget, "Check Out How Apple Brainwashes Its Store Employees, Turning Them into Clapping, Smiling Zealots," *Business Insider,* June 24, 2012. https://www.businessinsider.com/how-apple-trains-store-employees-2012-6

58   Author's interview with ex-Amazon Fulfillment Center manager, January 2022.

59   Jeff Bezos, 2012 letter to shareholders.

60   Author interview with ex-Tesla manager, January 2022.

61   Author's interview with Cyrus Afkhami, 2022.

62   Interview with Afkhami; and Halkett, "Using Customer Obsession."

63   Ravneet Uberoi, "Zara: Achieving the 'Fast' in Fast Fashion through Analytics," HBS Digital Initiative, April 5, 2017. https://digital.hbs.edu/platform-digit/submission/zara-achieving-the-fast-in-fast-fashion-through-analytics/

64 Charles O'Reilly et al., "The Promise and Problems of Organizational Culture: CEO Personality, Culture, and Firm Performance," *Group&Organization Management,* 2014, 39:595-625.

65 Jeff Bezos, *Invent and Wander: The Collected Writings of Jeff Bezos,* Harvard Business Review Press, November 17, 2020.

66 Aine Cain, "A Former Tesla Recruiter Explains Why All the Candidates Had to Go through Elon Musk at the End of the Hiring Process," *Business Insider,* December 1, 2017. https://www.businessinsider.com/tesla-how-to-get-hired-2017-12

67 Lydia Dishman, "How this CEO Avoided the Glass Cliff and Turned Around an 'Uninvestable' Company," *Fast Company,* September 11, 2018. https://www.fastcompany.com/90229663/how-amds-ceo-lisa-su-managed-to-turnthe-tech-company-around. Clare Duffy, "From the Brink of Bankruptcy to a 1,300% Gain," *CNN Business,* March 27, 2020. https://www.cnn.com/2020/03/27/tech/lisa-su-amd-risk-takers/index.html

68 Amy Kristof-Brown et al., "Consequences of Individuals' Fit at Work," Personnel Psychology, 2005, 58:281-342; and Lauren Rivera, "Guess Who Doesn't Fit In at Work," *New York Times,* May 30, 2015. https://www.nytimes.com/2015/05/31/opinion/sunday/guess-who-doesnt-fit-in-at-work.html#:~:text=One%20recent%20survey%20found%20that,nebulous%20 and%20 potentially%20dangerous%20concept

69 Matthew DeBord, "The Model S is Still Tesla's Best Car - Here's Why," *Business Insider,* September 9, 2017. https://www.businessinsider.com/whytesla-model-s-best-electric-car-2017-9. "Tesla Motors Hires Senior Google Recruiter," Tesla Press Release, April 20, 2010. https://www.tesla.com/blog/tesla-motors-hires-senior-google-recruiter-world's-leading-electric-vehicle-man

70 Bretton Potter, "Netflix's Company Culture is not for Everybody and That's Exactly How It Should Be," *Forbes.com,* December 4, 2018. https://www.forbes.com/sites/brettonputter/2018/12/04/netflixs-company-culture-is-notfor-everybody-and-thats-exactly-how-it-should-be/?sh=29fcbc4b1880

71 "Performance Management at Tesla: What We Know," *PerformYard,* August 28, 2021. https://www.performyard.com/articles/performance-management-at-tesla-what-we-know#:~:text=In%20an%20email%20statement%20submitted,compensation%2C%20equity%20awards%20or%20promotions

72   Gary Hamel and Michelle Zanini, "The End of Bureaucracy," *Harvard Business Review,* Nov.-Dec. 2018. https://hbr.org/2018/11/the-end-of-bureaucracy; and https://www.haier.com/global/about-haier/intro/

73   Patty McCord, "How Netflix Reinvented HBR," *Harvard Business Review,* January-February 2014. https://hbr.org/2014/01/how-netflix-reinvented-hr

74   Callum Bouchers, "Your Boss Still Thinks You're Faking It When You're Working from Home," *Wall Street Journal,* October 20, 2022. https://www.wsj.com/articles/your-boss-still-thinks-youre-faking-it-whenyoureworkingfrom-home-11666216953?mod=hp_featst_pos3

75   Brad Johnson and David Smith, "Real Mentorship Starts with Company Culture, Not Formal Programs," *Harvard Business Review,* December 30, 2019. https://hbr.org/2019/12/real-mentorship-starts-with-company-culture-not-formal-programs

76   Rachel Ranosa, "How Was Steve Jobs as a Mentor," *People Matters,* October 7, 2021. https://anz.peoplemattersglobal.com/article/leadership/how-was-steve-jobs-as-mentor-tim-cook-remembers-the-icon-31184

77   Bruce Pfau, "How an Accounting Firm Convinced Its Employees They Could Change the World," *Harvard Business Review,* October 6, 2015. https://hbr.org/2015/10/how-an-accounting-firm-convinced-its-employees-they-could-change-the-world

78   Justin Bariso, "Steve Jobs Made a Brilliant Change When He Returned to Apple," *Inc.com,* April 28, 2021. https://www.inc.com/justin-bariso/stevejobs-made-a-brilliant-change-when-he-returned-to-apple-it-changed-company-forever.html

79   Podolny and Hansen, "How Apple is Organized for Innovation," *Harvard Business Review,* November-December, 2020. https://hbr.org/2020/11/how-apple-is-organized-for-innovation

80   Deborah Petersen, "Ron Johnson: It's not about Speed. It's about Doing Your Best," *Insights by Stanford Business,* July 3, 2014. https://www.gsb.stanford.edu/insights/ron-johnson-its-not-about-speed-its-about-doing-your-best

81   Kindra Cooper, "Inside the FAANG Performance Review Process," *Candor,* May 18, 2022. https://candor.co/articles/career-paths/inside-the-faang-performance-review-process

82   Robert Sutton and Ben Wigert, "More Harm Than Good: The Truth About Performance Reviews," *Gallup,* May 6, 2019. https://www.gallup.com/work-

place/249332/harm-good-truth-performance-reviews.aspx

83 Kevin Crowley, "Exxon's Exodus," *Bloomberg Businessweek,* October 13, 2022. https://www.bloomberg.com/news/features/2022-10-13/exxon-xom-jobs-ex-odus-brings-scrutiny-to-corporate-culture?

84 "AMD Named to the 2022 Bloomberg Gender-Equality Index," AMD Press Release, February 8, 2022. https://finance.yahoo.com/news/amd-named-2022-bloomberg-gender-130014537.html?

85 Erin Sairam, "Women Thrive at the Bumble Hive," *Forbes.com,* July 3, 2018. https://www.forbes.com/sites/erinspencer1/2018/07/03/women-thrive-at-the-bumble-hive/?sh=bc67eeb5741a

86 Steve Glaveski, "Leadership Lessons from Bill Campbell," *Medium.com,* May 5, 2019. https://medium.com/steveglaveski/leadership-lessons-from-bill-camp-bell-the-trillion-dollar-coach-37d5494c8be2

전략 4. 사고방식 _ 스타트업 마인드를 회상하라

87 Daniel Slater, "Elements of Amazon's Day 1 Culture," AWS Executive Insights. https://aws.amazon.com/executive-insights/content/how-amazonde-fines-and-operationalizes-a-day-1-culture/

88 Daniel Slater, "Elements of Amazon's Day 1 Culture," AWS Executive Insights. https://aws.amazon.com/executive-insights/content/how-amazonde-fines-and-operationalizes-a-day-1-culture/

89 Ram Charan and Julia Yang, *The Amazon Management System: The Ultimate Business Empire That Creates Extraordinary Value for Both Customers and Shareholders,* Ideapress, 2019.

90 Andy Ash, "The Rise and Fall of Blockbuster," *Business Insider,* August 12, 2020. https://www.businessinsider.com/the-rise-and-fall-of-blockbuster-vid-eo-streaming-2020-1

91 Luca Piacentini, "The Real Reason Blockbuster Failed," *1851Franchise.com,* March 23, 2021. https://1851franchise.com/the-real-reason-blockbuster-failed-hint-its-not-netflix-2715316#stories

92 Bidyut Durma, "Transforming DBS Banks into a Tech Company," *Banking Innovation,* December 3, 2000. https://bankinginnovation.qorusglobal.com/con-tent/articles/transforming-dbs-bank-tech-company

93 Jim Harter, "U.S. Employee Engagement Data Holds Steady," *Gallup.com,* July

29, 2021. https://www.gallup.com/workplace/352949/employee-engagement-holds-steady-first-half-2021.aspx

94   Frank Koe, "Is Intrapreneurship the Solution?" *Entrepreneur.com,* October 7, 2021. https://www.entrepreneur.com/article/387402

95   Andy Ash, "The Rise and Fall of Pan-Am," *Business Insider,* February 21, 2021. https://www.businessinsider.com/how-pan-am-went-from-pioneeringair-travel-to-bankruptcy-2020-2

96   Gary Hamel, "Waking Up IBM: How a Gang of Unlikely Rebels Transformed Big Blue," *Harvard Business Review,* July-August 2000. https://hbr.org/2000/07/waking-up-ibm-how-a-gang-of-unlikely-rebels-transformed-big-blue

97   O'Shea, *The Man from Zara,* p. 36.

98   Jeff Bezos, *Invent and Wander,* p. 5.

99   Jeff Bezos, *Invent and Wander,* p. 330.

100 O'Shea, *The Man from Zara,* p. 36.

101 "Steve Jobs brainstorms with the NeXT team 1985," Jobs Official, *YouTube.com,* https://www.youtube.com/watch?v=UdiOrk3jZYM

102 Author's unpublished interview with Drew Bennett, 2022.

103 O'Shea, *The Man from Zara,* pp. 66-73.

104 Zook and Allen, *The Founder's Mentality: How to Overcome the Predictable Crises of Growth,* Harvard Business Review Press, 2016.

105 Paul Lukas, "3M, A Mining Company Built on a Mistake," *Fortune,* April 1, 2003. https://money.cnn.com/magazines/fsb/fsb_archive/2003/04/01/341016/; and 3M Canada, "The History of Masking Tape," *3M Science Centre,* March 29, 2016. https://sciencecentre.3mcanada.ca/articles/an-industrial-evolution-3m-industrial-masking-tape

106 Jacob Morgan, "Five Uncommon Internal Innovation Examples," *Forbes.com,* April 8, 2015. https://www.forbes.com/sites/jacobmorgan/2015/04/08/five-uncommon-internal-innovation-examples/?sh=4caa9bcb3a19

107 JD Rapp, "Inside Whirlpool's Innovation Machine," *Management Innovation Exchange,* January 23, 2016. https://www.managementexchange.com/story/inside-whirlpools-innovation-machine

108 O'Shea, *The Man from Zara,* pp. 66-73.

109 O'Shea, *The Man from Zara,* pp. 66-73.

110 Jeff Bezos, *Invent and Wander,* pp. 14-15.

111 *Amazon Unbound,* pp. 167-171.

112 *Amazon Unbound,* pp. 247-257.

113 Jeff Bezos, *Invent and Wander,* p. 15.

전략 5. 유연성 _ 변화의 속도를 조절하라

114 Scott Gleeson, "How Did #1 Seed Virginia Lose?" *USA Today,* March 17, 2018. https://www.usatoday.com/story/sports/ncaab/2018/03/17/how-didtop-over-all-no-1-seed-virginia-lose-greatest-upset-all-time-umbc/434472002/

115 Patrick Guggenberger, "The Age of Speed," *McKinsey Quarterly,* March 25, 2019. https://www.mckinsey.com/capabilities/people-and-organizational-per-formance/our-insights/the-organization-blog/ the-age-of-speed-how-to-raise-your-organizations-metabolism

116 Robert Sutton, *Scaling Up Excellence: Getting to More without Settling for Less,* Currency, 2014. https://www.amazon.com/ Scaling-Up-Excellence-Get-ting-Settling/dp/0385347022

117 "Discover the evolution of the domesticated cat," *Cats Protection blog,* July 29, 2019. https://www.cats.org.uk/cats-blog/how-are-domesticcats-relat-ed-to-big-cats#:~:text=The%20oldest%20cat%20lineage%20 is,leo

118 Kathleen Eisenhardt, "Making Fast Strategic Decisions in High-Velocity Envi-ronments," *Academy of Management Journal,* 1989, 32:543-576.

119 Isabela Sa Glaister, "How to Use Sprints to Work Smart and Upskill," *Ideo U blog,* n.d. https://www.ideou.com/blogs/inspiration/how-to-use-sprints-tow-ork-smart-and-upskil

120 "Lionel Messi: Why Does the Barcelona Icon and FSG Star Walk So Much Dur-ing Games?" *GiveMeSport.com,* August 25, 2021. https://www.givemesport.com/1742726-lionel-messi-why-does-psg-star-and-barcelona-icon-walkso-much-during-games

121 Cornelius Chang, "Slowing Down to Speed Up," *McKinsey Organizational Blog,* March 23, 2018. https://www.mckinsey.com/business-functions/peo-ple-and-organizational-performance/our-insights/the-organization-blog/ slowing-down-to-speed-up and Jocelyn Davis and Tom Atkinson, "Need Speed? Slow Down," *Harvard Business Review,* May 2010. https://hbr.org/2010/05/ need-speed-slow-down

122 *Amazon Unbound,* ch. 9.

123 Andrew S. Grove, *Only the Paranoid Survive: How to Exploit the Crisis Points That Challenge Every Company,* Currency, 1996

124 Ash, "The Rise and Fall of Blockbuster."

125 Beth Galetti, John Golden III, and Stephen Brozovich, "Inside Day 1: How Amazon Uses Agile Team Structures and Adaptive Practices to Innovate on Behalf of Customers," *SHRM,* Spring 2019. https://www.shrm.org/executive/ resources/people-strategy-journal/spring2019/pages/galetti-golden.aspx

126 Philippe Chain with Frederic Filloux, "How Tesla cracked the code of automobile innovation," *Monday Note,* July 12, 2020. https://mondaynote.com/ how-the-tesla-way-keeps-it-ahead-of-the-pack-358db5d52add

127 Justin Ferber, "Ten Years Later, Evidence is Clear," *Cavs Corner,* April 11, 2019. https://virginia.rivals.com/news/ten-years-later-evidence-is-clearthat-bennett-s-plan-works-for-uv

128 O'Shea, *The Man from Zara.*

129 Pauline Meyer, "Tesla Inc.'s Organizational Culture & Its Characteristics (Analysis)," *Panmore Institute,* updated February 22, 2019. https://panmore. com/tesla-motors-inc-organizational-culture-characteristics-analysis

130 Daniel Maiorca, "The Three Reasons BlackBerry Failed Spectacularly," *Make Use Of.com,* August 18, 2021. https://www.makeuseof.com/ the-reasons-blackberry-failed-spectacularlyand-why-they-might-rise-again/

131 Bernadine Dykes et al., "Responding to Crises with Speed and Agility," *Sloan Management Review,* October 15, 2020.

132 "Cadence: Defining the Heartbeat of Your Organization," *System&Soul,* September 17, 2021. https://www.systemandsoul.com/blog/ cadence-defining-the-heartbeat-of-your-organization

133 *Amazon Unbound;* and Beth Galetti et al., "Inside Day 1: How Amazon Uses Agile Team Structures," SHRM, Spring 2019. https://www.shrm.org/executive/resources/people-strategy-journal/spring2019/pages/galetti-golden.aspx

134 Beril Kocadereli, "Culture at Netflix," *Medium.com,* April 13, 2020. https:// medium.com/swlh/culture-at-netflix-16a37deb6b75

135 Sarah Krause, "Netflix Hunts for Cost Cuts," *Wall Street Journal,* September 7, 2022. https://www.wsj.com/articles/netflix-hunts-for-cost-cuts-from-cloud-computing-to-corporate-swag-11662565220

136 Carr and Bryar, *Working Backward.*

137 "2018-19 Virginia Cavaliers Men's Roster and Stats," *Sports Reference,* n.d. https://www.sports-reference.com/cbb/schools/virginia/men/2019.html

138 O'Shea, *The Man from Zara.*

139 Beril Kocadereli, "Culture at Netflix," *Medium.com,* April 13, 2020. https:// medium.com/swlh/culture-at-netflix-16a37deb6b75

140 Author's interview with Cyrus Afkhami, 2022.

141 Kif Leswing, "Apple is Breaking a 15-Year Partnership with Intel on Its Macs," *Business Insider,* November 10, 2020. https://www.cnbc.com/2020/11/10/ why-apple-is-breaking-a-15-year-partnership-with-intel-on-its-macs-.html

전략 6. 효율성 _ 이중모드를 구사하라

142 Kevin Cool, "Gwynne Shotwell on Aiming High and Taking Big Risks," *Stanford Business Insights,* July 19, 2022. https://www.gsb.stanford.edu/ insights/ gwynne-shotwell-aiming-high-taking-big-risks

143 Tabrizi and Rick Walleigh, "Defining Next-Generation Products: An Inside Look," *Harvard Business Review,* November-December 1997. https://hbr. org/1997/11/defining-next-generation-products-an-inside-look

144 Sarah Kessler, "This Company Built One of the World's Most Efficient Warehouses by Embracing Chaos," *Quartz,* 2020. https://classic.qz.com/ perfect-company-2/1172282/this-company-built-one-of-the-worlds-most-efficient-warehouses-by-embracing-chaos/

145 "How Algorithms Run Amazon's Warehouses," BBC.com, August 18, 2018; Matt Day, "In Amazon's Flagship Fulfillment Center, the Machines Run the Show," *Bloomsbury Business Week,* September 21, 2021; interview with former Amazon executive.

146 Paul Alcorn, "AMD's Market Cap Surpasses Intel for the First Time in History," *Tom's Hardware,* updated February 16, 2022. https://www.tomshardware.com/ news/amds-market-cap-surpasses-intel

147 "Apple iPhone 13 Review," *New York Times,* September 21, 2021.

148 "Dear Apple and Google, It's Time to Stop Releasing a New Phone Every Year," *Fast Company,* 2019.

149 O'Shea, *The Man from Zara.*

150 Scoop Jackson, "Impact of Jordan Brand Reaches Far Beyond Basketball," *Espn.com*, February 12, 2016; and "Michael Jordan Earns $5 Royalty on Every Air Jordan Shoe Sold," *TheSportsRush.com*, February 28, 2021. https:// thesportsrush.com/nba-news-michael-jordan-earns-5-royalty-on-every-air-jordan-shoe-sold-how-the-bulls-legend-amassed-a-rumored-2-1-billion-fortuneover-the-years/

151 "Defining Next Generation Products."

152 "Defining Next Generation Products."

153 Samuel Gibbs, "Facebook is not Backing Down from Its 'Innovative' Secret Experiment on Users," *The Guardian*, July 3, 2014; and Andrea Huspeni, "Why Mark Zuckerberg Runs 10,000 Facebook Versions a Day," Entrepreneur. com, May 24, 2017. https://www.entrepreneur.com/science-technology/ why-mark-zuckerberg-runs-10000-facebook-versions-a-day/294242

154 "Jeff Bezos: Why You Can't Feel Bad About Failure," *CNBC.com*, May 22, 2020; and Chris Velasco, "Amazon's Flop of a Phone Made Newer Better Hardware Possible," Engadget, January 13, 2018.

155 "Defining Next Generation Products."

156 This section draws mainly from Kathleen Eisenhardt and Behnam Tabrizi, "Accelerating Adaptive Processes: Product Innovation in the Global Computer Industry," *Administrative Science Quarterly*, 40:84-110, 1995.

157 Eisenhardt and Tabrizi, "Accelerating Adaptive Processes."

전략 7. 대담함 _ 안전지대를 벗어나라

158 Mariella Moon, "John Carmack Leaves Meta with a Memo Criticizing the Company's Efficiency," *Yahoo! Finance*, December 16, 2022. https://finance. yahoo.com/news/john-carmack-leaves-meta-043202664.html

159 *Amazon Unbound*, p. 81.

160 Ron Miller, "How AWS Came to Be," *Tech Crunch*, July 2, 2016. https://techcrunch.com/2016/07/02/andy-jassys-brief-historyof-the-genesis-of-aws/?-guccounter=1

161 Brandon Butler, "The Myth About How Amazon's Web Service Started Just Won't Die," *Network World*, March 2, 2015. https://www.networkworld.com/article/2891297/the-myth-about-how-amazon-s-web-service-started-just-won-t-die.html

162 Andy Wu and Goran Calic, "Does Elon Musk Have a Strategy?" *Harvard Business Review*, July 15, 2022. https://hbr.org/2022/07/ does-elon-musk-have-a-strategy?ab=hero-main-text

163 Author's interview with a former Tesla executive, February 2022.

164 Gary Hamel and Michele Zanini, "How to lead with courage and build a business with heart," *Fast Company*, March 4, 2022. https://www.fastcompany.com/90727231/how-to-lead-with-courageand-build-a-business-with-hear

165 "You Can't Be a Wimp: Make the Tough Calls," *Harvard Business Review*, November 2013.

166 Arthur Brooks, "Go Ahead and Fail," *Atlantic*, February 2021.

167 Kathleen Reardon, "Courage as a Skill," *Harvard Business Review*, January 2007.

168 Deborah Petersen, "Ron Johnson: It's not about Speed. It's about Doing Your Best," *Insights by Stanford Business*, July 3, 2014. https://www.gsb.stanford.edu/insights/ron-johnson-its-not-about-speed-its-about-doing-your-best

169 Charlotte Alter, "How Whitney Wolfe Herd Turned a Vision of a Better Internet into a Billon-Dollar Brand," *Time*, March 19, 2021.

전략 8. 조직구조 _ '급진적으로' 협업하라

170 Ian Leslie, "Before You Answer, Consider the Opposite Possibility," *Atlantic*, April 2021.

171 Rob Cross and Inga Carboni, "When Collaboration Fails and How to Fix It," *Sloan Management Review*, December 8, 2020.

172 Jeff Haden, "When Jeff Bezos's Two-Pizza Teams Fell Short," *Inc.*, February 10, 2021.

173 Rob Cross et al., "Collaborative Overload," *Harvard Business Review*, January-February 2016.

174 Michael Hyatt, "Don't Hire People Unless the Batteries Are Included," *Full Focus*, n.d. https://fullfocus.co/batteries-included/

175 Candace Whitney-Morris, "The World's Largest Private Hackathon," *Microsoft.com*, July 23, 2018. https://news.microsoft.com/life/hackathon/

176 "Radical Collaboration in Enterprises: How Does It Work," *Techtarget.com*,

February 24, 2022. https://www.techtarget.com/searchcio/feature/ Radical-collaboration-in-enterprises-How-does-it-work

나가며. 8가지 전략은 유기적이다

177 Carmine Gallo, "How Starbucks CEO Inspired Us to Dream Bigger," *Forbes. com,* December 2, 2016. https://www.forbes.com/sites/carminegal-lo/2016/12/02/how-starbucks-ceo-howard-schultz-inspired-us-to-dreambig-ger/?sh=32184913e858

178 "Our Mission," Starbucks. https://archive.starbucks.com/record/our-mission

179 Nathaniel Meyerson, "Three Times Howard Schultz Saved Starbucks," *CNN Money,* June 5, 2018. https://money.cnn.com/2018/06/05/news/companies/starbucks-howard-schultz-coffee/index.html

180 Julia Hanna, "Starbucks Reinvented," *Forbes.com,* August 25, 2017. https://www.forbes.com/sites/hbsworkingknowledge/2014/08/25/ starbucks-rein-vented/?sh=c2226c730d0c

181 "Our Mission," Starbucks. https://archive.starbucks.com/record/our-mission

182 "Net revenue of Starbucks worldwide from 2003 to 2022," *Statista.* https://www.statista.com/statistics/266466/net-revenue-of-thestarbucks-corpora-tion-worldwide

183 Max Pakapol, "The Perfect Blend: Starbucks and Data Analytics," *HBS Digital Initiative,* March 23, 2021; and Bernard Marr, "Starbucks: Using Big Data, Ana-lytics and AI to Boost Performance," Forbes.com, May 28, 2018.

184 "Our Mission," Starbucks. https://archive.starbucks.com/record/our-mission

185 Jim Ewel, "The Transformation Agenda," *Agile Marketing,* June 3, 2013. https://agilemarketing.net/transformation-agenda/

186 "Net revenue of Starbucks worldwide from 2003 to 2022," *Statista.* https://www.statista.com/statistics/266466/net-revenue-of-the-starbuckscorpora-tion-worldwide/

187 Hanna, "Starbucks Reinvented."

188 Howard Schultz, *Onward: How Starbucks Fought for Its Life Without Losing Its Soul,* Rodale, 2012, p. 278

189 Alberto Onetti, posting on LinkedIn.com, September 2022. https://www.linkedin.com/posts/aonetti_startbucks-fintech-banking-activi-

ty-6971732990083104768-u_kV/?utm_source=share&utm_medium=member_ios

190 "Starbucks is speeding up innovation at its Seattle research hub," *CNBC.com*, May 2, 2019. https://www.cnbc.com/2019/05/02/starbucks-is-speeding-upin-novation-at-its-seattle-research-hub.html

191 Schultz, *Onward*

192 Schultz, *Onward*, p. 278

193 Aimee Groth, "19 Amazing Ways CEO Howard Schultz Saved Starbucks," *Business Insider*, June 19, 2011. https://www.businessinsider.com/ howard-schultz-turned-starbucks-around-2011-6

194 "Interim Starbucks CEO Howard Schultz on Labor Unions," *Reuters,* March 16, 2022. https://www.reuters.com/business/retail-consumer/ interim-star-bucks-ceo-howard-schultz-labor-unions-2022-03-16/

195 This section draws closely on two of my previous books, *Rapid Transformation and The Inside-Out Effect,* and in particular a methodology, the Brightline Transformation Compass, that I developed with help from the Project Management Institute, for carrying out major corporate change. Copyright Project Management Institute. https://www.brightline.org/resources/ transformation-compass/

196 "Satya Nadella Employed a Growth Mindset," *Business Insider,* March 7, 2020. https://www.businessinsider.com/microsoft-ceo-satya-nadella-company-cul-ture-shift-growth-mindset-2020-3

세계 최고 기업에서 배우는 승리의 유일한 원칙

공격의 전략

초판 1쇄 발행 2024년 6월 28일

지은이 베넘 타브리치
옮긴이 김성아
펴낸이 성의현
펴낸곳 (주)미래의창

편집주간 김성옥
편집진행 이은규
디자인 공미향

출판 신고 2019년 10월 28일 제2019-000291호
주소 서울시 마포구 잔다리로 62-1 미래의창빌딩(서교동 376-15, 5층)
전화 070-8693-1719 **팩스** 0507-0301-1585
홈페이지 www.miraebook.co.kr
ISBN 979-11-93638-31-6 03320

※ 책값은 뒤표지에 있습니다.

생각이 글이 되고, 글이 책이 되는 놀라운 경험. 미래의창과 함께라면 가능합니다.
책을 통해 여러분의 생각과 아이디어를 더 많은 사람들과 공유하시기 바랍니다.
투고메일 togo@miraebook.co.kr (홈페이지와 블로그에서 양식을 다운로드하세요)
제휴 및 기타 문의 ask@miraebook.co.kr